Presbyterian Catechising. 1847, John Phillip, Oil on canvas, 100x156cm, National Gallery of Scotland, Edinburgh, Scotland.

한 권으로 배우는 기독교 교리

이 책에 사용한 「성경전서 개역개정판」의 저작권은
재단법인 대한성서공회 소유이며,
재단법인 대한성서공회의 허락을 받고 사용하였습니다.

일러두기

* 본서는 『관통 기독교 교리』(2012, 카리스)의 개정증보판입니다.
* 이 책에는 KBIZ한마음체(ⓒ KBIZ Co., Ltd.) Tmon몬소리체(ⓒ 2016 TICKETMONSTER),
  조선일보명조(ⓒ 2007 조선일보사), 서울서체(서울특별시)가 사용되었습니다.
* 본문에 사용된 한글성경은 「성경전서 개역개정판」(제4판)을 주로 사용하였습니다.

흔들리지 않는 단단한 믿음을 위한

한 권으로 배우는 기독교 교리

이상화 지음

카리스

바른 신학이 전제될 때 균형 잡힌 신앙생활을 영위해 갈 수 있다는 것을 긴 시간 목회를 통해서 보아왔고 경험했다. 올바른 신학을 현장 목회에 적용하기 위해 집필된 본서가 '신학이 있는 신앙, 실천이 있는 신학'을 추구하며 깊이 있는 신앙생활을 하기 원하는 귀한 성도들에게 큰 기쁨이 되리라 생각한다.

김경원 | 서현교회 원로목사, 한국기독교목회자협의회 명예회장

한국 교회를 생각할 때마다 하나님 중심의 통전적인 세계관을 바탕으로 한 치우침 없는 신학이 필요하다는 것을 절감한다. 신학의 부재는 곧 신앙의 부재와 신앙 내용의 실천 부재를 가져오는 만큼 하나님 나라 백성들의 통전적인 신학과 신앙을 필요로 하던 차에 이 책이 한국 교회의 성도들에게 요긴한 신학과 신앙, 신앙과 실천의 중요한 지렛대 역할을 할 수 있으리라고 본다.

손인웅 | 덕수교회 원로목사, 한국기독교목회자협의회 명예회장

신론, 구원론, 기독론 등 각종 교리서가 넘쳐나는 기독교 출판계에서 이처럼 일목요연하게 기독교 교리를 정리한 책을 본 적이 없다. 하나님과 예수님에 대한 철저한 깨달음과 근본 진리에 대한 명확한 해석이 정리된 이 책은 더 깊이 있고 은혜로운 신앙의 세계로 안내해 줄 것이다.

이승한 | 국민일보 대외협력단장

사반세기 세월을 교계 언론에 종사하다 보니 과거에 비해 교회의 신앙 교육이 다변화되고 교인들의 소양도 많이 향상되었지만, 이제는 '정보 부족'이 아니라 '넘치는 정보'가 문제라는 생각을 하게 된다. 인터넷을 잠깐만 검색해도 신앙적 주제에 대한 수많은 정보와 논쟁들이 쏟아져 나와 어느 글이 맞는지 혼란을 주고 있다. 또 신천지 같은 이단 세력들은 그럴듯해 보이는—사실은 편향적이고 파편적인 성서 지식에 불과하지만— 짜깁기 논리로 교인들을 미혹하고 있다. 이런 시대일수록 '균형 잡힌 신앙'에 대한 필요성이 절실해진다. 그런 의미에서 바른 신학과 균형 잡힌 목회를 추구하는 저자가 기독교 교리의 핵심을 제대로 정리한 이 책은 무엇보다 기쁜 소식이 아닐 수 없다.

권혁률 | 언론인, 전 CBS 대기자

사람들의 행동 배후에는 항상 그 행동을 일으키는 준비된 생각이 있게 마련입니다. 그러므로 어떤 생각을 가지느냐, 또 어떤 전제를 가지고 있느냐 하는 것은 그 사람이 어떤 삶을 살 것인지를 결정짓는 중요한 관건입니다. 이런 점에서 볼 때 전도서 3장 11절에 기록된 "하나님이 모든 것을 지으시되 때를 따라 아름답게 하셨고 또 사람들에게는 영원을 사모하는 마음을 주셨느니라"는 말씀은 일상을 살아가는 우리 그리스도인들에게 '영원한 것'을 먼저 생각하고 자신의 삶을 운용해 나가라는 진리를 깨우쳐 주고 있습니다.

사람은 본질적으로 사회성을 띤 존재임과 동시에 영원한 것을 사모하도록 지음 받은 존재입니다. 일반사회학이나 문화인류학에서는 영원한 것에 대한 관심을 가진 인간 존재를 '종교적 성향을 지닌 존재'라고 일컫기도 합니다.

사실 무신론자도 따지고 보면 무신론이라는 종교를 믿는 것이라고 볼 수 있습니다. 다시 말해 사람이 영원한 것을 사모하는 마음을 가진 종교적 존재라는 하나님의 말씀은 거부할 수 없는 진리임에 틀림없습니다. 즉 종교적 성향을 띠는 것이 사람의 본질적인 특성이라면 인간의 역사와 문화적 상황을 살펴볼 때 사람들의 생각에 직접적인 영향을 끼치는 중요한 요소가 종교입니다. 그러므로 좋은 종교에 접하여 자신이 살아가는 세계와 더불어 살아가는 다른 사람들을 좋은 관점으로 바라보고, 그리하여 아름답고 균형 잡힌 행동을 하면서 살아가는 것은 매우 중요한 일입니다.

문제는 '무엇이 좋은 종교인가?' 하는 점입니다.

종교학자들의 말을 종합해 보면 신의 성품인 거룩의 영역에 대한 해명은 물론이고, 사람들이 살아가는 삶의 전 영역에서 야기되는 난제에 대해 총체적으로 응답하는 신을 믿는 종교가 좋은 종교라고 합니다. 비교종교학의 측면에서는 더 많은 이야기들을 풀어낼 수 있습니다. 기독교에 대해서만 보자면 이 세상은 우연하게 생긴 것이 아니라 하나님이 창조하셨음을 전제하고 있습니다. 그래서 하나님은 창조 이후의 모든 세계에 전적으로 관심을 기울이고 있는 분이자 거룩한 종교의 영역뿐만 아니라 세속적인 일반 영역까지 주도권을 가지고 계신 주님으로 받아들여지는 것입니다. 즉 기독교의 하나님은 영원의 영역에만 머물러 있는 편협한 하나님이 아니라 인간의 곤경과 필요를 아시고 십자가라는 실제적 사건을 통해 역사의 현장에서 모든 어려움을 풀어주시는 분으로 성경은 기록하고 있습니다. 즉 거룩의 영역에 갇혀 계신 분이 아니라 사람들이 기뻐하고 고통당하는 삶의 현장에 더불어 계시는 분이라는 것입니다.

칼 융(Carl Gustav Jung)은 "인간의 가장 큰 적은 바로 인간 자신이다"라고 말합니다. 가만히 생각해 보면, 바른 생각과 균형 잡힌 전제를 가지고 살 때 그 삶의 결과는 아름다울 것입니다. 하지만 편협하고 온전하지 못한 전제와 생각을 가진 사람이 맞이하게 될 삶의 결과는 돌이킬 수 없이 치명적이고 안타까울 게 뻔합니다.

때때로 "예수 믿는 사람이 왜 저래?" "저런 사람들이 그리스도인이라면 난 예수 안 믿어!"라는 이야기를 주변에서 들을 때가 많습니다. 그 때마다 '과연 지금의 교회는 예수님께서 십자가에 달려 피 흘려 죽으시면서 전하려 했던 하나님에 대한 바른 지식(신학)과 이 땅의 그리스도인들이 표준으로 삼고 살아가야 할 균형 잡힌 삶의 체계(신앙)를 제대로 전달했고, 또 하고 있는가?'에 대해 자문자답하게 됩니다. 그러나 대답은 만족스럽지 못합니다.

이 땅의 그리스도인들이 성숙한 삶을 살아내기 위해 항상 먼저 생각해야 할 '바른 신학과 균형 잡힌 신앙'은 아무리 강조해도 지나침이 없습니다. 본서는 바른 신학과 균형 잡힌 신앙을 지향하는 분들이 추구해야 할 기독교의 기본 진리가 구체적으로 무엇인지 정리할 목적으로 쓰인 책입니다. 따라서 기독교를 알고 싶어 하는 교회 밖의 사람들, 교회를 다니지만 기독교의 구체적인 내용이 무엇인지 좀 더 확실히 알고 신앙의 성숙을 위해 몸부림치는 분들을 위한 책입니다.

특히 이 책을 내게 된 목적 가운데 보다 실용적인 목적을 덧붙이자면 두 가지가 있습니다.

하나는 목회 현장에서 제자훈련을 하면서 기독교 교리에 대한 교육의 필요성 때문입니다. 개혁신학적 입장에서 일관성 있고 전체적으로 기독교 교리를 쉽게 정리한 책의 필요성이 크게 느껴졌습니다. 그래서 이 책을 통해 성경에 대한 이해부터 하나님에 대한 이해, 그리스도에 대한 이해, 인간에 대한 이해 등 기독교 교리를 일목요연하고 균형 있게 정리하는 데 도움이 되었으면 하는 바람입니다.

또 하나는 성경을 자의적으로 해석해 혼란스러운 교리

를 주장하는 이단들의 발호에 응답하기 위한 목적입니다. 성도들로부터 종종 "목사님, 이런 주장을 하는 사람들이 있는데, 도대체 이게 교리적으로 맞는 건가요?"라는 질문을 듣습니다. 이단들이 횡행하는 것을 보면서 개혁신학의 관점에서 진리의 복음을 교리적으로 정돈해야 할 필요성을 절감했기에 이 책을 펴내게 된 것입니다.

이 책은 이미 2012년에 상기한 목적을 가지고 출간된 바 있습니다. 그런데 해가 갈수록 이단들은 더 기승을 부리고, 진리를 더하거나 빼는 작업을 교묘하게 하는 것을 확인하면서 기독교 교리 교육의 중요성을 더욱 절감하게 되었습니다. 그래서 기독교의 기본 진리인 교리에 관한 통전적(統全的) 강의를 학교와 목회 현장에서 계속 요청받으면서 좀 더 성도들이 이해하기 쉽게 정리할 필요가 있었기 때문에 개정판을 내놓게 되었음을 밝힙니다.

이 책이 나오기까지 부족한 사람을 위해 항상 깊이 기도하며 동역해 주시는 서현교회 성도들과 수많은 후의를 베풀어주신 선배 목사님들께 다시 한 번 깊이 감사드립니다. 거친 원고를 다듬어 또 다시 흔쾌히 출판해 준 카리스 출판사와 여러 직원들께 고마움을 전합니다. 무엇보다 목회 현장에서 정성을 다해 기도하고 협력해 주는 사랑하는 아내 승민과 자신의 길을 균형 있게 가보려고 몸부림치는 아들 건희, 딸 가은에게도 미안함과 함께 고마움을 전하고 싶습니다. 하나님의 사랑으로 지켜봐주신 모든 분들께 다시 한 번 마음 다해 감사를 드립니다.

2018년 2월 늘 감사로
서교동 언덕 서현교회에서
이상화

| 차례 |

추천사 4
머리말 6
프롤로그 : 우리가 교리를 배워야 하는 이유 14

1장   종교와 기독교는 어떻게 시작되었나?

무신론자? 그들도 무신론이라는 신을 믿고 있다 29 ㅣ 수많은 생각만큼 종교의 정의는 다양하다 31 ㅣ 일반 종교학에서 말하는 종교의 정의 35 ㅣ 기독교에서 말하는 종교의 정의 46 ㅣ 종교는 어떻게 시작되었나? 48 ㅣ 기독교에서 말하는 종교의 기원 61

2장   기독교는 무엇을 믿는가?

하나님이 계시해 주신 것을 믿는다 65 ㅣ 믿음이 우선인가, 이해가 우선인가? 66 ㅣ 계시와 하나님의 말씀인 성경의 관계 68 ㅣ 성경은 어떤 내용으로 이루어졌나? 71 ㅣ 기독교 교리란 무엇인가? 75 ㅣ 기독교 교리는 왜 필요한가? 76

3장   하나님은 누구신가?

과연 하나님은 계시는가? 83 ㅣ 합리적으로 하나님을 증명해 보려는 이론들 84 ㅣ 기독교는 하나님을 어떻게 증명할까? 86 ㅣ 성경을 통해 깨닫는 하나님에 대한 지식 88 ㅣ 하나님의 이름 89 ㅣ 하나님의 성품 92 ㅣ 삼위일체 하나님 95 ㅣ 하나님이 하시는 일 104

4장   인간은 누구인가?

인간은 어떻게 시작되었나? 119 ㅣ 인간은 무엇으로 이루어졌는가? 121 ㅣ 영혼은 어디에서 왔을까? 124 ㅣ 하나님의 형상으로 지음 받은 인간 127 ㅣ 인간과 죄에 대하여 130 ㅣ 죄인과 자유의지와의 관계 136 ㅣ 죄에는 반드시 형벌이 따른다 138

5장 　예수 그리스도는 누구신가?

예수 그리스도의 이름 141 ｜ 신성과 인성을 동시에 가진 예수 그리스도
143 ｜ 중보자로서 세 가지 신분을 가진 예수 그리스도 148 ｜ 그리스도는
어떤 일을 하시는가? 154

6장 　구원이란 무엇인가?

구원과 성령의 역사하심 165 ｜ 구원은 어떻게 이루어지는가? 170

7장 　교회란 무엇인가?

교회에 대한 이해는 어떻게 변화되었나? 185 ｜ 교회란 무엇인가? 221 ｜
교회는 어떤 특징을 가지고 있는가? 232 ｜ 참된 교회의 기준 234 ｜ 교회
의 정치 형태 235 ｜ 교회가 가진 권세 236 ｜ 교회가 반드시 해야 할 일
237 ｜ 교회를 통해서 은혜 받는 길 238

8장 　마지막 때에는 어떻게 될까?

사람이 죽으면 어떻게 될까? 245 ｜ 종말에는 어떤 일이 일어날까? 252

9장 　그러면 우리는 어떻게 살 것인가?

찾아보기 269
소그룹 성경공부 275

■ 《목회와 신학》 2014년 3월호
에 게재한 기고문을 전재함.

| 프롤로그 |

우리가 교리를 배워야 하는 이유[■]

"나 지금 떨고 있니?"

약 20여 년 전 인기를 모았던 TV 드라마 「모래시계」의
주인공이 사형을 앞두고 했던 유명한 대사다. 우리의 상
상을 초월하는 방법과 집요함으로 교회를 공격하는 이단
들에게 노출된 한국 교회의 형편을 생각하면서 불현듯 이
대사가 떠올랐다.

선교 130주년을 맞이하는 한국 교회는 그동안 초고속
압축 성장을 달려왔다. 하지만 내실에 있어서는 건강함과
균형 잡힌 면역체계를 유지해 왔다고 자평하기 어려운 현
실이다. 정통 교회가 건강하고 균형 잡힌 영적 면역체계를
갖고 있다면 전혀 문제될 게 없지만 지금 한국 기독교 내
에서 기승을 부리고 있는 이단들은 오히려 정통 기독교인
들을 포교 대상으로 삼고 전략적으로 움직이고 있다. 이로
인해 정통 교회들은 "이단 출입을 금한다!"라는 문구를 잘
보이는 곳에 게시하고 성도들을 지키기에만 급급한 양상
을 보이고 있다. 이를 뒷받침하듯 최근에 한국기독교이단
상담연구소는 "한국에는 재림주가 40여 명 있고 200개의
이단 단체와 200여만 명의 신도가 활동하는 것으로 추산

된다"■라는 발표를 했다. 결국 비성경적이고 비복음적인 이단들의 날카로운 눈초리 앞에 "나 지금 떨고 있니?"라고 물으면서 맥을 못 추는 모습이 지금 한국 교회의 형국이라 해도 과언이 아닐 것이다. 그렇다면 왜 이런 어처구니없는 일이 벌어지고 있는 것일까?

■ 이 자료는 2014년 1월 24일에 열린 한국기독교이단상담소협회(회장 진용식 목사)가 경기도 용인 새에덴교회에서 「제2회 전진대회 및 세미나」를 열면서 진용식 회장이 "한국 교회 이단 동향"을 발표하는 자리에서 언급된 내용이다.

한국 교회, 균형 잡힌 신앙 교육이 있는가?

영국의 신학자 알리스터 맥그라스(Alister McGrath)는 우리 시대의 기독교와 기독교 신앙이 무엇인지에 대해 해박한 깊이와 논리를 제공한다. 그는 "기독교에는 일시적으로 느끼는 단순한 감정이나 느낌이 아니라 일관성 있고 풍성한 신앙의 내용이 있다"고 밝힌다. 이는 전적으로 옳은 말이다. 맥그라스는 또한 예수 그리스도를 믿는 그리스도인이 되었다는 것은 단지 그리스도를 사랑하고 존경하는 신뢰의 감정을 뛰어넘어 예수님에 관한 내용을 믿는 것이라고 말한다. 나아가 자신에게 전해진 예수 그리스도를 사랑하고 섬기며 신뢰하는 삶을 통해 자신이 믿는 내용이 옳음을 증명하는 삶을 사는 것이라고 밝히고 있다.■

■ 알리스터 맥그라스, 『현대인을 위한 기독교 변증: 생명으로 인도하는 다리』, 김석원 역(서로사랑, 2001), pp. 11~12.

결국 기독교의 서고 넘어짐은 기독교가 신앙하는 내용이 무엇이며, 그 신앙하는 내용을 그리스도인들에게 얼마나 효과적으로 교육하는가와 직결되어 있다. 그러므로 교회는 하나님의 계시인 성경을 신앙고백의 형식으로 정리하고 공(公)교회가 교회의 존립을 위해 역사적으로 인정한 기독교 신앙의 내용인 교리를 반복해서 교육해야 한다. 그리고 그리스도인들은 교회가 교육하는 기독교 교리를 신앙의 내용으로 받아들이고, 그것을 기준으로 삶을 건강하게 영위해 나가는 것이 절대적으로 필요하다. 그래서 종교 개혁자 장 칼뱅은 하나님의 말씀을 근본으로 저술한 교리서인 『기독교 강요』에서 기독교 교리의 핵심을 알기 위해서, 또 완전한 교리를 담고 있는 신구약 성경을 읽으면서 도움을 얻고자 하는 그리스도인은 기독교 교리서인 자신의 책을 "읽을 뿐만 아니라 기억 속에 부단히 각인시킬 것"을 강력하게 주문한다.■

■ 존 칼빈, 『기독교 강요』, 원광연 역(크리스챤다이제스트, 2009), pp. 14~15. 참조.

그러나 지금 한국 교회의 형편은 교리 교육에 있어서 균형 감각을 상실했다. 이렇게 말할 수 있는 근거가 한국 기독교목회자협의회에서 출간한 『한국 기독교 분석 리포트』에 있다. 이 책에서 목회자들에게 "현재 목사님의 사역의 전체 비중을 100으로 볼 때, 목사님 교회의 경우 목회의 다섯 가지 분야인 '예배·교육·전도·친교·봉사' 각각의 비중이 어느 정도입니까?"를 묻는 항목이 있다. 여기에 대해 한국 교회 목회자들 가운데 응답한 목회자의 절반에 가까운 46.4%가 예배사역에 집중하고 있다고 밝혔고, 그 다음이 전도로 17.2%, 그 다음 교육이 14.4%, 봉사와 친교는 각각 11.0%로 응답했다.■ 교회가 예배사역에 집중하는 것은 당연하고, 예배 가운데 진행되는 설교 역시 신앙 교육의 가치가 있지만 적어도 설교가 선포라는 사실을 기억할 필요가 있다. 결론적으로 균형 있고 체계 잡힌 신앙 교육이 미흡함을 지적하지 않을 수 없다.

■ 한목협, 『한국 기독교 분석 리포트』(도서출판 URD, 2013), p. 313.

같은 맥락에서 더불어 참고할 만한 조사가 있다. "목회자의 설교 주제에 대한 인식" 부분에서 목회자들은 '설교는 오직 하나님의 말씀만 전해야 한다'는 입장이 전체 응답자의 41.0%로 가장 많은 비중을 차지했고, 다음은 '시

대에 맞게 설교도 현대사회의 주제들을 다뤄야 한다'가
34.0%로 나타났다. 반면에 '교리적 주제와 교육적 주제들
을 다뤄야 한다'는 응답은 12.6%였고, '윤리와 생활을 강
조하는 설교가 필요하다'는 응답은 12.2% 수준이었다.▊ ■ 같은 책, p. 292.

　이 조사 결과대로라면 그리스도인으로서 신앙생활을
하는 이 땅의 많은 그리스도인들은 복음의 능력과 복음적
인 삶을 뒷받침하는 기독교 신앙의 핵심적인 내용인 교리
에 대해 빈곤한 교육을 받고 있는 형편이다. 이런 형편이
다 보니 정통 기독교가 믿는 바른 신앙의 내용을 변질시
켜 잘못된 신앙 행위를 강요하는 이단(異端)들이 활개를
친다. 또 사회적 상식과 보편적 윤리마저 파괴시키고 교회
를 넘어뜨리는 사교(邪敎)의 주장에 현혹되는 일들이 비일
비재하게 일어나는 것이다. 그러므로 바른 신앙생활을 위
해 성경이 말씀하고 있는 진리의 내용을 논리적으로 정리
하여 기독교가 믿는 전체 진리의 내용을 알게 해주는 교
리를 가르치고 배우는 것은 교회의 사명임과 동시에 그리
스도인들의 책무다.

성경 연구와 교리 교육은 병행되어야 한다
　미국의 작가 제임스 보트킨(James Botkin)이 성공한 사
람들의 시간 사용 패턴을 분석하면서 '15:4의 법칙'을 발
견했다. 무슨 일이나 행동을 시작하기 전 15분 동안 먼저
무엇을 할지 생각하면 나중에 4시간을 절약할 수 있다는
법칙인데, 경영학 분야를 비롯해 여러 영역에서 널리 알려
진 법칙이다.
　신앙생활 역시 같은 맥락이다. 바른 신앙생활을 위해서

는 "주의 말씀은 내 발에 등이요 내 길에 빛이니이다"(시편 119:105)라는 말씀을 마음 중심에 새기고, 그리스도인들의 신앙과 행위에 필요한 모든 것을 완전하고 명료하게 담고 있는 성경을 읽고 묵상하고 연구하고 적용해서 신앙의 체계를 잡는 것이 가장 이상적인 방법이다. 그래서 사도 바울의 "모든 성경은 하나님의 감동으로 된 것으로 교훈과 책망과 바르게 함과 의로 교육하기에 유익하니"(디모데후서 3:16)라는 가르침은 우리가 성경을 바른 신앙생활의 기준으로 받아들이고 집중적으로 연구해야 할 필수적인 이유이자 전제 조건이다. 이것은 하나님의 자기계시인 성경만으로 충족된다는 의미이다.

그런데 여기서 성경 본문을 연구해서 신앙의 내용으로 정리한다고 할 때 '방대한 성경 내용을 어떻게 체계적으로 교육하고 습득할 것인가?' 하는 문제가 남는다. 성경은 주제별로 구성된 것이 아니라 역사적으로 기술되어 구성된 것이기 때문에 성경의 핵심 요의를 파악한다는 것은 결코 쉽지 않은 일이다. 그래서 성도의 내면에 신앙의식을 싹 틔워 성숙과 성장을 목표로 사역하는 목회자들의 입장에서는 어디서부터 시작해야 할지 난감함이 따를 수 있다. 피교육자 입장인 성도 역시 큰 그림으로 이해하기 쉽지 않은 성경 앞에서 허둥대기 십상이다.

실례로 '교회에 대한 이해'를 가지기 위해 함께 공부한다고 하자. 성경 본문 자체만 연구해서 교회에 대해서 가르치고 배우기 위해서는 성경이 기록된 순서를 따라 창세기부터 요한계시록에 이르기까지 성경 각 권에 드러난 교회에 대한 이해를 모두 살펴야 하는 부담이 있다. 하지만 교리적인 접근을 통해서 교육한다면 이미 나와 있는 교회에 대한 성경 구절 가운데 비슷한 것은 묶고, 새로운 것은 구별하여 교회에 대한 총제적인 이해를 논리적으로 전개할 수 있을 것이다.

정리하면 성경을 효과적으로 연구하고 교육시키기 위해서는 성도들이 큰 그림을 그리면서 체계적으로 하나님의 말씀을 이해할 수 있도록 교육 현장에서 성경 본문과 신학이 손잡을 수 있도록 하는 작업이 필요하다. 방대한 분량의 성경을 바르게 해석하고, 빠르게 이해하기란 사실 대단히 어려운 면이 있다. 이런 어려움을 해결해 주는 열쇠로서 교리는 각 성경 구절이 전체 성경 가운데 가지는 위치와 성경 구절 속에 있는 난해한 단어의 의미를 종합적으로 정리해준다.

이런 맥락에서 존 스토트는 "성경이 그리스도인들이 믿어야 할 바를 완전하게 밝히셨다고 해서 사람이 논리적으로 좀 더 이해를 잘 할 수 있도록 성경을 체계화시키는 지적 탐구의 작업을 하지 않아도 된다는 말은 아니다"라고 지적한다.■ 칼뱅 역시 『기독교 강요』를 저술하게 된 동기를 다음과 같이 밝히고 있다.

> 주님께서 성경을 통하여 자신의 지혜의 무한한 보화를 보여 주시기로 의도하셨기 때문에, 성경이 어떤 것도 첨가할 수 있는 완전한 교리를 포함하고 있다 하더라도, 여전히 성경을 많이 학습하지 않은 사람은 스스로 이리저리 방황하지 않고 확실한 길을 붙들 수 있기 위하여, 자신이 성경에서 찾아야 하는 것을 알 수 있도록 약간의 인도와 안내를 받아야

■ 티모시 더들리 스미스, 『존 스토트: 탁월한 복음주의 지도자』, 정옥배 역(IVP, 2000), p. 149. 존 스토트는 하나님이 자연 속에 자신을 계시하셨다고 해서 과학자들의 과학적 연구가 금지되지 않은 것과 마찬가지로, 하나님이 성경 안에서 자신을 계시하셨다고 해서 신학자들의 신학적 연구가 금지된 것은 아니라고 밝힘으로써 하나님이 허락하신 지성을 창의적으로 사용해서 성경이 계시하는 내용을 보다 더 잘 이해할 수 있는 신학적·교리적 연구가 필요하다고 주장한다.

될 만한 타당한 이유를 가지고 있다.▮

예수 그리스도와 그의 제자들이 하나님의 말씀으로 인정한 39권의 구약성경과, 기독교 초기(일명 초대교회 당시)에 모든 교회에서 영감된 내용으로서 보편성 있게 받아들여진 27권의 신약성경으로 구성된 66권의 성경은 하나님의 최종적인 계시다. 그러므로 성경은 기독교 내에서 일어나는 모든 일에 대한 최종적인 권위이며, 동시에 기독교 신자들이 믿음을 가지는 내용이고, 그들이 세상을 살아갈 때 필요한 삶의 규범이자 절대 표준이다. 결국 기독교와 신자들에게 있어서 성경은 신앙의 내용과 체계에 있어서 절대적 권위를 가지고 있다.

그런데 이런 위치를 가진 성경의 핵심 내용을 사람들이 쉽게 습득하도록 체계화하고 논리적으로 정리한 것이 바로 교리다. 즉 기독교와 신자들의 규범이 되는 성경을 통일성 있게 종합한 것이 교리인 것이다. 따라서 기독교에서 성경은 원초적인 규범(norma normans)으로 작용하고, 이 성경에서 정리된 교리는 2차적인 규범(norma normata)으로 작용하게 된다. 이런 맥락에서 바른 신앙생활을 위해서는 먼저 오늘날 그리스도인들에게 주어진 하나님의 자기 계시인 성경의 절대 필요성과 완전성, 그리고 충족함과 명료함을 전적으로 받아들여서 구원의 길에 이르는 것이 우선이다. 그런데 하나님께서 그 자녀들에게 계시하신 말씀 속에서 핵심적으로 가르쳐 주시려고 하는 내용을 좀 더 쉽게 발견하고 신앙의 내용으로 체계화시키기 위해서는 성경 자체를 연구하는 것과 함께 반드시 교리 교육이 병행되어야 할 필요성이 대두된다.

교리는 어떻게 만들어졌을까?

기독교 역사 속에서 교리가 탄생하게 된 배경을 이해하는 것은 교리 교육의 목적을 이해하는 데 도움이 될 수 있다. 기독교 역사 가운데 교리가 탄생하게 된 배경은 크게 두 가지 이유 때문이다.

첫째는 역사적인 이유다. 초대교회 역사가들은 주후 70년 예루살렘이 로마에 의해 멸망했을 때 예루살렘 교회도 함께 없어진 것으로 본다. 따라서 주후 1세기의 기독교회는 소수의 집단으로 신약성경이 집대성되지 않은 상황 속에서 고정된 예배 형식이 없었고, 예수 그리스도에 대한 신앙의 내용이나 하나님에 대한 믿음의 내용도 정돈되지 않은 혼란의 시기를 겪었다. 이런 상황에서 예수님과 사도들이 가르쳐준 내용을 왜곡시키는 이단적인 사상들이 널리 유포되기 시작한 것이다. 따라서 당시 잘못된 이단들의 주장에 대처하고, 교회 구성원들에게 성경을 체계적으로 가르쳐야 할 필요성 때문에 교리가 나오게 된 것이다.

둘째는 하나님의 형상을 따라 지음 받은 사람이 가진 본성의 요구 때문이다. 즉 사람은 자기가 가진 지식을 정리하고 통일성 있게 이해하는 것을 좋아하는 본성이 있다. 다시 말해 진리의 말씀인 성경을 조직화하고 체계화하는 과정에서 교리가 형성된 것이다.

그러나 아무나 성경을 조직적으로 정리한다고 해서 교리로 인정받았던 것은 아니다. 당시 교회들이 공적으로 그것을 받아들이고 교회 대표들이 모인 회의에서 보편적이라고 공인될 때 비로소 교리로 인정받을 수 있었다. 이런 과정을 거쳐 나온 교리들은 많은 분량이 있는데, 기독교에서 가장 중요시되는 교리로는 니케아 회의(AD 325년)와 콘스탄티노플 회의(AD 381년)에서 "하나님은 삼위일체이시다"라고 정리한 삼위일체 교리와 칼케돈 회의(AD 451년)에서 "예수 그리스도는 참 하나님이시고, 참 사람이시다"라고 정리한 기독론 교리다. 이 양대 교리 외에 기독교 역사 속에서 합리성을 띤 인간 지성이 성경의 내용을 이해하기 쉽도록 주제별로 정리한 것이 교리다. 이렇게 정리된 교리에는 인간에 대한 내용을 체계적으로 정리한 인간에 대한 교리, 인간 구원에 대한 내용을 이해하기 쉽게 정리한 구원 교리, 주님이 이 땅에 세우신 교회에 대한 내용을 정리한 교회에 대한 교리, 주님이 재림하실 때 이루어질 일들에 대해서 정리한 종말에 대한 교리가 있다. 그리고 이 모든 내용이 어떤 이유로 나오게 되었는지 계시와 성경에 대한 입장을 정리한 계시와 성경에 대한 교리가 있다.

교리 교육, 왜 필요한가?

그렇다면 이런 교리의 내용을 교육하는 목적은 무엇인가? 이에 대해서는 다음과 같이 정리할 수 있다.

첫째, 기독교회와 성도들이 자기의 정체성을 나타내 보이기 위해 필요하다. 교회가 이 땅에 생긴 이후 세상은 반복적으로 하나님의 자녀들을 향해 "당신들의 정체가 무엇인가?"라고 물어왔다. 그리고 이 물음은 오늘날도 계속되고 있다. 이 물음 앞에 교회와 그리스도인들은 "성경을 보라"고 대답할 수 있다. 옳은 대답이다. 그러나 짧은 시간에 성경을 통해서 기독교와 그리스도인들이 믿는 것에 대해 효과적으로 설명하기란 쉽지 않다. 그러므로 기독교가 무엇이고, 그리스도인으로서 이 세상을 사는 이들에게 '당신들은 왜 그렇게 사는가?'라는 물음 앞에서 일관성 있고 효과적으로 대답하는 방안이 필요하다. 그런 대답을 제공하는 것이 바로 기독교 신앙의 핵심 내용인 기독교 교리다. 이런 점에서 교리 교육은 꼭 필요한 것이고 중요한 목적을 가진다.

둘째, 성경을 논리적으로 정리한 교리를 체계적으로 알 때 신앙이 성숙될 수 있기 때문이다. 이 땅의 모든 교회의 지도자들은 할 수만 있으면 성도들을 더욱 성숙한 그리스도의 제자로 세워 주님의 교회와 하나님 나라를 위해 역동적으로 섬길 수 있는 사역자로 세우고자 하는 비전을 가지고 최선을 다하고 있다. 그러나 문제는 속도가 아니라 방향이다. 바다 한가운데에서 빠른 속도의 훌륭한 엔진을 장착한 배가 있다 한들 분명한 목적지와 방향을 잃었다면 배의 항해는 아무 의미가 없다. 문제는 목적지다. 열정을 품고 열심히 사역하고 땀을 흘리는 것도 중요하지만 그 전에 왜 하나님을 사랑해야 하고 영적인 일을 감당해야 하는지, 그리고 궁극적으로 어떤 방향을 향해 달려가야 할 것인지 깨달아 아는 것이 더욱 중요하다.

성경에 대한 파편적인 지식만 가지고 달려가다 보면 영적으로 탈진할 수밖에 없다는 것은 주지의 사실이다. 그러므로 하나님은 어떤 분이시고 그에 반해 사람은 어떤 존재인지, 사람에게 얼마나 구원이 필요한지, 구원을 위해서 예수 그리스도가 하신 일이 무엇이고 그분이 왜 구원자가 되시는지, 이 땅의 교회는 무엇인지, 또 죽음 이후에 이 세상과 사람은 어떻게 되는지에 관한 성경의 내용을 전체적·체계적으로 이해할 때 믿음의 사역은 지속성을 띨 수 있고, 개인적으로도 성숙을 멈추지 않는 내적 연료를 갖게 된다.

셋째, 이단들에게 미혹되지 않고 부도덕과 신앙적 오염을 방지하기 위해서 필요하다. 세계 교회 역사상 한국 교회만큼 이단의 발호가 극심한 교회는 없을 것이다.[■] 진리를 호도하고 왜곡된 진리를 전하는 이단을 구별하고 배격할 수 있는 면역체계를 갖추려면 성경이 드러내고자 하는 전체 그림을 파악할 수 있는 교리 공부가 필수적이다. 초기 기독교 공동체에서 교리가 형성된 역사적 원인은 성경을 총체적으로 이해하지 않고 편파적으로 이해한 이단들의 공헌(?)이 컸다. 결국 이단들뿐만 아니라 기독교를 의도적으로 폄훼하려는 반기독교 세력에 대한 대응을 효과적으로 해야 할 한국 교회의 상황에서는 교리에 대한 교육이 그 어느 때보다 더욱 절실하다. 특히 사람의 모든 행동 배후에는 항상 그 행동을 일으키는 생각이 있게 마련인 만큼 바르고 균형 잡힌 생각을 형성시켜 주는 바른 신앙의 내용인 교리는 바른 행동을 이끄는 힘이 있다. 정리하자면 보편적 상식과 윤리 기준마저도 파멸시키는 이단과 사이비로부터 성도들을 보호하기 위해서 교회의 교리 교육은 필수이며, 성도들 역시 바른 신앙을 전제한 성경적인 삶을 위해서 교리 교육에 힘써야 한다.

넷째, 효과적인 복음 전파를 위해서 필요하다. 하나님은

■ 한국기독교이단상담연구소협회 회장인 진용식 목사는 2014년 1월 24일 열린 「제2회 전진대회 및 세미나」에서 "한국에서 탄생한 이단들이 국외까지 퍼지며 한국은 이단 수출국 1위가 됐다"고 밝히고 "이단은 점점 불어나는 반면, 정통 교회는 점점 줄어들고 있어 심각한 상황이다. 이단은 정통 교회 성도들을 포교 대상으로 삼고 포교 방법을 훈련하고 있다"고 설명했다.

다른 피조물들과 달리 모든 사람을 하나님의 형상을 따라 독특하게 지으셨다. 이 말은 하나님께서 사람을 감정적인 차원만이 아니라 이성적이고 논리적인 차원의 특성을 가지게 하셨음을 의미한다. 이런 이유로 하나님은 자신을 드러내는 방식을 이성적이고 논리적인 방식으로 계시하는 방법을 택하셨다. 따라서 하나님께서 우리 사람에게 구원의 복음을 제시하는 방식은 사람이 이해할 수 있는 방식인 것이다. 이것은 무엇을 의미하는가? "그러므로 너희는 가서 모든 민족을 제자로 삼아 아버지와 아들과 성령의 이름으로 세례를 베풀고 내가 너희에게 분부한 모든 것을 가르쳐 지키게 하라 볼지어다 내가 세상 끝날까지 너희와 항상 함께 있으리라 하시니라"(마태복음 28:19~20)는 예수 그리스도의 대위임명령에 순종하는 그리스도인이라면 복음의 진리를 체계적으로 파악해서 논리적으로 전달해야 할 책무가 있다. 이런 점에서 보다 효과적으로 기독교를 알리고, 그 과정을 통해 예수 그리스도를 믿는 사람들이 계속해서 일어날 수 있도록 하기 위해서는 하나님의 말씀인 성경이 체계적으로 정리되어 모든 교회가 이에 대해 동의하는 교리는 절대적으로 필요하다.

신학이 있는 신앙, 신앙이 있는 신학

성도들로부터 "목사님, 이런 주장을 하는 사람들이 있는데, 도대체 이게 교리적으로 맞는 건가요?"라는 질문을 종종 듣는다. 그럴 때마다 감성을 자극하고 듣기 쉬운 말랑말랑한 복음과 균형을 상실한 편향적인 성경 본문만 가지고 설교했다는 자책감이 들면서 정신이 번쩍 든다.

16세기 종교개혁자들의 가장 큰 공헌은 사제들의 손에만 들려 있던 하나님의 특별계시인 성경을 성도들의 손으로 옮겨준 일이다. 그렇다면 개혁신앙의 전통과 삶을 계승하는 우리 시대의 영적 지도자들이 해야 할 중차대한 일은 무엇일까? 신학자들의 전유물인 것처럼 여겨져서 한국 교회 성도들에게는 막연하고 어렵게만 치부되던 기독교 교리를 성도들의 손에 들려주고 그렇게 살도록 하는 일이다. 기독교 역사는 그리스도인과 그들의 공동체인 교회의 교리와 신학이 잘못되고 뒤틀렸을 때 삶의 모습도 웃음거리가 된다는 것을 증명해왔다. 따라서 성숙한 그리스도인이라면 항상 '신학이 있는 신앙, 신앙이 있는 신학'을 지향해야 한다.

'마시멜로 복음'이 난무하는 현실 속에서 균형 잡힌 신앙 체계를 형성하기 위해서 지금이라도 늦지 않았다. 교리 교육의 목적을 깨닫고 본서를 비롯한 개혁신앙의 관점에서 잘 정리된 교리 교재로 공부를 시작해 보자. 그래서 성령의 도우심 가운데 아무도 흔들 수 없는 복음에 깊이 뿌리박는 성도로 더욱 성숙해지는 첫걸음 걸어보자.

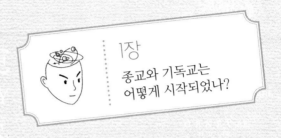

1장

종교와 기독교는
어떻게 시작되었나?

'잘못 읽은 책 한 권이 수십 년을 간다' '책 한 권 읽은 사람이 용감하다' '책 한 권 읽은 사람이 무섭다'는 말이 있다. 균형 감각의 중요성을 일컫는 말이다. 한쪽으로 치우친 지식으로는 올바른 선택을 할 수 없다. 우리는 이 사실을 잘 알기 때문에 무엇인가를 결정할 때 여러 가지 경우의 수를 따진다. 물건 하나를 구입해도 여러 사람의 사용 후기를 하나하나 읽어보고, 주변 사람에게 조언을 구한다. 이처럼 꼼꼼하게 따져보는 노력은 우리로 하여금 균형 잡힌 선택을 할 수 있게 해준다.

그런데 의외로 균형 감각의 중요성을 너무 쉽게 간과해 버리는 경우가 많다. 바로 종교다. 우리는 종종 종교를 덮어놓고 믿거나 덮어놓고 부정하는 경우를 보게 된다. '종교란 무엇인가' '올바른 종교의 판단 기준은 무엇인가'에 대한 고민 없이 자신의 경험이나 지식 안에서 결정하려는 사람처럼 용감한 사람도, 무서운 사람도 없을 것이다.

올바른 신앙을 갖기 원하는가? 신앙 성장을 갈망하는가? 그렇다면 먼저 우리의 신앙에 균형 감각을 심자.

무신론자? 그들도
무신론이라는 신을 믿고 있다

　서양 속담에 "참호에서는 무신론자가 없다(There is no atheist in the foxholes)"라는 말이 있다. 위급한 상황이 닥칠 때 "하나님!"이라고 부르짖는 외침은 인간의 본능이다. 모든 사람은 종교 생활을 하거나 혹 종교 단체와 연관이 없어도 기본적으로 종교적 성향을 가지고 있기 때문에 "인간은 종교적 동물이다"라고 하는 에드먼드 버크(Edmund Burke)의 정의는 옳은 말이다. 심지어 데이비드 흄(David Hume)과 같은 극단적인 회의론자도 "종교가 전혀 없는 사람을 찾아보라. 만일 찾을 수 있다면 그들은 짐승에 지나지 않는 존재임을 곧 알 수 있을 것이다"라고 했다. 그러므로 종교는 어떤 형태로든 인류 초기부터 인간의 삶 속에서 존재해 왔다. 곧 인간과 영적인 본질을 가진 존재인 신에 대한 깊은 의미를 생각해 온 것이다.

　하지만 이런 주장에 반하여 이 세상에는 영적 존재인 신을 전혀 믿지 않거나 인정하지도 않는 무신론자도 있다고 반론을 제기할 수도 있다. 그러나 무신론자 역시 '무신론'이라는 가치를 신(神)으로 받아들이면서 믿고 있다. 이처럼 인류와 종교는 불가분의 관계며, 인류의 시작부터 인간 문화가 발전되는 역사적 과정 속에서 함께 발전해 왔다. 그래서 폴 틸리히(Paul Tillich)는 "종교는 인간의 삶의 총체라고 할 수 있는 문화의 본질이다"라고 주장했다.

보통 종교학자들은 인간의 삶에 있어서 필수불가결한 요소인 종교를 다음의 두 가지 유형으로 구분한다. 누미노제(Numinose) 유형과 니르바나(Nirvana) 유형이 바로 그것이다. 누미노제 종교 유형은 절대자나 절대적인 것에 대해 거룩, 의존감, 경외감 등을 의식으로 표현하는 종교적 유형이다. 그래서 누미노제 유형은 신적인 존재에 대한 제사의식이 발전되었다. 반면에 니르바나 종교 유형은 사람의 내면에 원래 존재하는 영원성이 점차 발전되어 마침내 신적인 경지까지 올라가는, 즉 사람과 신의 신비적 일치감을 강조하는 유형이다. 종교학자들은 이 두 가지 요소가 인간 안에 본질적으로 있다고 보며, 각각의 요소가 종교를 형성하는 중요 요인이라고 설명한다. 결국 사람은 절대자를 의지하고 싶어 하는(누미노제적) 경향을 가지거나 스스로 무한한 능력을 가지고 있다고 평가하여 자신을 신적인 경지로 승화시키는(니르바나적) 경향을 가지고 있다. 아니면 두 가지 경향 모두를 가지기도 한다. 어쨌든 본래적으로 종교적 성향을 가지고 있는 인간은 그 자체로 종교인이라는 점을 결코 부인할 수 없다.

수많은 생각만큼
종교의 정의는 다양하다

　종교의 일반적 정의는 '초월적 존재에 대한 인간의 관심'이다. 기독교에서는 '하나님과 인간의 관계로서 하나님에 대한 의식적·자발적 영적 관계'라고 정의한다. 기독교에서 종교는 제한된 능력을 가진 인간이 만들어 낸 것이 아니라 절대적 능력을 가진 하나님이 먼저 나타내고 가르쳐 주셨다고 이해한다. 그러므로 종교는 하나님이 주도적으로 세우셨고, 가르쳐 주신 범위 내에서 인간이 하나님과 관계를 맺는 모든 것이 된다. 즉 신앙심이나 예배의식을 통해서 표현되는 일체의 행위 등이 그것이다.

　일반 종교학에서는 '종교란 초월적 존재에 대한 인간의 관심'이라는 정의가 너무 간명하기 때문에 종교의 포괄적 의미를 표현하기엔 부족하다고 본다. 일반 학문의 범위에서 종교의 정의는 인간 역사가 진행되어가는 과정 속에서 매우 다양하게 나타났기 때문이다.

　실례로 종교에 관한 다양한 정의 가운데 대표적인 두 가지는 다음과 같다. 헤겔(Hegel)은 "종교란 인간의 지성이 가질 수 있는 지식"이라 정의했고, 칸트(Kant)는 "인간의 양심이 가진 지상명령을 신의 명령으로 인식하는 것"이라 정의했다. 이에 대해 신학자들은 "종교란 순종과 숭배, 예배를 받기에 합당한 지배적이고 초월적인 힘에 대한 인간의 인정과 예배"라고 또 다른 정의를 내린다.

　요약하면 철학자들은 '종교란 궁극적 실재(reality)에 대한 인간의 참여'라 정의한 반면 신학자들은 '창조주이신 하나님과 피조물인 인간의 관계'라고 정의한다. 종교의 중심을 철학자가 인간으로 봤다면 신학자는 창조주로 본다. 이처럼 일반 종교학에서 종교의 정의를 내리려는 노력은 추상적인 것을 구체적으로 만져보려는 노력만큼 어렵고 무의미하다.

일반 종교학에서 종교의 정의를 내리는 작업이 추상적이고 다양하기 때문에 무의미하고 불가능하다고 포기하는가? 일반적 시각에서 종교의 정의가 상당히 추상적이지만 종교를 보다 구체적으로 설명하고 정의하려는 노력은 다양하게 시도되었다.

대표적인 예로 틸리히와 같은 학자는 인간의 행위와 의식의 표현인 문화가 곧 종교라고 주장한다. 인간 내면의 의식과 외면의 모든 행위는 문화라는 형식을 빌려서 표현되는데, 그 안에 종교가 들어있다는 것이다.

어떻게 문화로 표현되는 모든 것의 실제 내용물이 종교일 수 있을까? 모든 종교는 의식을 행하거나 예배를 드릴 때 대부분 종교적 상징(Symbol: 유형의 것이든, 무형의 것이든)을 사용하거나 그것을 해석하는 행위를 중요하게 생각하기 때문이다.

이처럼 종교적 상징이 생기는 이유는 호모 심볼리쿠스(Homo symbolicus), 즉 근본적으로 인간이 상징을 사용할 줄 아는 특성이 있기 때문이다. 그래서 인간의 모든 행동은 대체로 상징적인 의미와 성격을 가지고 있다. 결국 인간은 거룩한 존재나 능력을 가진 요소—무형적인 신(神)이나 유형적인 성인(聖人)—를 인정하고 사용할 줄 아는 지구상의 유일한 존재로서 문화라는 형식을 빌려 존경심을 표현하는 것이다.

문화 발전이 곧 종교 발전이라는 틸리히의 정의를 따르면 종교는 문화적 요소인 상징을 가질 수밖에 없고, 상징(=문화)을 통해서 자체를 표현한다. 틸리히의 정의에 모두 동의할 수는 없으나 종교에서 상징의 위치와 의미는 그 자체가 예배의 대상이라는 점에서 매우 절실하고 필수불가결하다.

이해를 돕기 위해 실례를 들어보자. 전남 목포 유달산에 가면 바위 곳곳에 불상이나 신선들의 그림이 조악하게 그려져 있는 것을 쉽게 볼 수 있다. 그림의 미적 가치나 완성도는 거의 낙제점 수준이다. 하지만 그림의 미적 가치가 낮다 해도 신(神)이 나타난 상징이기 때문에 그곳을 찾는 사람에게는 귀하고 예배의 대상이 된다.

물론 문화로 표현되는 종교적 상징을 부정적 시각으로 보면서 상징은 단지 단순한 기호나 암호일 뿐이라고 말하는 학자들도 있다. 그러나 고등종교든 하등종교든 상징의 많고 적음은 있을지언정 문화적 상징은 보편적으로 존재한다. 특히 신비적이고 기복주의에 초점을 맞추는 종교일수록 종교적 상징이 많다. 이에 반해 사회성이 발달한 종교는 상징보다는 공동체 구성원들이 함께 교제하고 예배드린다는 사실 자체를 중요하게 생각한다.

결국 종교가 인간 내면을 표현하는 통로로 활용하는 문화적 상징은 종교인들의 신앙생활과 일반영역까지 깊숙이 침투해 삶의 전 영역을 지배함을 알 수 있다. 이 때문에 일반 종교학에서 틸리히*의 주장이 상당히 설득력 있게 받아들여지고 있다. 인간의 행위와 표현을 통해 구체화되고 종교적 성향을 띠는 모든 것이 종교적 상징을 통해서 드러나기 때문이다. 일반 종교학은 이를 기초로 '종교 그 자체는 인간 내면의 힘이든 외부의 객관적 힘이든 초월적 힘을 숭배한다는 점에서 상징을 가지고 있고, 또 그것을 믿으며 예배한다'고 정의한다.

그러므로 일반 종교학에서 종교는 초월적 하나님이 직접 세우고 인간의 마음속에 가르쳐 준 것이 아니라 역사 속에서 문화적 상징이 낳은 산물이다. 인간이 갖는 시간적 열등의식이 영원성을 추구하게 했고, 그런 동경 속에서 종교적 상징을 생활 속에 은연 중 첨가한 것이 종교적 삶의 원인으로 이해했다. 따라서 종교적 상징에 대한 예배와 행위는 인간 지능이 점점 발달하면서 신화(myth), 곧 경전으로 발전한 것으로 보았다.

분명 종교는 인간 삶의 방향과 가치관을 결정짓는 삶의 규범이다. 하지만 종교의 기원과 정의를 어떻게 규정하느냐의 문제가 남는다. 틸리히의 논리처럼 인간의 삶을 규정짓는 규범인 종교가 인간의 내면에서 나와 문화적 상징으로 드러나고, 이후에 신화나 종교적 경전으로 자리 잡았다고 보는 것이 타당한가? 아니면 절대적인 하나님이 연약

폴 틸리히 Paul Johannes Tillich

독일의 신학자. 종교적 사회주의의 이론적 지도자로서 1차 세계대전 당시 종군목사로 복무하기도 했고, 히틀러에 의해 추방되어 1933년 미국으로 망명했다. 그의 신학은 존재론적이었으며, 신학과 철학을 문답 관계로 보았다. 그의 사상은 M. 켈러와 셸링의 영향을 받아 실존주의적 요소가 짙었으며, 상황 속에 포함되는 물음을 존재론적으로 분석함과 동시에 그 대답을 그리스도교의 여러 상징에서 찾아내는 것을 특징으로 한다. 저서로는 『조직신학』 『존재에 대한 용기』 등이 있다.

한 인간에게 자신을 나타내 관계를 맺음으로 형성된 하나님과 인간의 전체적인 관계라 보는 것이 타당한가? 이는 대단히 중요하다. 넓은 의미에서 종교가 사회·역사·문화에 큰 영향을 끼치지 않게 보일지 모른다. 그러나 종교는 신자의 인생관과 세계관에 지대한 영향력을 끼치며 한 인간의 존재 자체를 변화시키는 능력을 가지고 있다.

틸리히의 주장처럼 종교를 인간 내면에서 시작된 자연적 산물로 볼지, 신학자의 주장처럼 하나님으로 볼지는 모든 사람들의 삶과 가치관에 커다란 영향력을 끼친다. 인간 중심인가, 신 중심인가 하는 문제는 대단히 중요한 이슈다 (무신론자의 경우에는 이 말을 부정할 수도 있겠지만 이미 무신론자도 무신론이라는 신을 믿고 있음을 밝혔다).

이런 점에서 좋은 종교를 만나 좋은 종교관을 가지고 생활한다는 것은 큰 복이다. 물론 신 중심의 입장에 서 있는 기독교적 관점이 모든 사람들의 마음에 당장 와 닿지 않을 수 있다. 하지만 한계가 너무나 뚜렷한 지성을 가진 인간에게 가장 호감이 가는 정의라고 할 수 있다.

일반 종교학에서 말하는
종교의 정의

"무식(無識)하면 용감하고, 무식이 담을 뚫는다"는 말이 있다. 아무 것도 모르고 편협함에 휩싸여 살아가면 자기는 편할지 모르나 주위 사람에게는 어려움을 줄 수 있다. 뚫어야 할 곳, 꼭 필요한 곳에 구멍을 내지 않고 사전 지식 없이 아무 곳에나 바람구멍을 내놓은 담벼락을 상상해 보라.

기독교 신앙도 같다. 신앙의 핵심 내용이 아니어도 기독교 신앙 주변에서 일어나는 말과 일을 아는 것이 중요하다. 주변에 대한 바른 이해는 기독교의 본질을 보다 효과적으로 전할 수 있기 때문이다. 이를 위해 일반 종교학에서 말하는 종교에 대한 정의와 기원을 살피는 것이 필요하다.

일반 종교학에서 종교에 대한 정의는 매우 다양하다. 절대적 기준이 상실된 후기현대사회에서는 누구나 나름대로의 종교관을 가질 수 있기 때문이다. 특정 종교를 가지고 있거나 혹은 특정 종교에 편견을 가진 사람이 종교를 정의할 때 종교의 보편성을 제한할 수 있다. 뿐만 아니라 타문화권의 종교 현상을 이해하지 못할 때 오는 문화적 상이 현상 때문에 종교에 대한 정의를 보편적으로 내릴 수 없다. 결국 다양한 삶의 현상과 세계관 때문에 모든 사람이 받아들일 수 있는 종교의 정의를 이끌어내기는 불가능하다. 다만 종교학의 입장에서 어느 정도 교과서적으로 이해하고 받아들이는 종교에 대한 몇 가지 정의가 있는데, 차례대로 정리해 보면 다음과 같다.

종교는 지식이다

이것은 주지주의 관점에서 본 종교의 정의다. 주로 이성주의적 태도를 견지하는 철학자들이 이런 경향을 띠면서 '종교는 지식의 일종'이라고 정의한다.

주지주의 관점은 '세계가 하나의 목적에 의해 섭리되고 운행된다는 내부적 조화의 신념'을 전제로 종교를 정의한다. 즉, '현실 존재가 초월적인 신적 존재의 표현 혹은 발현'이기에 현실 존재를 깊이 연구하면 초월적인 존재를 충분히 규명해 낼 수 있다는 것이다. 대표적인 철학자인 스피노자(Spinoza)는 신과 자연의 실체를 파악하면서 "신이 곧 자연이다"라는 범신론(汎神論)을 주장해 서양철학사 내에서 합리론자로 분류되고 있다. 예정조화설로 유명한 라이프니츠(Leibniz)는 "신(神)의 경험이 없어도 이성이 발달한 인간이 자연의 조화에 순응하는 생활을 하면 신을 발견할 수 있다"고 보았다.

이외에도 동일철학(同一哲學)으로 유명한 독일철학자 셸링(Schelling)은 우리의 아는 것과 행하는 것 두 가지 사이에 있는 가장 높은 조화의식이 종교라고 보았다. 인간정신이 곧 신(神)의 자기계시이므로 이를 연구하면 하나님을 알 수 있다는 것이다. 특별히 헤겔(Hegel)은 하나님을 절대지(絶對知) 혹은 절대정신이라고 표현했고, 인간의 정신 속에 존재하는 신에 대해서 아는 것이 바로 신앙이라고 표현했다. 철학자들의 이런 시각을 요약하면 인간의 정신은 초월적 존재인 신의 발현이므로 이를 규명하고 파악하면 하나님에 대한 철학적이고 과학적인 지식을 가질 수 있으며, 이것이 바로 종교라는 것이다.

하지만 종교에 대한 전문적인 이해와 배려가 결여된 상태에서 정의된 종교에 대한 인식은 매우 편협해질 수 있는 위험성이 있다. 종교가 지적 영역을 배제하지는 않지만 정적(감정, 신앙)이고 의지적(예배, 윤리성)인 부분까지도 포괄적으로 요청하기 때문이다. 뿐만 아니라 종교의 차원에 속하는 초월적 본질이 유한한 인간의 지식을 통해 전체적으로 규명되어질 수 있다는 것도 불가능하다. 설령 인간 지성이 초월적 신을 분석해서 밝혀냈다 해도 그것은 이미 인간 지성의 결론이기 때문이다.

결국 종교가 인간 지성이나 지식의 결과물이라고 보는 주지주의 관점은 종교를 일종의 개별적인 세계관으로 격하시키는 위험성을 가지고 있다. 이런 점에서 '알기 위해 믿는' 신앙 절대주의적 태도와 '믿기 위해 알아가는' 태도는 인간의 지성사 속에서 늘 대립적으로 나타나는 것임을 알 수 있다.

종교는 감정이다

이 정의는 종교가 지식 체계만으로는 규명할 수 없는 어떤 다른 본질을 가지고 있다는 생각에서 출발했다. 즉, 인간의 인식이나 이성의 차원을 넘어선 초자연적 위력 앞에서 우러나오는 원초적 감정이 바로 종교의 본질이라고 생각한다. 여기서 말하는 감정이란 공포, 경외, 경건, 찬송, 감사, 희열, 신뢰, 긍휼 등을 말한다. 인간의 신적 경험은 숭배(reverence)의 감정, 경건의 감정, 신적 존재나 우주와 나의 조화합일이라는 신비 감정 등이 있고, 이러한 감정적 경험이나 행동을 종교로 간주한다는 것이다. 여기서 중요한 것이 바로 신적 체험이며, 종교의 중심요소로서 신적 체험은 절대적으로 필요하다.

신적 체험이나 초월적 존재와의 조화를 통한 신비 감정은 그리스의 수학자 피타고라스(Pythagoras)가 체계화 했다. 그는 신적 체험에 의한 조화의 감정을 수학과 음악을 통해서 표출했고, 이러한 피타고라스의 생각은 이후 신플라톤학파인 플로티노스(Plotinus)의 일자(一者)와의 합일 (合一) 개념으로 발전됐다. 즉, 아름다움을 사랑하는 직관 (intuition)을 가질 때 초월적인 신(神)과의 합일(合一)에 도달할 수 있다는 것이다. 이런 사상은 이후에 중세 신비주의로 옮겨갔고, 근세에까지 종교의 감정적 이해와 체험은 매우 중요한 요소로 인정되었다.

근세에 이르러 이성보다 감정을 더 신뢰한 선구자는 낭만주의 철학자이면서 교육자로 더 잘 알려진 루소 (Rousseau)였다. 그는 "종교란 절대자를 향한 감정의 귀의"라고 정의했다. 이러한 종교적 감정 이해를 토대로 주지주의 종교 정의의 난점을 극복하고 획기적인 신학을 이룩한 사람이 바로 현대신학의 아버지로 일컬어지는 슐라이어마허*다. 그는 '감정적 신학'이라는 말로 종교의 정의를 표현했는데, 그의 저서 『종교론』에서 "종교란 신에 대한 절대 보편적인 의존 감정"이며 도덕률이나 윤리 준수, 행위가 아니라고 주장했다.

감정적 신앙은 "믿음으로 말미암아 구원에 이른다"는 루터의 이신득의(以信得義) 교리를 기초로 한다. 즉, 절대

슐라이어마허 Friedrich Ernst Daniel Schleiermacher

독일의 프로테스탄트 신학자이자 철학자이며, '근대 신학의 아버지'라고 불린다. 낭만주의자들의 영향을 받아 『종교론』이라는 책을 쓰기도 했으며, 이 책은 '종교 멸시자 중의 교양인에게 부치는 강연'이라는 부제가 나타내듯이 당시 교양인들의 종교적 무관심을 염두에 두고 쓴 것이다 여기서 그는 "종교는 사유도 아니고 행위도 아니며, 우주의 직관이고 감정이다"라고 했다. 또한 베를린 대학교 창립에 진력했고, 이 시기에 쓴 『기독교적 신앙』은 종교의 본질을 절대적 의존감정으로 규정한 바탕 위에서 기독교 교의학을 전개하고 있다. 해방전쟁 때는 설교를 통하여 민족주의를 고취하여 애국설교가라는 명성을 얻었다.

적 믿음을 통해 인간은 하나님과 교통할 수 있고, 기도와 예배가 하나님께 전달되며, 마침내 구원에 이르게 된다는 것이다. 이와 같은 믿음을 갖기 위해 의존 감정은 절대적인 것으로 요청되었다. 당시 주지주의에 만족하지 못한 대부분의 사람들은 이런 슐라이어마허의 이론에 많은 지지를 보냈다. 하지만 헤겔은 "종교가 인간 감정에 근거한다면 모든 동물 가운데 가장 감정적으로 사는 개가 가장 훌륭한 크리스천일 것"이라고 말하면서 감정주의 종교 정의를 비판했다.

슐라이어마허 이후로 감정적 차원에서 종교성을 가장 잘 정리한 사람은 루돌프 오토(Rudolf Otto)다. 그는 자신의 책 『거룩(Das Heilige)』에서 인간의 두려움과 떨림의 감정이 종교의 본질(Numinose)이라고 규정했다. 감정적 관점은 종교를 '신에 관해 말하기 전에 신에 관해 느껴야 하고, 생동력(生動力) 있는 신을 만나야 신을 생동력 있게 말할 수 있다'고 본다.

사실 감정적 요인이 종교생활에 있어서 활력이 되고 신앙공동체 활동과 결속에 힘을 주는 것은 사실이다. 그러나 감정은 종교적인 사람이나 비종교적인 사람 모두에게 일어날 수 있다. 그러므로 감정과 분위기만으로 종교를 이해하려는 발상은 위험하다. 이런 의미에서 감정적 관점에서의 종교 정의도 주지주의(主知主義, intellectualism)를 극복하려고 애를 썼지만 절대적인 것은 아니다.

종교는 인간 의지의 표현이다

인간이 가진 지정의(知情意, intellect, emotion and

volition) 가운데 의지가 감정이나 지식보다 훨씬 앞선다고 보는 것을 일명 주의주의(voluntarism, 主意主義)라고 한다. 이런 관점은 세계가 의지의 산물이고 종교 역시 인간 의지의 행위라고 정의한다. 앞서 언급한 대로 지성을 앞세워 세상을 조명할 수 있다고 본 주지주의와 대조되는 주의주의는 '지성은 의지에 종속되는 것'으로 파악했다. 인간이 지성과 감정을 잘 융합시키면 삶 속에서 적극적인 힘을 가지게 되지만, 그것이 궁극적으로 의지와 행위로 표현되지 않으면 의미를 상실하고 만다는 것이다.

주의주의적 관점은 인간이 남긴 모든 문화유산과 산물들을 인간 의지의 결과로 해석했다. 이러한 관점을 가졌기에 종교는 '인간 의지의 표현을 통해 나타난 형식'이라고 정의하는 것이다. 이런 정의에서 보면 종교는 인간이 살기 위한 행동이며, '삶에로의 의지'임과 동시에 '존재에로의 의지'라는 말로까지 확대 해석된다. 주의주의적 종교 정의를 주장한 대표적인 사람으로는 능력심리학자로 잘 알려진 크리스천 볼프(Christine Wolff)가 있다. 또 칸트* 역시 그의 저서 『실천이성비판』에서 "종교란 우리의 의무를

칸트 Immanuel Kant

독일의 철학자. 서유럽 근세철학의 전통을 집대성하고, 전통적 형이상학을 비판하며 비판철학을 탄생시켰다. 프랑스 혁명과 같은 시대의 사람으로 그 이전의 서유럽 근세철학의 전통을 집대성하고, 그 이후의 발전에 새로운 기초를 확립했다. 『실천이성비판』에서는 자율적 인간의 도덕을 논하고, 실천의 장에서의 인간의 구조에 '불가결한 요청'이라는 형태로 신(神), 영세(永世) 등 전통적 형이상학의 내실을 재흥시켜 그것이 새롭게 인간학적 철학에서 점유할 위치를 지적했다. 종교를 도덕의 바탕 위에 두는 이 구상은 후의 『종교론』에서 다시 구체적으로 전개된다. 그는 피히테에서 헤겔에 이르는 독일 관념론 철학의 선두 주자이자 그 모태로서 커다란 역할을 했다.

신의 명령으로 인식하고 행하는 것"이라 밝힘으로써 주의 주의적 종교 정의를 뒷받침했다. 이처럼 신앙 의지로서의 종교는 초월적 존재에 대한 예배, 제사 그리고 개인적인 훈련과 수도 등의 형태로 외면화 된다. 초월적 존재인 신과 인간이 맺는 관계의 형태가 종교이기에 '인간이 신에게 나가서 만나려는 전적인 태도와 의지 행위가 포함되어 있어야 한다'고 본다.

뜬구름 잡는 식이 아니라 구체적인 삶을 말한다는 점에서 주의주의의 종교에 대한 정의는 상당히 설득력이 있다. 물론 종교가 승화되어 도덕률과 절대가치를 가지고, 그런 삶을 목적으로 하는 아름다운 생활을 지향할 수 있다. 하지만 분명한 것은 도덕률 그 자체가 종교일 수는 없다. 종교에서 나온 도덕률은 있어도, 도덕률이 종교가 될 수는 없다.

종교는 인간을 행복하게 만드는 도구다

모든 시대, 모든 종교가 공통적으로 추구하는 것은 '인간이 현세와 내세에서 어떻게 행복할 수 있는가?' 하는 점이다. 그런 면에서 독일 철학자 헬무트 플레스너(Helmut Plessner)가 '인간만이 웃을 줄 아는 동물'이라고 규정한 것은 정곡을 찌르는 말이다. 문제는 인간의 행복이 주관적인 감정이나 의지가 아니라 그가 속한 사회의 가치와 상황에 따라 좌우된다는 점이다. 그러므로 종교와 사회는 불가분의 관계를 맺고 있다. 인간의 행복에 대한 사회적 가치가 어떻게 형성되느냐에 따라 종교적 가치도 변하기 때문이다. 물론 사회적 가치와 상관없이 스스로의 주관만으로 '나는 행복하다'고 말할 수 있다.

역사를 보면 사회적 가치 기준에 따라 인간의 행복 여부가 결정되기도 하고, 개인의 주관적 성향에 따라 결정되기도 했다. 사회적 가치 기준에 따라 행복이 결정되는 경향이 우세하고, 그런 방향으로 종교가 발전하면 이데올로기화된 종교일 가능성이 높다. 반면 개인의 성향에 따라 행복을 결정짓는 경향이 농후하고 그런 방향으로 종교가 발전한다면 신비주의(mysticism)적 종교일 가능성이 높다. 결국 인간의 행복에 대한 사회적 가치도 중요하게 여겨야 하고, 동시에 한 개인의 행복에 대한 이해도 중요하게 평가되는 양면의 조화가 중요하다. 그러나 양면을 모두 균형 있게 이해하면서 나타난 종교는 역사 속에서도 찾아보기 매우 힘들다. 이런 점에서 인간의 행복을 기준으로 종교를 정의하는 이른바 종교에 대한 사회가치적 관점도 온전하지 않다.

종교는 사람들이 지어낸 허구다

종교를 부정적으로 또는 비판적으로 보는 입장에서는 '종교는 허구'라고 주장한다. 종교에 대한 편견과 선입견 때문에 종교 자체를 무용지물로 보는 것이다. 이런 견해는 주로 유물론자나 과학만능주의자인데, 그 출발은 원자론의 창시자인 데모크리토스(Democritos)다. 데모크리토스는 신과 영혼의 존재 자체를 부정하고, 삶과 죽음은 만물의 근본 단위인 원자의 결합과 분해라고 이해함으로써 영원한 세계는 없다고 주장했다.

이런 사상은 근대와 현대에 이르러 더욱 각광을 받았고,

특별 헤겔 좌파로 일컬어지는 포이어바흐(Feuerbach)에게 전수되어 계속 발전했다. 포이어바흐는 『기독교의 본질』이라는 책에서 "종교는 인간이 유아기 시절에 가지는 본질에 지나지 않는다"라고 주장했다. 그러면서 창세기 1장 27절의 "하나님이 자기 형상 곧 하나님의 형상대로 사람을 창조하셨다"는 말씀을 "인간이 자기의 형상대로 하나님을 창조했다"라고 바꾸어 표현하기까지 했다. 포이어바

1단계 | 세계사 초기의 원시공동체 사회로서 인간 대 인간, 자연 대 인간이 평등한 관계를 유지하던 평등 단계. 이 단계에서 종교는 존재하지 않았다고 주장한다.

2단계 | 원시사회에서 인간이 문화적 진보를 이룩함으로써 지배와 피지배 계급이 생겨났고, 지배자들이 억압당하는 자들에게 지상에서 당하는 고통을 천상의 보상이라는 교리로 달래기 위해 종교를 생성시키고 유지시켜 나가기 시작했다고 보았다.

3단계 | 로마의 노예시대부터 중세 봉건사회에 해당하는 기간이다. 이 시기에는 지배계급이 지배의 논리를 정당화하기 위해 성직자를 활용하고 제도화된 종교를 이용한 시기라고 보았다.

4단계 | 봉건사회가 붕괴되고 산업사회가 이룩된 시기로서 재화를 많이 가진 부자들이 "네 이웃을 네 몸과 같이 사랑하라"는 말을 적당히 이용해 가난한 자가 부자를 사랑해야 한다고 설득한 시기라고 보았다.

5단계 | 역사 발전의 마지막 단계로서 공동생산과 공동분배의 원칙이 철저히 적용되는 사회주의 혹은 공산주의 시기가 되면 종교는 필요 없는 것이 된다고 보았다.

흐를 계승한 엥겔스(Engels)는 "모든 종교는 인간이 가진 환상의 반영"이라고 보았고, 종교 자체를 허구라고 평가 절하했다.

유물론자들의 입장을 궁극적으로 체계화하고 하나의 이데올로기로 발전시킨 인물이 "종교는 민중의 아편이다 (Die Religion ist das Opium des Volkes)"라는 유명한 말을 남긴 칼 마르크스(Karl Marx)다. 마르크스는 유물론적 입장에서 종교가 생성하고 소멸하는 단계를 세계사의 발전 단계와 연관시켜 이론화했다. 또한 자신의 이론을 공산주의 공동체를 건설하는 원리로 삼았는데, 이것을 간단하게 정리하면 왼쪽 도표와 같다.

마르크스는 이상과 같은 유물론적 역사관의 관점에서 "하나님이 나의 첫 신앙이었고, 이성이 나의 두 번째 신앙이었으며, 인간이 나의 세 번째 신앙이자 마지막 신앙"이라고 했다. 궁극적으로 종교는 인간적 소산일 뿐만 아니라 사회관계가 만들어낸 결과물에 불과하다는 것이다.

그러나 좀 더 깊이 생각해 보면 마르크스를 비롯한 유물론자들의 종교에 대한 정의는 편견에서 비롯된 편협한 논리임을 발견할 수 있다. 만약 종교가 엥겔스의 말대로 '인간 환상의 소산'이라면 인류사에 나타난 모든 종교인들은 환상에 사로잡혀 인생을 마감한 비참한 중생이 되고 만다. 또 마르크스의 주장대로 종교가 철저히 다른 사람을 억압하고 착취하기 위한 수단이라면 그것은 종교의 가면을 쓴 지배 이데올로기일 뿐이다. 결국 이런 맥락에서 유물론적 관점의 종교에 대한 정의는 철저히 '종교를 부정한 종교화된 이데올로기이며, 종교를 무너뜨린 종교인'이라는 비평을 들어도 마땅하다.

기독교에서 말하는
종교의 정의

그렇다면 기독교의 입장에서 종교에 대한 정의는 무엇일까?

먼저 종교에 해당하는 용어인 'religion'에 대해 알아보자. 이 말의 어원은 두 가지 견해가 있다. 하나는 로마의 철학자인 키케로(Cicero)가 사용한 용어로 라틴어 렐레게레(*relegere*; 신중하게 양심적으로 어떤 것에 주의를 기울임)가 있다. '정성을 드리고 거룩한 자에 대해 경외한다'는 뜻으로 보면 타당하다. 다른 하나는 락탄티우스(Lactantius)의 주장을 따라 아우구스티누스(Augustinus)가 그 견해를 이어받고, 언어학자 메이예(Meillet)가 주장한 것으로 라틴어 렐리가레(*religare*)라는 말에서 나왔다는 견해다. '*religare*'는 '재결합'으로서 '창조주 하나님과 피조물인 인간과의 재결합'이라는 의미를 지닌다.

이 두 가지 어원에 근거하여 기독교는 '종교는 피조물인 인간이 하나님의 복을 받고 그분을 섬김으로써 하나님의 자녀로 재결합하는 것'이라고 정의한다. 칼뱅(John Calvin)은 이런 관점을 기반으로 종교는 "인간의 신성한 감정으로 신을 의뢰하는 경외심"이라고 정의했다. 또 개혁신학계에서 잘 알려진 조직신학자 루이스 벌코프*는 종교를 "신의 존재와 신이 자기를 인간에게 계시하심과 또 인간이 그 계시를 받아 실행하는 것"이라고 정의했다.

사실 종교(宗敎)라는 한자의 뜻을 빌리면 '으뜸이 되는 가르침'이다. 즉 종교는 지적 욕구를 충족시키기 위해 해도 되고 안 해도 되는 부수적인 것이 아니라 삶의 근본으로서 본질적인 가르침이다. 그래서 동양에서는 종교를 도(道)라고 불렀다. 이처럼 본질적인 가르침인 종교는 제대로 가르쳐져야 한다는 점에서 매우 중요하다. 그러므로 앞서 나타난 편협한 종교에 대한 정의는 위험천만한 것이며, 결국 종합적이고 바른 정의가 필요하다.

그렇다면 무엇이 균형 감각을 지닌 바르고 종합적인 종교에 대한 정의일까? 본질적인 가르침인 종교를 제한적인 지정의를 가진 인간이 깨닫고 진술하기에는 역부족이다. 당대 최고의 지식 교육을 받았던 사도 바울도 자신의 한계를 깨닫고 '오호라 나는 곤고한 사람이라'고 고백적으로 외쳤다. 물론 자신의 죄에 대한 고백으로 받아들여야겠지만 동시에 자신의 무능함을 하나님 앞에 솔직히 인정한 것으로도 볼 수 있다. 그러므로 인간의 지혜나 경험 혹은 실천적 의지로 초월적 존재인 하나님과 관련한 종교의 정

루이스 벌코프 Louis Berkhof

네덜란드 엠멘에서 출생하여 8세 때 미국으로 이민했다. 그랜드래피즈에 정착하면서 기독교 개혁교회의 전통 안에서 교육받았다. 칼빈신학교와 프린스턴신학교에서 수학했다. 아브라함 카이퍼, 헤르만 바빙크, 게르할더스 보스 등의 네덜란드 계통의 개혁파 신학자들과 B. B. 워필드와 헨리 미터 등 칼뱅주의 신학자들의 영향을 받았다. 여러 목회지에서 사역하였으며, 주로 칼빈신학교에서 주경신학과 조직신학 등을 가르쳤고, 오랫동안 칼빈신학교의 교장을 역임했다. 저서로는 『조직신학』 『기독교 교리사』 등이 있으며, 특히 『조직신학』은 개혁주의 진영 최대의 보배로 손꼽힌다.

의를 바르게 내리는 것은 불가능하다.

이로 보건대 참된 종교의 의미란 결국 인간의 지식으로는 깨달을 수 없는 비밀이다. 따라서 하나님을 의지할 수밖에 없고 성경으로 돌아갈 수밖에 없다. 문제는 이 정의가 편협하지 않고 역사적이며, 개인을 충분히 고려하면서도 사회성을 띠어야 한다는 점이다. 또한 시간적으로는 과거와 현재와 영원한 미래를 포괄하고, 영역적으로는 전 인류가 받아들일 수 있어야 한다. 이런 면에서 성경의 개념인 '종교란 창조주 하나님과 피조물인 인간의 관계'라는 기독교적 정의는 참되고 충분히 균형 감각을 지닌 종교에 대한 정의다.

종교는 어떻게 시작되었나?

'종교란 무엇인가?'라는 질문을 던지면서 종교의 발생 역사나 기원을 찾아내고 발전 단계를 추적하는 것은 대단히 의미 있는 일이다. 학문의 영역에서 '이것은 무엇인가?'라는 연구 대상의 본질에 대한 물음이 객관성을 갖기 위해서는 대상의 기원을 필수적으로 따지기 때문이다. 그렇다면 과연 종교는 어떤 기원을 가지는가? 종교의 발생과 기원을 살필 때 출발점을 어디에 두느냐에 따라 여러 방법들이 있다. 이 방법은 '모든 종교가 하나의 뿌리에서 출발했다'는 전제를 가지고 있다. 이런 전제를 가지고 종교의 기원을 탐구하는 방법은 다음과 같다.

- 종교인류학은 인간의 심리에서 종교가 발생했다고 본다. 인간이 가진 종교적 현상과 내면의 표현들을 볼 때 초월적인 것에 대한 인간의 신앙에서 종교가 형성되었다는 것이다.
- 종교현상학은 인간이 필연적으로 종교 현상—하늘 숭배, 태양신 숭배 등—에 의존해 있다고 본다. 그리고 이런 종교 현상을 발생과 기원으로 보는 것이다.
- 종교지리학은 지리적 입장에서 최초의 종교적 기원을 찾는 것이다.
- 종교역사학은 시간적으로 최초의 것을 찾는다.
- 종교제도학은 제도적으로 가장 단순한 것을 찾는다.

　하지만 이런 방법들을 개별적으로 적용하여 종교의 기원을 탐구할 때 매우 편파적이고 전체성을 가지지 못한다. 개인적인 해석, 주관적인 감정, 사적인 의지 등이 뒤섞인 상황에서 개개인마다 자신이 선호하는 방법을 택하고 다른 것은 무시할 가능성이 높다. 따라서 위에서 언급한 다섯 가지—이외에도 많겠지만— 방법 가운데 한 가지만 선택해서 종교의 기원과 근원을 찾는다는 것은 불가능하다. 역사상 모든 종교가 하나의 근원을 가진다고 가정할 순 있지만, 이를 확인하기 위한 학문적 시도는 불가능했다.

　그렇다고 해서 종교의 기원에 대한 다양한 연구 방법들이 전혀 필요 없다는 것은 아니다. 각 방법들을 활용해서 연구하면 할수록 막스 뮐러(Max Müller)의 말대로 종교의 기원은 인류의 발생과 동일하게 시작되었다는 것이 분명해지기 때문이다. 즉, 모든 종교가 하나의 기원을 가졌다는 사실을 증명하는 것은 불가능하나 종교의 역사가 인류의 생성과 더불어 시작되었다는 것은 모든 연구 방법에서 인정하는 사실이다. 어떤 종교학자들은 아프리카의 한 부족을 관찰해 본 결과, 그들에게 종교가 없다는 사실을 발견하고 나서 '인류의 발생과 더불어 종교가 시작되었다'는 것을 받아들일 수 없다고 반박하기도 했다. 그러나 이것은 관찰 착오와 종교에 대한 관념 차이에 불과하다.

천진난만한 어린아이들이 전깃불을 태양 생각할 수 있다. 하지만 아이들이 자기 관념으로 전깃불을 태양으로 이해한다고 해서 태양이 존재하지 않는 것은 아니다. 미개하든 어린아이든 종교의 관념을 가지고 있으며, 지식의 양이 적을수록 구체적일 수 있다. 따라서 종교는 세상에 사람이 창조되었을 때부터 시작되었다고 할 수 있다.

인류의 시작과 더불어 종교가 생성되었다고 할 때 한 가지 유의해야 할 점은 '어느 정도의 요소를 구비하고 있을 때 종교라고 일컬을 수 있는가?'라는 점이다. 종교라고 일컬어지기 위해서는 어느 정도의 형태를 갖추어야 한다. 때문에 종교학에서는 종교가 성립되기 위해서는 그것이 진보되었든 낙후되었든 다음의 네 가지 요소 또는 본질을 갖추어야 한다고 말한다.

첫째, 종교의 주체 요소다. 신의 계시에 우선권을 두고 형성된 종교는 신을 주체적 요소로 보고 인간은 그것을 받을 뿐이라고 이해한다. 반면에 인간을 중심으로 하는 대부분의 종교들은 종교가 인간의 행복을 위해 존재한다고 보기 때문에 종교의 주체는 인간이라고 주장한다. 앞의 것은 타력적 의식을 가진 종교이고, 뒤의 것은 자력적 의식을 가진 종교다.

둘째, 종교의 객체 요소다. 이것은 예배 혹은 숭배의 대상이 정신적인 것일 수도 있고 물질적인 것일 수도 있다. 그러나 문명화된 종교일수록 정신적인 것이 많다.

셋째, 주체와 객체의 관계 요소다. 이것은 의식과 예배의 형식으로 나타나는데, 신과 인간 또는 인간과 신의 관계가 대체로 두려움이나 친근함의 양상으로 구별되어 드러나는 것이다.

넷째, 공동체 요소다. 기독교에서는 교회라 할 수 있는 이것은 유형적이기도 하고 무형적이기도 하다. 즉 회원으로 가입할 수 있는 공동체가 있고, 그 안에서 믿는 자들이 함께 교제해야 종교라는 것이다.

주체 요소, 객체 요소, 관계 요소, 공동체 요소라는 네 가지 본질적인 요소를 갖춘 종교가 인류의 시작과 함께 나타났다고 할 때 종교는 보는 시각에 따라 일반적으로 다음과 같은 두 가지 큰 범주에서 발생(기원)되었다고 구분한다. 첫째는 인간의 심리적 범주에서 종교가 발생했다고 보는 견해다. 둘째는 숭배 대상의 발견이라는 범주에서 종교가 기원을 가진다고 보는 견해다. 이제 두 범주 안에서 종교의 기원과 관련한 여러 이론들을 구분해 보고 그 이론들이 가진 약점들도 살펴보자.

종교가 인간의 심리에서 시작되었다는 입장

인간 이기설
인간이 가진 이기심에 의해 자신이 동경하는 대상을 스

스로 만든 것이 신이라는 논리다. 실제로 흑인들이 숭배하는 신은 흑인의 피부를 가졌고, 황인종이 섬기는 신은 황색의 피부를 가졌다. 신의 존재는 인간의 이기적인 심리를 잘 파악해 보면 알 수 있다고 보는 것이다. 특히 공산주의자들은 이 논리에 근거하여 결국 종교의 발달은 인간의 발달과 비례하는 것으로 이해했다. 다시 말해 신학의 발달이 인간학의 발달과 비례하는 것이다.

하지만 종교는 결코 인간의 이기심의 결정체로 뭉쳐진 것이 아니다. 기독교만 보아도 자기희생과 이타심의 종합인 것을 충분히 확인할 수 있듯이 이 이론은 약점이 많다.

무한에 대한 감각설

이 이론은 무한이라는 전제가 있기 때문에 인간이 무한의 감정을 느낀다고 본다. 무한의 감정이 있다면 무한한 신은 당연히 존재하는 것이며, 그로 인해 무한자와 무한세계를 동경하는 종교가 이 세상에 생겼다고 보는 것이다. 이 이론은 유물론에 빠져 있는 현대 사회에 새로운 대안으로 어느 정도 환영을 받았다.

하지만 논리적 관념이 희박하거나 혹은 거의 없다고 표현할 수 있는 선사시대에도 이런 주장이 동일하게 적용될 수 있는가 하는 문제가 존재한다.

공포설

종교가 인간의 공포 심리 때문에 생겼다고 보는 이론이다. 인간이 어떤 대상에 대해 공포심을 가질 때 보이는 태도는 보통 두 가지다. 하나는 유화책이고, 또 하나는 더 강한 힘에 의지해 공포심을 물리치는 것이다. 인간의 공포심이 궁극적으로 신을 낳게 되었다는 주장이다.

물론 공포심이 종교적 감정을 불러일으키고 종교를 형성하는 원인 중 하나임에는 틀림없지만, 공포심을 일으키는 대상이 모두 종교의 대상이 될 순 없다. 결론적으로 공포심도 종교의 기원을 전체적으로 설명할 수 없다.

소망설

공포설과 반대되는 이론으로 재난과 공포를 면하고 보다 나은 삶을 위해 종교와 신이 생겼다는 이론이다. 실례로 도교에서 주장하는 불로장생설이나 이집트 태양신의 미라와 같은 것들이 이 이론을 뒷받침해 주고 있다. 그러나 소망설은 사람이 공포를 느끼는 한계 상황을 극복하기 위해 다른 형식으로 노력한 결과에 지나지 않는다. 그런 점에서 소망설은 공포설과 뿌리는 같으나 형식만 다를 뿐이다.

상상설

기본 전제는 인간을 물질적인 육(肉)과 정신적이고 내면적인 영(靈)으로 구성되어 있다고 보는 입장이다. 그리고 영과 육 양자 가운데 육은 연구가 가능하지만 영은 연구가 불가능하다고 보았다. 그래서 영에 중점을 두고 생활하는 것이 종교라고 이해했다. 연구 불가능한 영을 상상하는 것이 종교라는 주장이다. 바꿔 말하면 전혀 연구할 수 없고 실험할 수 없기 때문에 그에 대한 구체적인 지식을 가질 수 없는 영적 생활이 바로 종교라고 설명한다.

이런 입장은 종교가 미신으로 흐르는 것을 막아준다는 면에서 매우 긍정적이다. 그러나 영적인 영역이 실재한다는 점에서 이 이론은 계속 비판받고 있다.

추리 결과설

종교의 기원을 철저히 원인과 결과에 의해 발생한 것으로 보는 이론이다. 신이나 종교 등의 용어가 결과적으로 현실 세계에 있기 때문에 종교는 인류의 시작과 함께 발생적 기원을 가진다는 것이다. 그러나 용(龍)이라는 단어가 있다고 해서 실제로 용이 존재하는지, 상상의 동물인지 판단하기는 어렵다. 그처럼 이 이론의 문제는 현실적인 결과만 가지고 원인을 추리한다는 것은 어렵기 때문에 비판받을 여지가 많다.

도덕적 의식(양심)설

이 이론은 인간이 본래적으로 소유한 양심에 따라 의지적으로 사는 것이 종교라고 한다. 일부 수긍이 가기도 하지만 이 이론대로라면 종교는 인간 내면에만 의존하는 것으로 축소될 수 있다.

절대귀의 감정설

인간이 가진 귀소본능으로부터 출발하여 절대자에 대한 귀의의 감정이 종교의 기원이라고 보는 이론이다. 감정의 귀의를 주장하는 슐라이어마허가 대표적 이론가로 꼽힌다. 문제는 감정만으로는 종교가 발생되기 힘들고, 또 감정을 가리켜 종교라고 하지도 않는다는 점이다. 또한 지적 영역과 의지의 영역이 고려되지 않는 상황에서의 종교는 단순한 우연에 지나지 않을 가능성이 크다.

사회생활 발생설

인간이 사회생활을 하다 보니 그 산물로서 종교가 탄생되었다고 보는 이론이다. 물론 사회를 전제하지 않고는 종교가 완전히 성립될 수 없다. 그러나 종교가 개인이나 사회를 초월하는 부분이 많고, 종교의식 중 사회의식이나 개인의 의식 이전에 나타난 부분이 많기 때문에 이 이론도 난점을 가지고 있다.

생래적 기원설

종교는 인간이 천부적으로 가진 기능에 의해 나타난 것이라고 보는 이론이다. 학습되지 않아도 인간에게 생래적(生來的)으로 나타나게 된다는 것이다.

숭배의식에서 시작되었다는 입장

대부분의 종교학자들은 종교가 인류의 시작과 함께 시작되었다는 주장에 동의한다. 인간의 정신을 분석해 보면 본질상 종교에 대한 의식(儀式)을 포함하고 있다. 때문에 다른 동물과 달리 도구를 사용할 줄 아는 특성을 가진 인간은 자신의 존재를 어떤 의식으로 시공간 안에서 표현하는 데 익숙한 것이다. 종교에 대한 내면적인 생각이 외면적 종교의식으로 표현되는 것은 이 때문이다.

문제는 외면적 표현으로서의 종교의식이 어디서부터

어떻게 표현되었느냐 하는 것이다. 앞에서 살핀 대로 인간의 종교 심리가 다양하고 다양한 심리적 기원론이 있었던 것처럼 다양한 대답이 나올 수 있다. 종교학자들은 종교의식의 차원이 '다신론 → 일신론 → 범신론' 혹은 '일신론 → 다신론 → 범신론' 등으로 발전했다고 주장한다. 여기서 우리가 던질 수 있는 질문은 더 원초적으로 올라가서 '다신론은 어떻게 생겨났으며, 어떻게 그런 발전의 과정을 설명할 수 있는가?' 하는 점이다. 이제 종교의식을 중심으로 종교의 기원을 말하고자 하는 몇 가지 이론들을 살펴보도록 하자.

자연숭배 이론

천체(하늘, 땅, 해 등)나 자연현상(바람, 안개, 비 등) 혹은 자연물(바위, 초목, 인간, 동물 등)이 지닌 힘을 숭배하는 모든 의식을 자연숭배라고 말한다. 태양신을 숭배한다는 것은 태양에 대한 대부분 고마움 때문이었고, 번개나 우레 등과 같은 자연현상을 숭배하는 이유는 그것에 대한 두려움 때문이었다. 그러므로 자연숭배(natural worship)란 어떤 인격적인 대상을 매개로 해서 자연물 그 자체를 숭배하는 것을 말한다.

자연숭배는 발달과정에 따라 전기와 후기로 나뉜다. 전기는 사람들이 자연물에 대한 고마움과 두려움 때문에 숭배하게 된 시기다. 인류가 처음 이 땅에 태어났을 때에는 기술과 저항력이 약했기 때문에 자연물이나 자연현상을 숭배했다. 자기에게 편리하고 유익한 것은 더욱 늘어나고 확대되기를 바라는 반면, 불편하고 위험한 것은 가급적 피하고 멀리하려 했던 시기가 전기 자연숭배의 현상이었다. 그러므로 이 시기에는 숭배하는 자연물 안에 어떤 신적 능력이나 영적인 능력 혹은 인격이 있다고 생각하지는 못 했다.

후기에 이르면 자연물 자체에 영력이나 추상적 위력을 덧붙여 숭배의 대상으로 삼았다. 신령한 존재나 영적인 능력이 자연물이나 현상 속에 잠재하는 것으로 보고 자연물을 섬긴 것이다. 이러한 자연숭배의 후기적 양상은 대체적으로 개화가 덜된 민족의 신앙에서 많이 나타났다. 대표적인 예로 우리나라에서 사용하는 '하느님'과 같은 용어 역시 자연숭배적인 결과로 나타난 용어로 볼 수 있다. '하느님'은 하님이나 한울님의 변음으로서 '땅님, 지신님'의 대구적(對句的) 의미다. 하늘에 '님'의 인격적 어미를 붙인 것이 바로 하느님인 것이다. 물론 하느님에 대한 여러 가지 해석이 있기도 하다. 하지만 이런 점에서 볼 때 자연숭배의 인상이 강하기 때문에 사용을 자제해야 할 용어다.

마나이즘 이론

마나이즘(Manaism)은 일명 영력설(靈力說)이라고 일컫기도 한다. 마나(mana)라는 말은 19세기말 호주 멜라네시아 군도에 살았던 원주민의 종교를 연구한 영국의 인류학자 로버트 코드링턴(Robert Codrington)이 처음 사용하여 전 세계에 퍼졌으며, 언어학과 인류학에서 '신비한 능력'이라는 의미로 사용한다. 종교학에서 '마나'는 어떤 일을 할 때 자기에게 좋은 일이 일어나게 만드는 원인, 즉 신비적 능력으로 이해한다. 예를 들어 전쟁에 나가서 이겼을 때에도 자신의 힘이나 무기 또는 전략이 우세해서 이긴 게 아니라 마나가 도와줘서 이겼다고 생각하는 것이다. 이런 점에서 마나는 종교의 대상이 된다.

이런 마나이즘에는 큰 약점이 있다. 예를 들어 대립하는 양편이 전쟁을 했을 경우 어느 한쪽은 반드시 이기게 되는데, 이긴 쪽이 항상 아전인수 격으로 마나가 도와줘서 이겼다고 생각하게 된다면 역사의 퇴보를 가져올 가능성이 크다. 어떤 일이든지 요행 심리로 갈 경향이 많기 때문이다. 세계의 역사를 신에 의한 심판의 현장이라 이해하고 모든 전쟁을 성전(聖戰)이라 밀어붙인다면 역사의 진보를 기대하기란 어려울 것이다.

기호숭배 이론

종교의식의 기원을 어떤 기호(totem)의 숭배라고 생각하는 것을 일컬어 토테미즘(totemism)이라고 한다. 토템은 미국 인디언 중 치페와(Chippewa)라는 부족의 언어인데, 18세기에 들어와서 마나라는 말처럼 학문의 공용어가 되었다. 모든 힘의 원천이 되는 기호나 상징을 토템이라 믿고, 모든 사람이 어떤 힘의 원천이 되는 토템의 후손이라고 생각하는 것이다. 따라서 토템이 융성하면 자신들이 융성하다고 생각하며, 토템을 잘 섬김으로써 자연을 지배할 수 있다고 보았다.

토템의 종류는 개인이나 부족에 따라 각기 다르고 동물을 비롯해서 식물, 인공물에 이르기까지 다양한 종류가 있다. 잘 알려진 토템 신앙의 실례는 인도의 소(牛) 숭배사상인데 결국 토테미즘은 물신숭배와 같은 것이다.

주물숭배 이론

이 이론은 영국의 존 러벅(John Lubbock)과 허버트 스펜서(Herbert Spencer)가 종교의 기원이라 주장했다. 15세기 말부터 스페인 사람들은 무역을 위해 아프리카 해안을 다니면서 자연물이든 인공물이든 물건을 숭배하는 상황을 많이 목격했다. 그들이 숭배하는 물건을 포르투갈어로 페이티소(feitiço)라고 불렀고, 여기서 주물(呪物)이나 페티시즘(fetishism)이라는 말이 나왔다. '페이티소'는 마력, 몸을 보호하는 호신부(護身符)의 뜻이 있다. 따라서 주물숭배는 신적인 요소와 마력이 하나의 물건을 통해 인간에게 나타났다고 보고 그 물건을 숭배하는 것이다.

하지만 오늘날 학계는 주물숭배가 종교의 기원이 아니라고 생각하는 추세다. 종교적 현상이 주물숭배로 나타난 것이지 주물숭배가 종교로 발전한 것으로 보기는 어렵기 때문이다. 즉, 종교가 점점 발달하다보니 인간들이 호신부를 만들더라는 것이다. 이런 마력이 있는 주물, 즉 호신부의 잔재는 여러 곳에서 볼 수 있다. 몸을 보호하는 의미에서 부적을 몸에 지닌다거나 사랑을 이루기 위해 은반지를 낀다거나 하는 것들이 주물의 좋은 예다.

정령숭배 이론

정령숭배(精靈崇拜)를 영어권에서는 애니미즘(animism)이라고 일컫는다. 이 말은 원래 18세기의 철학자들이 사용하던 용어를 영국의 인류학자였던 타일러(Tylor)가 『원시문화』에서 이론화시켜 사용하면서 널리 쓰였다. 애니미즘은 라틴어의 호흡, 목숨, 영혼이라는 뜻의 '아니마(*anima*)'

에서 온 말인데, 사람의 생명이 본질적으로 호흡에 있다고 보는 것이다. 따라서 호흡이 있으면 의식과 정신이 있기 때문에 살아 있는 영혼이 된다. 육체가 죽어도 아니마는 영원불멸하기에 인간의 영혼은 계속 살아 있다고 보며, 영생하는 영혼이 모든 사물에 영향을 미친다고 보고 이것을 숭배한다.

애니미즘에서는 아니마가 영향을 미치는 범위를 두 가지로 구분한다. 첫째, 생물은 물론 무생물도 영혼을 가진다고 생각하는 범위로서 무생물도 숭배의 대상이 된다고 보는 물신론(物神論)적 경향이다. 둘째, 특정한 사람이나 물건에는 관련된 각각의 아니마 정신(anima spirit)이 있어서 이 둘이 결합하여 특별한 아니마의 힘으로 나타난다고 보는 경향이다. 그래서 두 번째처럼 생각하는 경향 속에는 현실 속에서 단순한 물건숭배보다 그 배후의 영적인 힘을 숭배하는 모습으로 나타난다.

임신을 못하는 여성이 다산한 여성의 속옷을 입으면 임신을 하게 된다는 믿음은 속옷 자체보다 속옷의 배후에 있는 다산의 아니마를 믿고 의지하는 것이다. 또한 애니미즘에서는 꿈속에서 죽은 사람이 나타나는 것도 죽은 영이 배회하다가 자신에게 나타난 것이라고 해석한다. 결국 애니미즘은 영적 존재에 대한 신앙이며, 이 신앙은 관념적인 것뿐만 아니라 현상적인 의식과 절차 모두를 포함한다. 이런 점에서 애니미즘은 앞서 살핀 자연숭배, 주물숭배, 정령숭배 등을 포괄하는 중요한 이론이라고 할 수 있다.

하지만 '사람이 죽으면 영혼이 즉시 천국이나 지옥으로 간다'고 생각하는 기독교 입장에서는 죽은 영이 현실 세계에서 배회한다는 애니미즘은 잘못된 이론이다. 사실 애니미즘적인 사고방식은 오늘날 뉴에이지(New Age) 성향의 영화 속에서 빈번하게 나타나고 있다. 그러므로 확고한 심리학적 이해나 종교적 신앙이 형성되지 못한 상황에서는 애니미즘적 현상이 기승을 부릴 수 있으므로 조심할 필요가 있다.

터부 이론

터부(taboo)는 보통 금기(禁忌)라는 말로 번역되는데, 완전한 번역이라고 보기는 어렵다. 터부는 어떤 것을 범하거나 어기면 벌을 받게 되는 신성불가침의 영역이 있다고 믿고, 이것을 숭배의 대상으로 삼는 것을 말한다. 신성불가침이나 금기는 세련된 형식이나 틀을 가지기보다 한 지역 내에서 나타나는 경우가 대부분이다. 사실 금기는 모든 종교에서 볼 수 있는 현상으로 이슬람이 돼지고기를, 힌두교가 암소를, 기독교인이 성금요일(Good Friday)에 육식을 금하는 것도 같은 맥락이다. 하지만 대부분 전 세계적으로 보편화되거나 모든 사람들이 받아들일 수 있는 내용이 아니다.

기독교에서 말하는
종교의 기원

일반 종교학에서는 종교의 기원을 아래로부터 시작된 것으로 본다. 인류의 시작과 함께 종교가 시작되어 인간의 내면이든 외부든 인간이 만든 것에서 시작되었다고 보는 것이다. 하지만 기독교는 종교가 하나님의 자기계시로부터 시작되었다고 이해한다. 그러므로 종교의 주체는 일반 종교학에서 주장하는 것처럼 인간이 아니라 하나님이다. 사람을 창조하신 하나님이 초월적인 존재인 하나님과 초월의 세계를 바라보고 알 수 있도록 먼저 계시를 주신 것이다.

기독교는 하나님의 계시가 지정의(知情意)의 중심인 마음속에 심겨짐으로 종교가 시작되었다고 본다. 이 계시는 지정의 어느 한 곳에 치우치지 않고 영혼과 육체의 모든 부분에 관련되어 있다. 즉 종교가 사람의 전인격과 관련하여 시작되었고, 초월하신 하나님과 초월의 세계를 알려주는 출발로서 계시를 활용하셨다는 것이다. 이런 의미에서 인간의 지정의를 통해 하나님 자신을 알려주는 계시는 기독교를 이해하기 위해 가장 중요하게 살펴야 할 부분이다.

다음 장에서는 기독교를 전반적으로 이해하기 위해 계시가 왜 필요한지, 계시에는 어떤 것이 있는지, 그리고 구체적인 내용은 무엇인지 살펴볼 것이다.

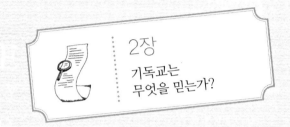

2장

기독교는
무엇을 믿는가?

인류의 역사 속에서 오랫동안 존재해 온 종교를 기성종교라 하고, 시간의 흐름 속에서 새롭게 일어난 종교를 신흥종교라 한다. 기성종교 가운데 역사적으로 검증되고 인정받은 종교를 정통종교라 하고 정통종교의 입장에서 변질된 것을 주장하거나 그것을 종교 행위로 삼는 것을 이단(異端)이라고 부른다. 또 사회적 상식과 균형을 파괴하고 사회윤리에서 벗어나 공동체를 문란케 할 뿐 아니라 사회에 피해를 주는 종교를 사교(邪敎)라고 부른다. 이에 반해 사회에 긍정적이고 좋은 영향을 끼치는 종교는 건전한 종교라고 한다. 이런 이해를 바탕으로 기독교가 오랜 전통과 역사를 가진 기성종교이자 건전한 종교이며, 또한 정통종교라고 할 때 '과연 기독교는 무엇을 믿는가?'라는 질문에 답해야 할 필요성이 있다. 그렇다면 기독교는 과연 무엇을 믿는 것일까?

하나님이
계시해 주신 것을 믿는다

어떤 사람은 기독교와 다른 종교를 구분하는 기준으로 '초월'을 든다. 그러나 타 종교에도 초월에 대한 언급이 있고, 심지어 기독교보다 훨씬 더 초월적 신비주의를 가진 종교도 있다. 때문에 기독교와 타종교의 차이점은 '초월'이 아닌 '계시'로 봐야 한다.

타 종교에도 초월적 존재인 신이 있고, 그 신을 숭배하는 의식이 있다. 하지만 대부분 신은 인간에게 도움을 주는 수준에 그치는 경우가 많다. 즉, 신을 인간의 욕망과 목적을 이루어 주는 수단 혹은 응원군 정도로 생각하는 것이다. 이럴 경우 종교의 주도권이 인간에게 있고, 신은 액세서리에 불과하게 된다. 하지만 기독교에서는 주도권이 인간이 아닌 하나님에게 있다. 하나님은 인간의 현실적 부족을 채우는 존재가 아니라 그의 뜻대로 인간을 이끌어 가신다. 이 점에서 기독교가 종교의 기원으로 삼는 '하나님이 계시하셨다'라는 의미가 명확해진다. '주도권을 가진 하나님이 자신과 초월의 세계를 사람들에게 알리기 위해 스스로를 드러내 보이신 것'을 일컬어 '계시'라고 말하는 것이다.

계시에 대한 가장 큰 오해는 하나님이 자신과 초월에 관한 지식을 '인간이 이해하고 알 수 있도록 낱낱이 나열하신 것'이라는 주장이다. 청문회에 나온 증인처럼 인간이 질문하거나 알고 싶어 하는 모든 것에 대한 설명으로 계시를 주셨다고 생각하는 것이다. 기독교의 본질적인 내용은 주도권을 쥔 인간에게 청문회를 당하듯 하나님이 자신과 초월에 관한 내용을 정보 나열식으로 펼쳐 놓은 것이 아니다. 즉 '하나님이 계시하셨다'라는 의미는 하나님이 자신을 보여주신 것을 인간이 이해하고 싶으면 이해하고, 이해하지 못하면 인정하지 않아도 되는 것이 아니다. 물론 하나님이 인간에게 아무것도 보여주시지 않는다고 해도 그분에게는 전혀 문제가 되지 않는다. 하지만 '그럼에도 불구하고' 연약한 우리 인간을 위해 주신 초월의 내용이 계시다. 이 계시에는 하나님이 인간의 현실적인 필요를 충분히 감안하여 그의 계획과 뜻을 전달하기 위해 주신 역동적인 내용들로 가득 차 있다.

믿음이 우선인가, 이해가 우선인가?

중세시대 가장 중요한 종교적 논쟁은 '알기 위해 믿느냐?' 아니면 '믿기 위해 아느냐?'라는 주제였다. 별 것 아닌 말장난 같지만 이 주제는 기독교를 이해하는 데 있어서 아주 중요한 핵심이고, 이것 때문에 역사 속에서 수많은 논쟁이 있었다. 과연 믿음이 우선일까, 아니면 이성을 통해서 이해하고 아는 것이 먼저일까?

하나님께서 스스로를 알리기 위해 우리에게 주신 것이 계시다. 하나님은 인간의 구원과 현실적인 필요를 충분히 감안하시고, 그의 계획과 뜻을 전달하기 위해 충족한 계시를 허락해 주셨다. 기독교는 하나님의 형상으로 지음 받은 인간의 이성을 효율적으로 사용하는 것을 충분히 인정하는 합리성과 상식을 가진 종교다. 이성을 통해 믿음의 내용인 계시를 인식하기 때문이다. 합리성과 논리성을 가진 인간의 이성은 신앙의 내용인 계시를 논리적이고 합리적으로 해석하는 기능을 담당한다. 그러나 하나님의 계시에는 이성이 해석할 수 없는 초월적인 영역과 해석이 가능한 합리적 영역이 동시에 존재한다. 바꿔 말하면 하나님의 계시는 신앙과 이성을 동시에 요구한다.

아담의 타락 이후 하나님의 형상이 훼손된 인간의 이성은 하나님의 계시를 온전하게 이해할 수 없는 한계가 있다. 이 때문에 '믿기 위해 앎을 추구하는 인간의 지성적 행위'는 초월의 영역에 속한 하나님의 계시를 온전하게 알 수 없다는 한계가 있다. 따라서 계시를 온전히 깨닫기 위해서는 먼저 신앙으로 받아들인 후, 그리스도를 믿는 믿음 안에서 거듭난 이성을 가지게 될 때 이해할 수 있다.

기독교의 내용인 계시는 철저히 하나님께서 주도권을 가지고 가르쳐 알게 하신 것이다. 인간의 이성은 그 내용을 합리적으로 이해하기 위해 최선의 노력을 기울일 필요가 있다. 그러나 하나님의 계시를 믿기보다 이성적인 이해와 합리적 논증을 우선순위에 놓으면 계시는 더 이상 가치를 잃게 된다. 이런 점에서 기독교는 인간의 이성—특히 그리스도 안에서 거듭난 이성—이 가진 기능을 충분히 인정하면서도 하나님의 계시와 관련하여 '알기 위해서 믿는다'라는 신앙 우선의 입장을 받아들인다.

계시와 하나님의 말씀인 성경의 관계

계시의 구분

계시는 '하나님이 주도권을 가지고 자신의 뜻과 진리를 사람에게 나타내신 것'이다. 하나님이 사람에게 진리를 나타내실 때는 자연현상을 통하기도 하고, 자연현상을 초월한 특별한 방법으로 계시하기도 하신다. 이렇게 자연현상을 통하는 것을 자연계시, 자연현상을 초월한 특별한 방법을 초자연계시라 한다.

또한 목적에 따라 일반계시와 특별계시로 구분된다. 일반계시란 모든 사람들이 알 수 있도록 자연현상이나 역사적 사건 또는 일반적인 양심을 이용해서 하나님이 진리를 계시하는 것이다. 이런 점에서 세상의 모든 사람들은 하나님과 초월의 세계를 알 수 있는 기반을 갖추고 있다. 하지만 일반계시로는 하나님을 완전히 알 수 없다. 일반계시에 결함이 있어서가 아니라 타락한 인간의 본성과 자연환경이 하나님의 본래 의도를 알지도, 보여주지도 못하기 때문이다. 그래서 기독교는 자연현상이나 사람 자체를 잘 연구하면 초월 세계와 하나님을 완전하게 알 수 있다는 자연주의적 관점을 동의하지 않는다. 일반계시의 통로인 자연이나 사람은 하나님을 희미하게 알 순 있지만 완전히 알 수는 없다.

이런 이유 때문에 특별계시가 필요하다. 특별계시는 타락한 이후 일반계시만으로는 죄인의 상태를 벗어날 수 없는 인간을 구원할 목적으로 주어진 계시이며, 자연적인 방법을 초월하여 나타난다. 특별계시의 주요한 방법은 하나님이 나타나시는 신적인 현현(顯現, 신적인 현현의 절정은 예수 그리스도께서 이 땅에 오신 성육신이다), 선지자를 통한 예언의 말씀, 그리고 이적(異蹟)이 있다. 그러나 유의해야 할 사실은 특별계시에만 초자연적인 방법의 계시가 있는 것이 아니라 일반계시에도 초자연적인 방법이 포함될 수 있다는 점이다. 정리하면 하나님의 계시 방법에 따라 자연계시와 초자연계시로 구분되고, 계시의 목적에 따라 일반계시와 특별계시로 나눌 수 있다.

특별계시인 성경

죄인의 구원을 목적으로 사람에게 주신 특별계시는 역사가 흘러가면서 정확하게 전달되고 기록되어야 할 필요가 생겼다. 그렇지 않으면 특별계시의 내용들이 왜곡되거나 후세에 잘못 전달되고 심지어는 사라질 우려가 있기 때문이다. 이 때문에 특별계시가 문서로 기록되었고, 그것이 우리가 가진 성경이다. 성경은 하나님이 직접 자신의 뜻을 전체적으로 밝힌 하나님의 말씀이며, 동시에 하나님이 사람에게 제시하신 계시의 보물창고다.

그렇다면 하나님의 말씀인 특별계시를 담고 있는 성경

은 어떻게 기록되어 오늘날 우리에게 전달되었을까? 성경은 성령께서 성경의 기록자들을 인도하고 격려하는 영감(inspiration)을 통해 기록되었다. 영감을 통한 기록이란 어린아이가 받아쓰기하듯 하나님이 불러주시면 그대로 받아 적은 것이 아니다. 성경의 원 저자인 성령께서 기록자들의 지성과 경험과 성격 등을 그대로 활용하시면서도 계시의 원 뜻이 훼손되지 않도록 적절한 사상과 단어를 초자연적으로 전달해 주시고 감화(感化)를 주신 것이다. 결론적으로 성경은 성령과 인간 저자가 유기적인 관계 속에서 영감을 통해 전체적으로 완전하고 오류가 없게 기록되었다. 이것을 '유기적 완전영감설'이라 부른다.

특별계시인 성경은 어떤 사람이나 공동체가 권위를 부여한 것이 아니라 하나님이 저자이시기 때문에 자체적인 권위를 가진다. 따라서 성경은 역사적으로나 기독교인의 삶과 생활의 규범이다. 또한 하나님 자신이 진리를 직접 알린 계시로 인간의 구원과 관련하여 필요한 내용을 완전하게 포함하고 있어서 더 이상 다른 내용을 첨가할 필요가 없다. 그렇기에 구원을 갈구하는 마음으로 읽어 가면 특별한 해석이 없어도 읽는 사람이 이해할 수 있게 명백하고 명료하다. 물론 성경이 명료한 성격을 가졌다고 해서 해석을 전적으로 배제한다는 의미는 아니다. 성경은 성경 그 자체에 의해 해석되는 자기 해석의 특징이 있기 때문이다. 결국 성경은 내적인 통일성을 가지고 역사적·윤리적·과학적인 면에서 오류 없이 기록된 최종적인 하나님의 특별계시라고 정리할 수 있다.

성경은 어떤
내용으로 이루어졌나?

하나님의 특별계시인 성경은 구약 39권, 신약 27권 총 66권으로 구성되어 있다. 일반적으로 구약은 하나님께서 사람과 더불어 정하신 약속의 내용들이 기록되어 있고, 신약은 하나님께서 예수 그리스도의 십자가 사건을 통해서 새롭게 정하신 약속, 곧 죄인의 구원이 주된 내용이다.

구약성경

히브리어로 기록된 구약성경은 각각 구별된 39권의 책으로 이루어져 있다. 이 39권의 책은 총 929장과 23,062절로 구성되어 있는데, 저자들의 수는 모두 26명이다. 과거 유대인들은 구약성경의 내용이 크게 율법서, 예언서, 성문서로 이루어져 있다고 보았고, 39권 이외에도 더 많은 책들을 가지고 있었다. 그러다가 AD 90년에 얌니아 (Jamnia)에서 열린 교회지도자들의 회의에서 39권만을 정경*이라고 인정하게 되었다. 구약성경은 대체로 다음과

정경 正經 canon

기독교에서 공식적으로 채용하고 있는 신구약성경을 말한다. 그리스어의 'kanon'에서 유래한 말로서, 라틴어 '카논'은 '표준·척도·모델'을 뜻한다. 오늘날 교회가 성령의 감동으로 쓰여진 책으로 인정한 것을 정경이라 하고, 정경으로 인정하지 않는 것을 외경(外經)이라 한다. 로마가톨릭에서는 외경을 '제2정경'이라 하여 정경으로 삼고 있다. 구약성경이 39권으로 정해진 것은 90년경 얌니아 회의였고, 신약성경이 27권으로 정해진 것은 397년 카르타고에서 열린 종교회의에서였다.

같이 분류한다.

율법서(모세오경)*

구약성경 제일 첫 부분에 위치한 창세기, 출애굽기, 레위기, 민수기, 신명기의 5권을 말한다. 이 다섯 권의 저자는 이스라엘의 지도자 모세이며, 주된 내용은 천지창조와 하나님께서 특별히 택한 이스라엘 백성들에게 주신 계명들이다.

역사서

여호수아, 사사기, 룻기, 사무엘상, 사무엘하, 열왕기상, 열왕기하, 역대상, 역대하, 에스라, 느헤미야, 에스더 총 12권을 역사서로 분류한다. 주된 내용은 애굽(이집트)을 탈출한 이스라엘 백성들의 이야기로 약속의 땅 가나안에 들어간 이후의 생활과 어떤 흥망의 과정을 거쳤는지에 대한 것이다.

시가서

욥기, 시편, 잠언, 전도서, 아가서 총 5편으로 이루어져 있다. 이스라엘 민족이 하나님의 보호하심으로 모든 민족

모세오경 Five Books of Moses

구약성서의 맨 앞에 있는 창세기, 출애굽기, 레위기, 민수기, 신명기 등 5종의 책. 유대교에서는 이를 율법·토라 등으로 부른다. 모세가 쓴 것으로 여겨 왔기 때문에 '모세5경'이라고 불렸지만 현재는 많은 자료를 바탕으로 몇 사람이 편집한 것임이 밝혀졌다. 그러나 그 주인공은 모세이며, 전체적으로 일관된 흐름을 따라 전개되므로 모세5경이라 통칭한다. 거의 600년이라는 긴 세월 속에서 단계적으로 이루어졌으며, BC 400년경 완성되었다.

과 나라 사이에서 황금기를 구가하던 때 하나님의 은혜를 체험한 내용들이 기록되어 있다.

예언서(선지서)

모두 17권으로 이루어져 있으며, 책의 길이에 따라 대선지서와 소선지로 구분된다. 대선지서는 이사야, 예레미야, 예레미야애가, 에스겔, 다니엘 5권이며, 소선지서는 호세아, 요엘, 아모스, 오바댜, 요나, 미가, 나훔, 하박국, 스바냐, 학개, 스가랴, 말라기 12권이다. 주된 내용은 이스라엘 백성들의 불순종에 대한 징계와 회개를 촉구하고, 계명에 순종할 때 받게 될 찬란한 소망에 대한 예언들이다.

신약성경

모두 27권으로 이루어진 신약성경은 저자 중 한 사람인 누가의 기록을 통해서 일반적으로 '새 언약'(누가복음 22:20 참조)이라고 일컫는다. 과거 구약시대에는 하나님과 사람의 관계가 이스라엘 백성들을 통해 제한적으로 맺어졌다. 그러나 신약시대에는 예수 그리스도께서 십자가를 지는 사건을 통해 전 인류와 새롭게 관계를 형성하게 된다는 것이 신약성경의 내용이다. 신약성경은 8명(어떤 학자는 9명이라고 한다)의 저자들이 약 50여 년 동안 기록한 책인데, 오늘날처럼 27권의 책으로 정해진 것은 교회지도자들이 AD 397년 카르타고 회의에서 27권만 정경으로 인정하게 되면서부터다.

누가복음 22:20 저녁 먹은 후에 잔도 그와 같이 하여 이르시되 이 잔은 내 피로 세우는 새 언약이니 곧 너희를 위하여 붓는 것이라

사복음서*

하나님의 아들이신 예수 그리스도의 생애와 그분이 하신 일들을 기록한 네 권의 책인 마태복음, 마가복음, 누가복음, 요한복음을 복음서라고 일컫는다. 특별히 요한복음을 제외한 나머지 세 권은 같은 관점에서 예수 그리스도의 삶과 사역에 대해 기록했다는 의미로 공관복음서라고 부른다.

역사서

복음서 바로 뒤에 나오는 사도행전 한 권만 역사서로 분류하는데, 사도행전은 교회 설립 초기의 역사를 그 주된 내용으로 하고 있다.

서신서

신약성경에서 편지 형식으로 이루어진 책들을 서신서라고 하며, 모두 21권으로 이루어져 있다. 이 서신서 가운데 로마서, 고린도전서, 고린도후서, 갈라디아서, 에베소서, 빌립보서, 골로새서, 빌레몬서, 디모데전서, 디모데후서, 디도서, 데살로니가전서, 데살로니가후서의 14권을 묶

복음서 福音書 Gospel

신약성경 마태복음, 마가복음, 누가복음, 요한복음의 4복음서에 대한 총칭. 하나님으로부터 기쁜 구원의 소식을 전하러 온 하나님의 아들 예수 그리스도의 가르침과 생애에 관해서 인간들이 남긴 증언의 기록이다. 예수의 생애에 대한 기록이라 할 수 있는 4복음서에는 그리스도의 가르침과 행적이 기록되어 있고, 예수 그리스도가 전하고자 한 하나님 나라의 복음과 인류 구원의 기쁜 소식이 담겨 있다. 이중 마태복음, 마가복음, 누가복음은 공통의 관점을 가지고 있다고 해서 공관복음이라고 불린다.

어 바울서신이라 부른다. 히브리서, 야고보서, 베드로전서, 베드로후서, 요한1서, 요한2서, 요한3서, 유다서는 공동서신이라고 한다. 서신서의 주된 내용은 복음서에서 예수님이 가르치신 말씀과 교훈의 뜻과 원리를 초대 교회의 성도들을 위해 풀어낸 것이다.

예언서

예수님의 제자인 사도 요한이 기록한 요한계시록 한 권만 신약의 예언서이며, 주된 내용은 세상의 마지막 때에 이루어질 일과 그 상황들을 예언적으로 밝히고 있다.

기독교 교리란
무엇인가?

오늘날 우리가 하나님의 최종적인 계시이자 궁극적인 말씀으로 인정하고 있는 성경은 모두 66권이다. 예수 그리스도와 그의 제자들이 하나님의 말씀으로 인정한 39권의 구약성경과, 사도들에 의해 기록되고 기독교 초기 모든 교회에서 영감에 의해 쓰인 내용으로 보편성 있게 받아들여진 27권의 신약성경이다. 그러므로 성경은 기독교 내에서 일어나는 모든 일에 대한 최종적인 권위를 갖는다. 동시에 기독교 신자들에게는 믿음의 내용이며, 그들이 세상을 살아가는 동안 삶의 규범과 표준이 된다. 결국 기독교와 기독교 신자들에게 있어서 성경은 그것을 떠나서는 아무것도 생각할 수 없는 절대적 관계를 갖는다.

이런 성경의 내용들을 체계화하고 논리적으로 정리한 것이 교리다. 기독교와 기독교 신자들에게 있어서 규범이 되는 성경을 통일성 있게 종합한 것이 교리인 것이다. 따라서 기독교에서 성경은 원초적인 규범(*norma normans*)으로 작용하고, 성경을 정리한 교리는 2차적인 규범(*norma normata*)으로 작용하게 된다.

기독교 교리는 왜 필요할까?

기독교 역사 속에서 교리가 탄생하게 된 원인은 크게 두 가지다.

첫째는 역사적 이유다. 기독교 초기에 기독교의 가르침을 왜곡시킨 이단들이 많이 일어났다. 이런 이단에 대처하고 교회 구성원들에게 성경을 체계적으로 가르쳐야 할 필요성 때문에 교리가 나오게 됐다.

둘째는 사람들의 본성적 요구 때문이다. 정리되고 통일성 있는 것을 좋아하는 사람들의 요구로 인해 성경이 조직화되고 체계화되어 교리가 만들어졌다.

하지만 성경을 조직적으로 정리한다고 해서 무조건 교리로 인정받았던 것은 결코 아니다. 당시 교회들이 공적으로 그것을 받아들이고, 교회 대표들이 모인 회의에서 보편적이라고 공인할 때 비로소 교리로 인정받을 수 있었다. 이런 과정을 거쳐서 나온 교리에는 여러 가지가 있다. 그 중 기독교에서 가장 중요한 교리로 간주하는 것은 니케아

회의(AD 325년)*와 콘스탄티노플 회의(AD 381년)*에서
'하나님은 삼위일체이시다'라고 정리한 삼위일체 교리와
칼케돈 회의(AD 451년)*에서 '예수 그리스도는 참 하나님
이시고, 참 사람이시다'라고 정리한 기독론 교리다.

　그렇다면 왜 이런 교리가 필요한가?

　첫째, 성경을 논리적으로 정리한 교리를 알아야 신앙이

니케아 회의 Council of Nicaea

소아시아의 니케아에서 동서 교회가 함께 모여 개최한 세계교회회의. 2차에
걸쳐 열렸으며, 1차 회의는 로마 황제 콘스탄티누스 1세가 소집했다. 회의의
소집 목적은 아리우스 논쟁 즉, 예수 그리스도의 신성을 부정하는 아리우스
파를 이단으로 단죄하여 분열된 교회를 통일시키고, 로마제국의 안정을 이
루기 위한 것이었다. 2차(7회 공의회)는 787년에 열렸으며, 당시 섭정이던
동로마제국의 황후 이레네 2세가 총대주교 타라시우스를 책동하여 소집했
다. 이 회의에서는 성화상 숭배, 남녀공주수도원(男女共住修道院)의 금지
등에 관한 조규 20개가 의결되었다.

콘스탄티노플 회의 Council of Constantinople

콘스탄티노플(현 이스탄불)에서 개최된 2회, 5회, 6회, 8회의 공의회. 381년
테오도시우스 1세가 소집한 2회 공의회에서는 삼위일체 교리 중 성령의 신
성함을 옹호했으며, 니케아 회의의 합의를 공인했다. 553년의 5회 공의회는
동로마제국의 황제 유스티니아누스가 소집했는데, 동방정교회의 주교들만
참가했다. 이때 단성설로 대표되는 헬라 신학과 정통신앙과의 조화를 찾고
자 로마 측에 양보를 강요하고 팽팽히 대립함으로써 결국 교회 분열을 야기
했다. 이후 6회 공의회는 콘스탄티누스 4세가 소집하여 단성설을 배척하고
로마가톨릭교회와 화해했다. 마지막 8회 공의회는 성화상 논쟁을 둘러싼 동
서 교회의 대립 때문에 소집되었으며, 동서 교회의 분리의 요인을 제공한 포
티오스 주교를 파문했다.

칼케돈 회의 Council of Chalcedon

451년 로마 교황 레오 1세의 요청으로 동로마 황제 마르키아누스가 소아시
아의 칼케돈에서 소집한 4회 공의회. 약 600명의 동방교회 주교가 참석했지
만 서방측에서는 아프리카 주교와 교황청 대표 각 2명씩만 참석했다. 이 회
의에서는 에우티케스를 이단으로 단죄함과 아울러 그의 그리스도의 단성설
이 부정되고 신성과 인성의 완전 결합을 주장하는 정통파가 승리했다.

성숙될 수 있기 때문이다. 하나님을 향한 열정을 품고 열심히 교회를 섬기는 것도 중요하지만 그 전에 왜 하나님을 사랑해야 하고 교회를 섬겨야 하는지 알아야 한다. 하나님은 어떤 분이시고 사람은 어떤 존재인지, 왜 예수 그리스도가 필요한지, 교회는 무엇인지, 또 죽음 이후에는 어떻게 되는지를 성경이 어떻게 말하는지를 요약한 것이 교리다. 성경 말씀을 체계적으로 알게 될 때 믿음이 지속적으로 성숙할 수 있는 내적 연료를 가지게 된다.

둘째, 이단들에게 미혹되지 않고 부도덕을 방지하기 위해 필요하다. 진리를 가진 건강한 기독교와 왜곡된 진리를 전하는 이단을 구별할 수 있는 판단 근거가 교리다. 바른 교리를 규범으로 삼고 살아갈 때 도덕적이며 윤리적인 삶을 살아갈 수 있다.

셋째, 기독교회가 자기의 정체성을 나타내 보이기 위해 필요하다. 세상은 교회를 향해 "당신들의 정체가 무엇인가?"라고 묻는다. 이에 대해 교회가 일관성 있게 대답하고, 기독교회의 바른 표준을 세우기 위해 요청되는 것이 교리다. 그러므로 기독교회를 교회답게 설명할 수 있는 것이 교리다.

넷째, 복음 전파를 위해 필요하다. 진리를 체계적으로 파악해서 논리적으로 전달하는 가운데 기독교를 알리고 예수 그리스도를 믿는 일이 일어날 수 있다. 따라서 하나님의 말씀인 성경을 체계적으로 정리하여 모든 교회가 동의할 수 있는 교리를 만드는 게 절대적으로 필요하다.

다섯째, 바른 성경 해석을 위해서 필요하다. 성경을 바르게 해석하고 이해하기에는 어려운 면이 있다. 이런 어려움을 해결해 주는 열쇠로서 교리는 각 성경 구절이 전체 성경 가운데 가지는 위치와 난해한 단어의 의미를 종합적으로 정리하는 데 도움을 준다.

이제 이런 기독교 교리는 구체적으로 어떤 것이 있는지 중요한 것들을 차례로 살펴보도록 하자.

3장

하나님은
누구신가?

찰스 스펄전(Charles Spurgeon)은 "하나님의 신성을 묵상하는 일에는 인간의 지성을 엄청나게 향상시켜 주는 그 무엇이 있다"고 고백한다. 이 세상에는 하나님, 신의 존재 여부조차도 알 수 없다는 사람들이 있다. 그리고 그들에게 합리적인 방법으로 하나님의 존재를 증명하려는 사람들도 있다. 그렇다면 성경은 하나님을 어떻게 설명하고 증명하고 있을까?

과연 하나님은
계시는가?

'신이 실재하는가, 아니면 신은 다만 이름에 불과한 허구인가?'라는 하나님의 존재 여부에 관한 물음은 이 땅에 인류가 있기 시작한 때부터 최대의 논쟁거리였다. 이 논쟁은 '하나님에 대해 알 수 없기 때문에 하나님은 존재하지 않는다'는 논리와 '하나님에 대해 알 수 있기 때문에 하나님은 존재한다'는 논리가 항상 충돌한다. 이를 하나님에 대한 불가지론(不可知論)과 가지론(可知論)의 대결이라 말한다.

불가지론자들은 인간은 자연현상의 범위를 넘거나 그 배후에 놓여 있는 것을 전혀 알 수 없다고 이해한다. 따라서 감각을 초월하는 초감각적이고 신적인 것에 무지하기에 하나님은 존재하지 않는다는 주장을 한다.

이에 반해 가지론자들은 비록 인간이 하나님을 완벽하게 알 수 없지만 어느 정도는 알 수 있다고 이해한다. 사람은 태어날 때부터 내면에 하나님에 대한 지식을 가지고 있기 때문에 하나님은 존재한다고 주장한다.

기독교는 이 양자의 논쟁에 대해 당연히 가지론자의 입

장에 서 있다. 불가지론자들의 주장처럼 하나님을 알 수 없다면 기독교의 형성은 불가능하다. 하지만 기독교는 가지론자의 주장처럼 '하나님의 존재를 알 수 있는가, 없는가'는 고민하지 않는다. 이미 하나님께서 자신이 누구신지를 계시하셨음을 믿음으로 전제(前提)하기 때문이다. 이 사실은 성경의 첫 기록인 창세기 1장 1절이 "태초에 하나님이 천지를 창조하시니라"라고 선포하며 시작하는 것을 통해서 잘 알 수 있다.

'하나님을 알 수 있다'는 가지론적 입장 내에서도 하나님을 증명하는 방법에 관한 이론은 대단히 많다. 그 가운데 인간 이성의 특징인 합리성에 부합하기 위해 역사 속에서 주장된 이론들과 기독교적 입장의 이론을 살펴보자.

합리적으로 하나님을 증명해 보려는 이론들

역사적으로 합리적 시각에서 하나님의 존재에 대해 증명하고자 했던 중요한 이론들은 다음과 같다.

본체론적 증명이론

이 이론은 사람이 본래 절대적으로 완전한 존재인 하나님에 대한 관념을 가지고 있다고 본다. 인간의 마음속에 하나님에 대한 관념이 있다는 것 자체가 하나님이 존재를 증명하는 증거가 된다는 것이다. 이런 주장은 중세 기독교의 유명한 신학자였던 안셀무스*에 의해 주장되었다. 하지만 본체론적 논증에는 문제가 있다. 마음속의 관념이 존재의 증거라면 완벽한 파라다이스에 대한 관념이 실제 파라다이스가 존재하는 증거여야 하는데 거기에 동의할 수 없기 때문이다. 마찬가지로 사람의 마음속에 하나님에 대한 관념이 있다고 해서 하나님이 객관적으로 존재한다고 주장하기에는 석연치 않은 부분이 있다.

우주론적 증명이론

우주론적 증명이론은 인과론적 논증이라고도 부른다. 세상의 모든 존재는 그것을 존재할 수 있도록 만든 원인이 있고, 그 원인을 계속해서 추적해 올라가면 마침내 최초의 원인과 맞닥뜨리게 된다. 따라서 이 세상에 존재하는 모든 것들의 궁극적인 원인이 바로 하나님이라는 것이다. 하지만 모든 사물의 최초 원인이나 제1 원인을 규명해 낼 수는 있겠지만 이 원인자가 바로 인격적이고 초월하신 하나님이라고 단정적으로 말하기는 어렵다. 이런 점에서 우주론적 증명이론도 한계가 있다.

안셀무스 Anselm of Canterbury

에리우게나와 함께 스콜라 철학의 아버지라고 불린다. 이탈리아 출신의 스콜라 철학자로 영국에서 캔터베리 대주교를 지냈다. 철저한 실재론자로서 신이 현실 속에서 존재한다는 것을 존재론적 방법을 통해 증명하고자 했다. 인생 말년에 캔터베리 대주교로 재직했기 때문에 캔터베리의 안셀무스로도 불린다. 보편논쟁에 관하여 철저한 실재론을 펼쳤으며, 유명론의 대표자인 로스켈리누스와 격렬하게 대립하기도 했다. "이해하기 위해서 믿어라(*credo ut intelligam*)"라는 그의 말처럼 안셀무스는 철학이 항상 신앙 아래에 있다는 정통적인 견해를 가지고 있었다. 하지만 신앙을 유지하는 데 있어 철학이 매우 큰 역할을 한다고 생각했다. 그는 신앙을 가지고 있더라도 이해하지 못한다면 옳지 못하다고 보았다.

목적론적 증명이론

이 세상과 우주는 어떤 목적을 향해 질서 있게 움직이는 것을 발견할 수 있다. 이러한 상호 질서를 보면 그 배후에 우주를 운행하시는 하나님이 있음을 알 수 있다는 주장이 목적론적 증명이론이다. 그러나 우주나 자연계가 반드시 질서 있게 움직이는 것은 아니다. 때로 이해할 수 없고 설명할 수 없는 부조화 현상을 나타내기도 한다는 데이 이론의 맹점이 있다. 우주의 상호 질서를 붙들고 있는 하나님이 계시다면 자연계에 설명할 수 없는 부조화 현상이 왜 일어나는가라는 질문에 답하기 어렵기 때문이다.

도덕적 증명이론

사람이 지닌 양심은 학습된 것이 아니라도 어느 정도 선악에 대한 판단을 할 수 있으며, 세상의 질서 역시 권선징악의 원리가 적용되고 있다. 이런 원리의 작용은 거룩하신 존재가 그 배후에 있기 때문이며 바로 그분이 하나님이라는 주장이 도덕적 증명이론이다. 이 이론은 거룩하고 의로운 분으로서의 하나님을 드러낸다는 장점이 있다. 하지만 무한하고 절대적으로 완전한 하나님의 객관적인 존재 여부는 증명해 내지 못하는 단점이 있다.

기독교는
하나님을 어떻게 증명할까?

합리적 시각에서 하나님의 존재를 증명하려는 몇 가지

이론들을 볼 때 위의 모든 이론들은 이성이 지니는 합리적 특성을 자극하고 그것을 이용해 하나님의 존재를 확고히 한다는 점에서 유익이 있다. 기독교는 인간의 합리성에 기초한 합리적인 하나님의 존재 증명이론들을 활용한다. 하지만 하나님의 존재에 대한 증명을 합리적 증명이론들에 전적으로 의지하지 않는다. 기독교에서 하나님 존재에 대한 증명은 1차적으로 철저히 성경에 기초하기 때문이다.

그렇다면 성경은 하나님에 대해서 어떻게 증명하고 있는가? 성경은 하나님의 존재를 증명하기보다 전제(前提)한다. 경험의 영역에 갇혀 사는 사람이 초월적인 하나님을 증명할 수 없다. 인간에게 완벽히 그 정체가 파악될 수 있는 존재는 더 이상 하나님이 아니기 때문이다. 그래서 기독교는 하나님의 존재를 증명하기보다 성경에 계시된 하나님을 믿음으로 받아들인다. 신약성경 히브리서 11장 6절은 "믿음이 없이는 하나님을 기쁘시게 하지 못하나니 하나님께 나아가는 자는 반드시 그가 계신 것과 또한 그가 자기를 찾는 자들에게 상 주시는 이심을 믿어야 할지니라"고 말한다.

기독교는 하나님 존재에 대한 증명을 위해 특별계시인 성경 이외에 2차적으로 자연에 나타나는 일반계시에도 의존한다. 신약성경 로마서 1장 19~20절에서는 "이는 하나님을 알 만한 것이 그들 속에 보임이라 하나님께서 이를 그들에게 보이셨느니라 창세로부터 그의 보이지 아니하는 것들 곧 그의 영원하신 능력과 신성이 그가 만드신 만물에 분명히 보여 알려졌나니 그러므로 그들이 핑계하지 못할지니라"고 말한다. 자연이라는 하나님의 작품 속에 나타나는 그분의 지혜와 손길을 통해 하나님의 존재를 증명할 수 있다는 것이다.

기독교적 입장에서 하나님은 증명의 대상이 아니라 은혜로 알게 되는 분이기에 성경에 계시된 하나님의 존재를 먼저 믿을 것을 요청한다. 믿음의 바탕 위에 합리적인 하나님의 존재증명이론을 활용하여 하나님이 존재한다는 사실을 더욱 확고하게 알 수 있기 때문이다.

성경을 통해 깨닫는 하나님에 대한 지식

하나님이 존재하신다면 경험의 영역에 머물러 있는 인간이 하나님에 대해 어느 정도 알 수 있을까? 요한복음 17장 3절은 인간이 영생하기 위해서는 "유일하신 참 하나님과 그가 보내신 자 예수 그리스도를 아는 것"이 반드시 필요하다고 말씀한다.

하나님은 성경을 통해 자신을 계시하셨다. 하지만 자신의 모든 것을 알려주신 것이 아니므로 우리는 하나님에 관해 제한적인 지식만 가지고 있다. 비록 제한적이긴 해도 성경을 통한 하나님에 관한 지식은 진리다. 부분적인 지식일지라도 참된 지식임은 부인할 수 없기 때문이다.

우리가 하나님을 100퍼센트 알 수 없다 해도 피조물인 인간에게 하나님 자신을 알리셨고, 그렇기 때문에 그 지식이 참이요 진리라는 사실은 대단히 중요하다. 이것이 기독교와 기독교 신학을 지탱하는 힘이기 때문이다.

그렇다면 우리가 알 수 있는 하나님에 관한 지식은 무엇인가?

첫째, 요한복음 4장 24절은 "하나님은 영(靈)이시니"라고 말한다. 하나님은 인간의 육체적인 눈과 감각으로는 알 수 없는 순전하고 순결한 '영'이시다.

둘째, 하나님을 영이라고 할 때 그분은 인격과 도덕성을 동시에 가지신 분임을 뜻한다. 이성적인 인간이 이해할 수 있는 인격적이고 도덕적인 방식으로 자신을 알리는 분이시기에 '인격적인 하나님'에 관한 지식을 얻을 수 있다.

셋째, 유한한 피조물과 구별되는 '무한하고 완전하신 분'이다. 여기서 무한성은 신적인 완전성을 결정짓는 중요한 요소다.

넷째, 출애굽기 3장 14절은 하나님이 자신을 "스스로 존재하는 분"으로 소개하신다. 이를 통해 다른 것과 혼합되어 있지 않고 단일한 성품을 가진 분임을 알 수 있다.

출애굽기 3:14 하나님이 모세에게 이르시되 나는 스스로 있는 자이니라 또 이르시되 너는 이스라엘 자손에게 이같이 이르기를 스스로 있는 자가 나를 너희에게 보내셨다 하라

하나님의 이름

하나님에 관한 모든 이름은 신적인 기원을 가지고 있는데, 하나님의 속성을 나타내는 명칭들은 다음과 같다.

구약성경에 나타난 하나님의 이름

하나님
히브리어로 기록된 구약성경에서 하나님을 일컫는 가

장 중요한 명칭은 한글의 '하나님'으로 번역되는 다음과 같은 몇 가지 단어들이다.

첫째, '엘(El)'이란 단어는 위엄과 권위를 가진 분이라는 뜻을 가지고 있다.

둘째, '엘로힘(Elohim)'이란 단어는 온 세계의 창조주이자 통치자이신 분임을 나타낸다.

셋째, '엘리욘(Eliyon)'이란 단어는 가장 높으신 분, 존귀하고 숭고하신 분이라는 뜻을 가지고 있다.

주

'주(主)'라는 의미에 해당하는 히브리어 단어는 '아도나이(Adonai)'다. 이 단어는 초기 이스라엘 백성들이 감히 '하나님'이라는 호칭을 부르지 못하고 하나님을 통칭해서 부를 때 사용하던 단어다. 그 뜻은 전능하신 통치자로서 만물의 경배를 받으시고 사람을 종으로 삼으시는 분이라는 의미다.

여호와

'여호와(야훼; Jehovah)'는 이스라엘 백성들의 지도자 모세가 하나님을 만났을 때 하나님이 가르쳐 주신 호칭이다. 하나님은 모세에게 "스스로 있는 자"(출애굽기 3장 14절)라고 자신을 밝히셨다. 즉 여호와는 은혜의 하나님으로서 영원한 자존자이고 변하지 않는 분이라는 뜻으로 사용된다.

엘샤다이

'엘샤다이(El-Shaddai)'는 전능하신 하나님이라는 의미를 가진 히브리어로 온 우주의 모든 권세를 소유하신 권세와 권능의 하나님을 나타낸다.

신약성경에 나타난 하나님의 이름

하나님

헬라어로 기록된 신약성경에서 하나님에 해당하는 단어는 '데오스(Theos)'다. 이 단어는 히브리어의 엘이나 엘로힘, 엘리욘에 해당하는 뜻으로 '지극히 높으신 분'이라는 의미다. 일반적으로는 단순히 '하나님(God)'이라는 뜻으로도 사용되는 용어로서 신약성경에서 가장 빈번하게 하나님을 일컫는 단어다. 특별히 신약성경에서 그리스도 안에 있는 모든 자녀들의 하나님이라는 뜻으로 사용된다.

주

헬라어로 주(主)는 '큐리오스(Κύριος)'이며, 영어로는 'Lord'라는 단어로 번역한다. 이 말은 구약의 아도나이와 여호와를 대신하는 명칭으로서 만물의 소유자이시며 법적인 통치자이신 분, 권세와 권위를 가진 분이라는 뜻으로 사용된다.

아버지

헬라어로 '파테르(Pater)'에 해당하는데, 일반적으로는 창조주라는 의미로 사용된다. 좀 더 특수하게 사용되는 경우에는 삼위일체 가운데 제 1위인 성부(聖父)라는 의미로 사용된다. 그리고 일반적으로는 신자와 맺으시는 하나님의 관계를 나타낼 때 사용된다.

하나님의 성품

하나님의 고유한 성품을 구분하고 설명하는 데는 신학자마다 다양한 견해가 있다. 그 중 일반적인 것은 '오직 하나님께만 있는(비공유적) 성품'과 '하나님과 인간이 함께 가진(공유적) 성품'으로 구분해서 설명하는 것이다. 이런 구분을 따라 내용을 살펴보면 다음과 같다.

오직 하나님께만 있는 성품

여기에 해당하는 성품들은 사람이 함께 가지지 못한다고 해서 일명 비공유적(非共有的) 성품 혹은 하나님만이 가지고 계신 절대적 성품이라고 부른다. 따라서 여기에 해당하는 하나님의 성품은 하나님의 초월성과 위대성을 주로 강조하는 내용이다.

자존하심

자존성(self existence)은 독립성으로 바꾸어 표현할 수 있는데, 하나님은 다른 존재에 의존하거나 다른 존재로부터 나온 분이 아니라는 의미다. 즉, 하나님은 모든 피조물이 자신을 의존하도록 만들면서도 자신은 결코 다른 어떤 것에도 기대지 않는 성품을 가진다. 그리고 그의 생각, 의지적 판단, 모든 계획 등은 순전히 그분 자신의 결정에 의해서만 이루어진다. 이런 하나님을 명확하게 표현하는 증거로는 이미 '스스로 있는 자'라는 뜻을 가진 여호와라는 이름에 잘 나타나 있다.

불변하심

야고보서 1장 17절은 "온갖 좋은 은사와 온전한 선물이 다 위로부터 빛들의 아버지께로부터 내려오나니 그는 변함도 없으시고 회전하는 그림자도 없으시니라"고 말한다. 이 말씀의 의미는 하나님의 존재와 세상과 인간을 향한 약속, 그 동기와 의지 및 목적이 변하지 않고 영원히 동일하시다는 것이다.

무한하심

하나님은 모든 제한으로부터 자유하신 분이다. 제약이 없이 완전한 하나님을 표현하는 성경의 증거는 무수히 많다. 시편 145편 3절은 "여호와는 위대하시니 크게 찬양할 것이라 그의 위대하심을 측량하지 못하리로다"고 말씀함으로 하나님이 본질적으로 무한한 분임을 나타낸다. 시편 90편 2절은 "산이 생기기 전, 땅과 세계도 주께서 조성하시기 전 곧 영원부터 영원까지 주는 하나님이시니이다"라고 말하여 시간적인 면에서 영원한 완전성을 보여준다. 예레미야 23장 24절은 "여호와의 말씀이니라 사람이 내게 보이지 아니하려고 누가 자신을 은밀한 곳에 숨길 수 있겠느냐 여호와가 말하노라 나는 천지에 충만하지 아니하냐"고 말함으로써 공간적인 영역에서도 무한한 성격을 가진다. 결국 하나님은 세계 위에, 동시에 세계 안에 계신 무한한 분으로서 세계와는 동일하지 않은 무한한 하나님이심을 알 수 있다.

유일하심

하나님은 복합하거나 분할할 수 없는 분으로서 절대적이고 독특한 성격을 지니신 분이다. 그래서 신명기 6장 4절은 "이스라엘아 들으라 우리 하나님 여호와는 오직 유일한 여호와이시니"라고 말씀한다. 그래서 하나님은 참 하나님이시고 그 외에는 다른 신이 없는 분(신명기 4:35)으로 묘사되는 것이다.

신명기 4:35 이것을 네게 나타내심은 여호와는 하나님이시요 그 외에는 다른 신이 없음을 네게 알게 하려 하심이니라

하나님과 사람의 공유적 성품

하나님의 성품 가운데 그분의 형상으로 지음 받은 사람에게 닮은 성품이 있다. 그래서 이것을 하나님의 공유(共有)적 성품이라고 부르는데, 다음과 같은 것들이 있다.

영적 성품

요한복음 4장 24절은 "하나님은 영이시니"라고 말한다. 사람도 영적 존재라는 측면에서는 하나님을 닮았지만 영이신 하나님은 세상과 구별되는 분으로서 자기결정의 인격을 지닌 비물질적이며 비가시적인 분이라는 의미다.

지성적 성품

하나님은 지식과 지혜에 있어서 완전한 성품을 가지고 계신다. 그래서 욥기 37장 16절은 하나님을 일컬어 '지혜

욥기 37:16 (개역한글) 구름의 평평하게 뜬 것과 지혜가 온전하신 자의 기묘한 일을 네가 아느냐

가 온전하신 자'라고 말씀한다. 이것은 과거, 현재, 미래의 모든 사건을 다 아시는 하나님의 '전지하심'을 강조하는 것이다. 또한 하나님은 최선의 수단으로 최선의 결과를 낳는 완전한 지혜를 가지고 계신다. 이러한 그의 완전한 지식과 지혜는 모든 피조물들과의 관계에서 항상 진실하게 작용하는 특성을 가지고 있다.

도덕적 성품

하나님의 성품 가운데 도덕성을 사람도 나누어 가진 것은 사실이다. 그러나 하나님은 거룩하심에 있어 피조물과는 절대적으로 구별되는 존엄성과 죄로부터 완전히 거룩한 특성을 가지고 계신다. 또한 무한히 의로운 분으로서 상대적인 의가 아닌 절대적인 의(義)를 가지고 계신다. 그러므로 하나님은 선과 악에 대해서 항상 공의로 심판하신다. 여기에 더하여 하나님은 온전한 선을 가진 분으로서 모든 피조물에게 자비와 은혜를 베푸시고 특별히 그의 영적인 자녀들을 향해서는 조건 없는 사랑을 가지고 대하신다. 결론적으로 하나님은 완전한 사랑과 의로움과 거룩과 진실을 소유하신 분이라고 정리할 수 있다.

삼위일체 하나님

본체는 한 분이면서 삼위로 계시는 하나님

삼위일체는 하나님이 세 분이시고 이 세 분의 하나님이

하나라는 다소 어려운 내용이다. 먼저 이에 대한 정의를 살펴보는 것은 상당히 중요하다. 기독교 교리 가운데 꼭 알아야 할 내용을 정리한 「소교리문답」의 6번째 문항을 보면, "하나님의 신격에 삼위가 계시니 성부와 성자와 성령이며, 이 삼위는 한 하나님이시다. 본체는 하나요, 권능과 영광은 동등이시다"라고 정의하고 있다. 또 기독교 역사에서 기독교인들의 신앙고백 가운데 정수를 모았다고 할 수 있는 「웨스트민스터 신앙고백서」*에서는 다음과 같이 정의하고 있다.

하나님의 본체는 한 분이시나 삼위로 계신다. 즉 한 본체와 한 권능과 한 영원성이시다. 성부는 어떠한 물질로 구성되거나 거기서 나오거나 그것에서 유출되는 것은 아니다. 성자는 영원토록 성부에게서 탄생하시고 성령은 영원토록 성부와 성자에게서 나오신다.

「웨스트민스터 신앙고백서 Westminster Confession of Faith」

개혁주의 신앙을 담고 있는 장로교회와 개혁교회의 신앙고백. 「신도게요서」라고도 불린다. 1643년 영국 의회가 당시 국왕이던 찰스 1세와 의회와의 내란(청교도혁명) 중에 영국 교회가 공통으로 따를 수 있는 전례, 교리, 권징 등의 기준을 수립할 필요를 느끼고 회의를 소집했다. 당시 영국과 스코틀랜드의 교회 총대들과 의원, 정치인 등으로 구성된 '학식 있고 거룩하며 분별력 있는 신학자들'이 성공회 교회인 웨스트민스터 대성당에 모였고, 이 회의는 5년 동안 지속됐다. 회의의 결과로 신앙고백서가 작성되었는데, 이것이 「웨스트민스터 신앙고백서」다. 이 회의의 결과로 신앙고백서뿐만 아니라 「대교리문답」과 「소교리문답」도 작성되었으며, 이듬해 영국 의회에서 공인되었다. 이 문서들은 미국으로 건너간 청교도들에 의해 미국장로교회(PCUSA)의 교리적 표준문서로 인정되었고, 한국에는 장로교 선교사들이 가지고 들어와 「사도신조」「니케아 신조」 등과 더불어 한국 장로교회의 표준문서로 통용되고 있다.

하나님이 세 분이라는 근거는 성경에 다양하게 나타난다. 먼저 구약에서 주로 제시되는 성경 구절은 '우리'라는 복수대명사가 나오는 창세기 1장 26~27절이다. 이 성경 구절에는 하나님에 대해 분명히 "우리의 형상을 따라"라고 기록되어 있다. 여기에 더하여 하나 이상의 수가 하나님과 동시에 나타나는 구절들도 있다. 시편 110편 1절은 "여호와"와 "주"라고 표현되어 있고, 이사야 48장 16절에는 "여호와"와 "그의 영"이라는 표현이 나타난다. 이를 통해 성부 하나님과 더불어 다른 두 위(位)의 하나님을 확인할 수 있다.

신약의 근거를 살펴보면 유일하신 하나님에 대해 예수님은 요한복음 10장 30절에서 "나와 아버지는 하나이니라"라고 말씀하신다. 즉 하나님과 동등하신 분임을 밝힌 것이다. 그리고 성부, 성자, 성령이 각각 하나님이시라는 증거는 삼위가 동렬로 기록된 다양한 성경 구절들을 통해서 알 수 있다. 예수님이 세례 받으시는 상황이나(마태복음 3:16~17) 예수님이 제자들을 파송하실 때(마태복음 28:19) 등이다.

결론적으로 성경의 근거를 통해 하나님이 성부, 성자, 성령의 삼위이신 것을 알 수 있다. 그런데 문제는 이 삼위일체 교리를 오해하는 이단적 견해들이 기독교 안에 널리 퍼져 있다는 점이다. 기독교 역사 속에서 삼위일체 하나님에 대한 잘못된 가르침은 크게 세 가지로 구분할 수 있다.

첫째는 하나님을 단일한 분으로 믿으면서 성부 하나님만을 인정하는 단일신론적 이단이다. 삼위일체를 부정하고 신격의 단일성을 주장하는 유니테리언(Unitarians)이

창세기 1:26~27 하나님이 이르시되 우리의 형상을 따라 우리의 모양대로 우리가 사람을 만들고 그들로 바다의 물고기와 하늘의 새와 가축과 온 땅과 땅에 기는 모든 것을 다스리게 하자 하시고 하나님이 자기 형상 곧 하나님의 형상대로 사람을 창조하시되 남자와 여자를 창조하시고

시편 110:1 여호와께서 내 주에게 말씀하시기를 내가 네 원수들로 네 발판이 되게 하기까지 너는 내 오른쪽에 앉아 있으라 하셨도다

이사야 48:16 너희는 내게 가까이 나아와 이것을 들으라 내가 처음부터 비밀히 말하지 아니하였나니 그것이 있을 때부터 내가 거기에 있었노라 하셨느니라 이제는 주 여호와께서 나와 그의 영을 보내셨느니라

마태복음 3:16~17 예수께서 세례를 받으시고 곧 물에서 올라오실새 하늘이 열리고 하나님의 성령이 비둘기 같이 내려 자기 위에 임하심을 보시더니 하늘로부터 소리가 있어 말씀하시되 이는 내 사랑하는 아들이요 내 기뻐하는 자라 하시니라

마태복음 28:19 그러므로 너희는 가서 모든 민족을 제자로 삼아 아버지와 아들과 성령의 이름으로 세례를 베풀고

그 예다.

둘째는 한 분 하나님이 세 가지 형태로 나타났다고 보는 양태론적(樣態論的) 이단이다. 양태론적 이단은 물이 고체, 액체, 기체의 세 가지 형태로 변하는 것처럼 삼위일체도 한 분 하나님이 상황에 따라 세 가지 모습으로 등장하는 것이라고 설명한다. 이 입장은 삼위일체를 이해하기 쉽도록 설명하기 위해 자주 사용되는 이론이지만 각각 다른 세 물질(삼위)을 설명하는 것이 아니라 세 번 변하는 한 물질을 말하는 것이기 때문에 잘못된 견해다.

셋째는 아예 하나님은 하나가 아니라 세 신으로 완전히 분리되어 있다고 보는 삼신론(三神論)적인 이단이다.

이상의 세 가지 이론에 달리 기독교에서 가르치는 삼위일체 교리는 하나님을 분리할 수 없는 본체로 이해한다. 그리고 분리할 수 없는 이 하나님이 존재의 인격적인 양식에 따라 위적인 구별이 있다고 보는 것이다. 또 분리되지 않은 하나님의 전 본체가 삼위의 각 위에 동등하게 속하기 때문에 세 인격들은 본질적으로 수적인 통일성(유일성)을 갖고 있음을 신앙으로 고백하고 있다. 통일성과 동시에 구별성—결코 차별이 아닌—이 있는 하나님이라는 것이다.

사실 삼위일체 교리를 어떻게 이해하느냐에 따라 기독교 신학 전체에 엄청난 영향을 끼친다. 역사적으로 볼 때 기독교에서 이탈한 이단들은 대체로 삼위일체 교리를 잘못 이해해서 나온 경우가 대부분이다. 삼위일체 교리는 하나님에 관한 바른 지식을 가지며, 다른 교리를 이해하는 열쇠이기도 하다. 물론 하나가 셋이고 셋이 하나라는 관점은 인간의 한계로는 이해할 수 없다. 그럼에도 "삼위일체 교리는 이성으로 이해해야 할 교리가 아니라 믿어야 할 교리"라고 고백한 어느 신학자의 말처럼 합리적으로 이해하기보다 삼위일체 교리를 통해 깨닫게 하시는 하나님의 뜻을 겸손히 받아들이는 자세가 더 중요하다.

그러면 삼위이신 성부, 성자, 성령 하나님으로 각각 구별되는 특성은 무엇인가? 성경에 의하면 삼위이신 하나님께는 일정한 순서가 있다. 1위는 성부, 2위는 성자, 3위는 성령이다. 각 위의 구별은 시간이나 존재의 순서나 지위의 종속이 아니라 논리적 순서의 구분을 의미한다. 자존하시는 성부로부터 영원히 발생하신 분이 성자 예수님이고, 성부와 성자에게서 영원토록 나온 분이 성령 하나님인 것이다. 이제 각 위의 특성을 살펴보자.

성부 하나님

성부는 만물의 근원으로서 삼위일체 하나님께 적용된 고유한 이름이다. 성경에서 성부 하나님은 민족적인 차원에서는 이스라엘 백성과의 관계를 표시하고, 장차 임하게 될 메시아의 아버지(사무엘하 7:14), 그리고 영적 자녀의 아버지(요한복음 1:12)로 나타난다. 성부는 자존하시는 분으로서 어디서부터 나온 분이 아니라 성자를 영원히 그로부터 나오도록 하는 사역을 하신다. 특별히 다른 위와 구별되는 외면적 사역은 죄인들의 선택을 포함하는 구원의 계획(에베소서 1:9), 구원의 약속에서 성자에게 사명을 맡기시

사무엘하 7:14 나는 그에게 아버지가 되고 그는 내게 아들이 되리니 그가 만일 죄를 범하면 내가 사람의 매와 인생의 채찍으로 징계하려니와
요한복음 1:12 영접하는 자 곧 그이름을 믿는 자들에게는 하나님의 자녀가 되는 권세를 주셨으니
에베소서 1:9 그 뜻의 비밀을 우리에게 알리신 것이요 그의 기뻐하심을 따라 그리스도 안에서 때가 찬 경륜을 위하여 예정하신 것이니

시편 2:7~9 내가 여호와의 명령을 전하노라 여호와께서 내게 이르시되 너는 내 아들이라 오늘 내가 너를 낳았도다 내게 구하라 내가 이방 나라를 네 유업으로 주리니 네 소유가 땅 끝까지 이르리로다 네가 철장으로 그들을 깨뜨림이여 질그릇 같이 부수리라 하시도다
고린도전서 8:6 그러나 우리에게는 한 하나님 곧 아버지가 계시니 만물이 그에게서 났고 우리도 그를 위하여 있고 또한 한 주 예수 그리스도께서 계시니 만물이 그로 말미암고 우리도 그로 말미암아 있느니라
에베소서 1:10 하늘에 있는 것이나 땅에 있는 것이 다 그리스도 안에서 통일되게 하려 하심이라
로마서 8:29~30 하나님이 미리 아신 자들을 또한 그 아들의 형상을 본받게 하기 위하여 미리 정하셨으니 이는 그로 많은 형제 중에서 맏아들이 되게 하려 하심이니라 또 미리 정하신 그들을 또한 부르시고 부르신 그들을 또한 의롭다 하시고 의롭다 하신 그들을 또한 영화롭게 하셨느니라

마태복음 8:29 이에 그들이 소리 질러 이르되 하나님의 아들이여 우리가 당신과 무슨 상관이 있나이까 때가 이르기 전에 우리를 괴롭게 하려고 여기 오셨나이까 하더니
요한복음 1:14 말씀이 육신이 되어 우리 가운데 거하시매 우리가 그의 영광을 보니 아버지의 독생자의 영광이요 은혜와 진리가 충만하더라
요한복음 1:1 태초에 말씀이 계시니라 이 말씀이 하나님과 함께 계셨으니 이 말씀은 곧 하나님이시니라
히브리서 1:10~12 또 주여 태초에 주께서 땅의 기초를 두셨으며 하늘도 주의 손으로 지으신 바라 그것들은 멸망할 것이나 오직 주는 영존할 것이요 그것들은 다 옷과 같이 낡아지리니 의복처럼 갈아입을 것이요 그것들은 옷과 같이 변할 것이나 주는 여전하여 연대가

는 사역(시편 2:7~9), 세상 만물의 창조와 섭리의 사역(고린도전서 8:6, 에베소서 1:10), 구원의 사건을 적용하실 때 죄인들을 부르시는 사역(로마서 8:29~30) 등이다.

성자 예수 그리스도

성경에서 2위이신 성자 예수 그리스도에게 적용된 명칭은 '아들'이다. 성자는 메시아의 직위를 가진 하나님의 아들이다. 마태복음 8장 29절은 귀신 들린 자들도 메시아이신 예수 그리스도를 하나님의 아들로 인정하고 있다. 실제로 예수 그리스도는 성부로부터 영원히 나오신 영원하신 아들로서 이 땅에 성육신하기 이전에도 아들이셨고(요한복음 1:14), 하나님을 향해 '나의 아버지'라고 부르심으로 독특한 신성과 하나님에 관한 지식을 가진 독생자임을 증거한다. 성자 예수 그리스도가 하나님과 동등한 분이라는 교리는 사실 오랫동안 반발을 받아왔고, 이 진리를 인정하지 않음으로 해서 많은 이단들이 기독교 역사 속에서 나타났다. 그러나 성경은 예수 그리스도를 하나님이라 칭하며(요한복음 1:1), 만물을 새롭게 하시는 분으로서(히브리서 1:10~12) 죽은 자의 부활과 심판(요한복음 5:22; 25~30)을 담당하셔서 궁극적으로 예배를 받으시는 분(디모데전서 1:17, 베드로후서 1:16~17)임을 밝히고 있다. 결국 성자는 삼위일체 가운데 2위로서 성부 하나님이 창조하신 만물을 다스리시고, 성부와 관계를 맺고 회복할 수 있게 하는 중보자라고 정리할 수 있다. 예수 그리스도의 구체적인 사역인 죄인 구원 사역과 하나님 나라를 다스리는 것 등에 관한

보다 깊은 이해는 별도로 살펴보도록 하자.

성령 하나님

성령의 명칭과 정의

제 3위인 성령에 대한 성경적인 명칭은 영, 성령, 하나님의 영, 그리스도의 영, 거룩의 영 등이 있다. 그런데 한국교회 내에서는 성령에 대해 샤머니즘적인 잘못된 인식이 많고, 그로 인해서 야기되는 문제도 상당하다. 그 중에서 가장 심각한 것은 성령을 비인격적인 것으로 인식하여 신성도 없고 사람이 마음대로 부릴 수 있는 영적인 힘 정도로 오해하는 것이다. 그러나 인격적인 측면에서 성령은 남성이며(요한복음 16:14 참조), 히브리어 '루아(ruah)'와 헬라어 '프뉴마(pneuma)'라는 단어가 성령을 지칭한다. 그리고 성령 하나님의 사역과 관련하여 가장 잘 알려진 명칭은 '보혜사(대언자)'라는 단어다.

중요한 것은 성령은 가르치고 생각나게 하시며(요한복음 14:26), 근심까지 한다(에베소서 4:30)는 사실이다. 또한 감정을 가지셨고, 의지적인 행동과(사도행전 16:7) 사람의 행동을 도우시는(누가복음 12:12) 등 인격성을 분명히 가지고 계신다. 그러므로 성령은 단지 성부와 성자 속에 존재하는 영적인 성격 정도로 제한되는 것이 아니라 인격을 가졌을 뿐만 아니라 성부, 성자와 동일한 인격적 존재다(요한복음 14:9).

결론적으로 성령은 인격적 존재임과 동시에 성부와 성자로부터 나온 하나님이시다. 요한복음 15장 26절은 "내

다함이 없으리라 하였으나
요한복음 5:22 아버지께서 아무도 심판하지 아니하시고 심판을 다 아들에게 맡기셨으니
요한복음 5:25~30 진실로 진실로 너희에게 이르노니 죽은 자들이 하나님의 아들의 음성을 들을 때가 오나니 곧 이 때라 듣는 자는 살아나리라 아버지께서 자기 속에 생명이 있음 같이 아들에게도 생명을 주어 그 속에 있게 하셨고 또 인자됨으로 말미암아 심판하는 권한을 주셨느니라 이를 놀랍게 여기지 말라 무덤 속에 있는 자가 다 그의 음성을 들을 때가 오나니 선한 일을 행한 자는 생명의 부활로, 악한 일을 행한 자는 심판의 부활로 나오리라 내가 아무 것도 스스로 할 수 없노라 듣는 대로 심판하노니 나는 나의 뜻대로 하려 하지 않고 나를 보내신 이의 뜻대로 하려 하므로 내 심판은 의로우니라
디모데전서 1:17 영원하신 왕 곧 썩지 아니하고 보이지 아니하고 홀로 하나이신 하나님께 존귀와 영광이 영원무궁하도록 있을지어다 아멘
베드로후서 1:16~17 우리 주 예수 그리스도의 능력과 강림하심을 너희에게 알게 한 것이 교묘히 만든 이야기를 따른 것이 아니요 우리는 그의 크신 위엄을 친히 본 자라 지극히 큰 영광 중에서 이러한 소리가 그에게 나기를 이는 내 사랑하는 아들이요 내 기뻐하는 자라 하실 때에 그가 하나님 아버지께 존귀와 영광을 받으셨느니라

요한복음 16:14 (NIV) He will bring glory to me by taking from what is mine and making it known to you.

요한복음 14:26 보혜사 곧 아버지께서 내 이름으로 보내실 성령 그가 너희에게 모든 것을 가르치고 내가 너희에게 말한 모든 것을 생각나게 하리라
에베소서 4:30 하나님의 성령을 근심하게 하지 말라 그 안에서 너희가 구원의 날까지 인치심을 받

않느니라
사도행전 16:7 무시아 앞에 이르
러 비두니아로 가고자 애쓰되 예
수의 영이 허락하지 아니하시는
지라
누가복음 12:12 마땅히 할 말을 성
령이 곧 그 때에 너희에게 가르치
시리라 하시니라
요한복음 14:9 예수께서 이르시
되 빌립아 내가 이렇게 오래 너희
와 함께 있으되 네가 나를 알지 못
하느냐 나를 본 자는 아버지를 보
았거늘 어찌하여 아버지를 보이라
하느냐

베드로후서 1:21 예언은 언제든지
사람의 뜻으로 낸 것이 아니요
오직 성령의 감동하심을 받은 사
람들이 하나님께 받아 말한 것임
이라
고린도전서 12:3 그러므로 내가 너
희에게 알리노니 하나님의 영으로
말하는 자는 누구든지 예수를 저
주할 자라 하지 아니하고 또 성령
으로 아니하고는 누구든지 예수를
주시라 할 수 없느니라
에베소서 2:22 너희도 성령 안에
서 하나님이 거하실 처소가 되기
위하여 그리스도 예수 안에서 함
께 지어져 가느니라

가 아버지께로부터 너희에게 보낼 보혜사 곧 아버지께로
부터 나오시는 진리의 성령이 오실 때에 그가 나를 증언
하실 것이요"라고 분명하게 기록하고 있다. 그러므로 성령
은 신적인 명칭을 가졌을 뿐만 아니라 신적인 사역을 하
시는 인격적 존재임을 알 수 있다.

성령의 사역

신적인 명칭을 가진 성령 하나님의 가장 중요한 사역
은 역시 신적 사역이다. 성령은 창조 사역에 이미 동참하
신 분으로서 일반적으로는 창조와 구원의 사역에서 하나
님의 일을 완성하는 특별사역을 하시는 것으로 알려져 있
다. 구체적으로는 성경을 기록하는 저자들에게 영감을 불
어넣으며(베드로후서 1:21), 구원의 사건이 일어나는 과정
에서 죄인에게 새 생명을 허락하시는 중생이 효력을 얻도
록 하며(고린도전서 12:3), 교회를 세우고 유지하는 역할을
한다(에베소서 2:22).

성령의 사역 중 많은 신앙인들이 혼란스럽게 생각하는
부분은 성령세례와 관련된 것이다. 오순절 교단에 속한 사
람들은 예수를 믿는다고 해서 누구에게나 성령의 세례가
임하는 것은 아니라고 말한다. 또한 성령세례는 특별한 체
험으로서 일반적인 물세례와 달리 제2의 세례 혹은 제2의
축복(second blessing)으로 표현하기도 한다. 다른 주장으
로 성령의 세례는 물세례를 받음과 동시에 주어진다고 보
는 견해도 있다. 이런 주장들에 대해 사도행전 2장 38절은
"베드로가 이르되 너희가 회개하여 각각 예수 그리스도의
이름으로 세례를 받고 죄 사함을 받으라 그리하면 성령의

선물을 받으리니"라고 증언한다. 이 말씀에 의하면 분명히 물세례와 성령세례는 밀접하게 연결되어 있다. 중요한 것은 성령세례가 물세례의 제한성 때문에 제2의 축복으로 이해되는 것은 아니라는 점이다.

그러면 무엇인가? 성령세례는 한 사람이 그리스도인으로 회심할 때 일어나는데, 이것에 대해 체험적으로 아는 것을 의미한다. 결국 성령세례는 회심을 기준으로 할 때 현실적으로는 물세례보다 앞설 수도 있고 동시적일 수도 있으며, 뒤에 나타날 수도 있다. 그러므로 성령세례는 결코 제2의 축복이 아니다. 이미 세례 받은 그리스도인은 오순절 이후 하나님께서 허락하신 성령의 선물을 체험적으로 누릴 수 있도록 성령의 충만을 위해서 기도해야 하는 것이다. 정리하자면 성령은 새 생명이 탄생하는 중생이라는 구원의 과정 속에 개입하시고, 계속해서 교회에 내주하시며, 세상 끝 날까지 역사하시는 분으로 이해할 수 있다.

성령의 은사와 열매

성령의 사역과 더불어 빠뜨릴 수 없는 것이 성령의 은사다. 오늘날에도 성령의 충만을 위해 기도할 때 성령의 은사가 부어진다. 중요한 것은 성령의 은사가 다른 사람을 섬기기 위해 하나님께서 주셨다는 점이다(로마서 12:3. 고린도전서 12:9). 성령의 은사에 대해 대표적으로 나타나는 성경은 로마서, 고린도전서, 에베소서다. 은사의 종류에는 지혜, 지식, 믿음, 신유, 능력 행함, 예언, 분별, 방언, 방언 통역 등(고린도전서 12:8~9)의 9가지 외에 로마서 12장과 에베소서 4장에 의하면 20가지나 된다. 베드로전서 4

로마서 12:3 내게 주신 은혜로 말미암아 너희 각 사람에게 말하노니 마땅히 생각할 그 이상의 생각을 품지 말고 오직 하나님께서 각 사람에게 나누어 주신 믿음의 분량대로 지혜롭게 생각하라
고린도전서 12:8~9 어떤 사람에게는 성령으로 말미암아 지혜의 말씀을. 어떤 사람에게는 같은 성령을 따라 지식의 말씀을. 다른 사람에게는 같은 성령으로 믿음을. 어떤 사람에게는 한 성령으로 병 고치는 은사를.
베드로전서 4:10 각각 은사를 받은 대로 하나님의 여러 가지 은혜를 맡은 선한 청지기 같이 서로 봉사하라

장 10절에서는 모든 그리스도인은 한 가지 이상의 은사를 가지고 있다고 말한다. 은사는 철저히 교회를 섬기는 것과 다른 사람들의 유익을 위해 부여된 것이다. 따라서 그리스도를 믿지 않는 사람에게 주어진 자연적인 재능과는 분명히 구별된다.

그리고 성령의 은사를 다른 사람의 유익을 위하여 사용할 때 성령의 열매를 맺게 된다. 갈라디아서 5장 22~23절에 의하면 사랑, 희락, 화평, 오래참음, 자비, 양선, 충성, 온유, 절제의 9가지를 결과적인 열매라고 밝히고 있다.

갈라디아서 5:22~23 오직 성령의 열매는 사랑과 희락과 화평과 오래 참음과 자비와 양선과 충성과 온유와 절제니 이같은 것을 금지할 법이 없느니라

하나님이 하시는 일

삼위일체 하나님이 하시는 사역은 크게 다음과 같다. 작정(divine decrees)과 예정(predestination), 창조(creation), 섭리(providence)의 네 가지다. 이 네 가지 사역이 가장 명확하게 드러나는 활동이라 볼 수 있는 자세히 살펴보면 하나님이 누구신지 명확하게 알 수 있다.

작정

전지전능하신 하나님이 명확한 계획도 없이 세계를 창조하였으리라고 생각할 순 없는 일이다. '하나님이 작정하셨다'라는 의미는 보통 '하나님이 전 우주의 과거, 현재, 미래에 일어났고, 또 일어날 모든 일들에 대해 계획하셨다'

라고 정의한다. 하나님의 작정은 특별한 사물과 사건뿐만 아니라 이 세상의 모든 사물에게까지 그 계획의 범위가 미친다(다니엘 4:35). 고린도전서 2장 7절을 보면 그 시점은 하나님의 지혜를 따라 '만세 전에 미리 정해진다'는 사실을 알 수 있다. 그러므로 하나님께서 세상이 존재하기도 전에 만물에 대해서 작정하셨다는 것은 철저히 하나님 자신의 지혜에 기초한 단일 계획이라는 의미다. 하나님의 자유와 만물을 아시는 그의 절대적 지식에 기초하여 만물을 향한 영원한 계획이 세워졌다. 요한계시록 4장 11절 "우리 주 하나님이여 영광과 존귀와 권능을 받으시는 것이 합당하오니 주께서 만물을 지으신지라 만물이 주의 뜻대로 있었고 또 지으심을 받았나이다 하더라"는 말씀에 근거해서 볼 때 모든 계획이 세워진 궁극적인 이유는 하나님 자신의 영광을 위해서다.

이러한 하나님의 작정은 다음과 같은 특성을 지닌다.

첫째, 만물에 대한 영원한 계획은 철저히 하나님의 지혜에 기초하여 세워진다. 이 점에 대해서 시편 기자는 104편 24절에서 "주의 지혜로 다 지으셨다"고 고백한다.

둘째, 하나님의 작정은 외부로부터 받은 어떤 압력 때문에 계획하신 것이 아니라 자신의 기쁘신 뜻대로 자유를 가지고 작정하신 것이다(에베소서 1:5).

셋째, 완전한 지식과 절대적 지혜를 소유한 하나님의 계획이라는 점에서 작정은 영원불변하며(시편 33:11), 계획된 것은 절대적이고 무조건적으로 확실히 발생하는 것이다.

넷째, 이런 작정은 물질과 정신, 선과 악, 또 영적 피조물인 인간의 구원에 관한 모든 것을 포괄하는 보편적 범위

다니엘 4:35 땅의 모든 사람들을 없는 것 같이 여기시며 하늘의 군대에게든지 땅의 사람들에게든지 그는 자기 뜻대로 행하시나니 그의 손을 금하든지 혹시 이르기를 네가 무엇을 하느냐고 할 자가 아무도 없도다

고린도전서 2:7 오직 은밀한 가운데 있는 하나님의 지혜를 말하는 것으로서 곧 감추어졌던 것인데 하나님이 우리의 영광을 위하여 만세 전에 미리 정하신 것이라

시편 104:24 여호와여 주께서 하신 일이 어찌 그리 많은지요 주께서 지혜로 그들을 다 지으셨으니 주께서 지으신 것들이 땅에 가득하니이다

에베소서 1:5 그 기쁘신 뜻대로 우리를 예정하사 예수 그리스도로 말미암아 자기의 아들들이 되게 하셨으니

시편 33:11 여호와의 계획은 영원히 서고 그의 생각은 대대에 이르리로다

를 가진다.

작정 교리는 기독교 역사에서 많은 반론에 부딪혀 왔다. 인간의 지성과 자유의지를 강조하는 펠라기우스(Pelagius)파와 아르미니우스(Arminius)파의 견해를 추종하는 사람들은 이 교리가 인간의 지성과 자유의지가 제한되는 비합리적인 내용이라고 반대했다. 주된 내용은 '모든 것을 하나님이 작정하셨다면 인간이 지닌 도덕적 의지는 무용지물인가?' '구원을 위해서 인간이 할 수 있는 어느 정도의 능력과 노력을 무시하는 것 아닌가?'라는 것이다. 그들은 구원받기로 작정되었다는 사실을 안다면 어느 누가 구원받기 위해 열심히 노력하면서 바르게 살겠느냐고 반박하면서 작정 교리가 비성경적이라고까지 주장했다. 또한 작정 교리를 충실하게 따른다면 하나님은 죄까지 작정하신 죄의 창조자가 될 수 있다고 주장했다.

합리적인 입장에서 본다면 그들의 주장은 상당히 타당하다. 하지만 그들은 하나님이 인간의 도덕적 자유를 침해하지 않으면서 작정하실 수 있는 절대적 능력을 가진 분이라는 사실을 간과하고 있다. 게다가 구원에 있어서도 하나님은 구원이 궁극적으로 이루어지는 결과뿐만 아니라 구원의 과정도 작정하셨기 때문에 구원을 향한 인간의 모든 노력들을 방해하지 않고 오히려 격려하신다는 사실도 놓치고 있다.

덧붙여서 하나님은 인간의 죄까지 작정하신 죄의 창시자가 아니라 죄에 관해서는 허용적인 자세를 취할 뿐이라는 사실이 중요하다. 로마서 9장 17절에 의하면 구약시대 이스라엘 백성들을 핍박했던 애굽의 바로는 하나님의 능

로마서 9:17 성경이 바로에게 이르시되 내가 이 일을 위하여 너를 세웠으니 곧 너로 말미암아 내 능력을 보이고 내 이름이 온 땅에 전파되게 하려 함이라 하셨으니

력을 보이고 그분의 이름을 온 땅에 전파하기 위한 그분의 도구라고 증거 한다. 그러므로 하나님은 죄의 조성자(maker)가 아니라 죄와 악에 관하여 허용적인 자세를 취하고 계시는 것이다.

예정

'장차 발생할 모든 일을 미리 정하는 하나님의 영원한 계획'이 작정이라면 예정은 '도덕적 피조물을 향한 하나님의 계획과 목적으로서 죄에 빠진 인간을 구원하려는 구원 계획'이라고 정의할 수 있다. 작정과 예정은 자주 혼용되기도 하는데, 예정은 철저히 '인간의 구원과 관련한 하나님의 계획'으로 특성화시켜서 이해할 수 있다. 그리고 구원 사역과 관련된 하나님의 계획이기 때문에 예수 그리스도의 구원 사역뿐만 아니라 천사와 마귀에 관한 모든 계획까지 포함되어 있다. 이처럼 인격적인 피조물과 예수 그리스도에 관한 예정은 선택(election)의 예정과 유기(reprobation)의 예정으로 구분할 수 있다.

선택은 '하나님께서 자신의 주권으로 어떤 공적이나 선행에 상관없이 죄인들 가운데 일정 수를 선출하여 특별한 은혜와 영원한 구원을 누리는 자가 되도록 하는 영원한 행위'다. 그래서 선택은 하나님의 주권만 개입되기 때문에 무조건적이며 어떤 사람도 항거할 수 없는 불가항력적인 특성을 지닌다. 아울러 죄인의 구원을 향한 선택이기 때문에 구원의 중보자이신 예수 그리스도 안에서 이루어지는 불변적이고 영원한 특성을 가지고 있다. 이것을 인간적으

로 볼 때는 죄인의 구원이 목적이지만 에베소서 1장 6~12
절에서 밝히는 것처럼 궁극적으로는 하나님의 영광을 위
한 것임을 기억해야 한다.

선택과 대별하여 이해되는 유기는 '하나님이 어떤 사람
에게는 그분의 특별한 은혜를 주지 않고 그들을 죄 가운
데 버려두셨다가(간과하심) 죄에 대한 형벌을 받도록 하여
하나님의 공의로우심을 나타내기로 결정하신 영원한 작
정'이라고 정의할 수 있다. 실제로 성경을 보면 악한 행위
를 하기 위해 예정된 자들이 있다. 유다서 1장 4절의 불신
자들이 불순종하는 것은 "그들은 옛적부터 이 판결을 받
기로 미리 기록된 자니"라는 말씀에서 알 수 있다. 이
들은 진리를 알 수 없게 된 꽉 막힌 자들이며(마태복음
13:14~15), 마음이 강퍅하게 되어 회개의 소망이 없는 자들
이다. 이처럼 유기의 예정으로 인해 중생시키고 구원하는
은혜에서 간과되는 사람들이 있다. 이들에게는 죄가 있다
는 사실이 확실하므로 특별한 구원의 은혜가 없는 것이다.
그러면 왜 이런 유기의 예정이 있을까? 유기는 보편적인
세상을 향해 하나님이 공의로운 분이라는 사실을 보여준
다. 동시에 선택받은 자들은 죄에서 영생으로 인도받게 된
하나님의 사랑을 인식하고 감사하면서 하나님을 더욱 신
뢰하면서 깨끗한 삶을 살아야겠다는 도전을 받는 유익이
있다.

예정의 교리와 관련하여 중요한 논쟁점으로 부각되는
것이 전택설(前擇說)과 후택설(後擇說)이다. 전택설은 창조
와 타락 이전에 선택과 유기의 예정을 하셨다는 의미이
고, 후택설은 창조와 타락의 사건이 있은 후로 선택과 유

기의 예정을 하셨다는 뜻이다. 논리적 순서를 따라 정리해 보면 타락전예정설은 '예정 → 창조 → 타락 → 구원 혹은 간과'이고, 타락후예정설은 '창조 → 타락 → 예정 → 구원'의 순서다. 두 입장은 각각 나름의 강점과 약점을 가지고 있다. 전택설이 이상적(理想的)이라는 평가를 받는 반면, 후택설은 하나님의 공의를 보여준다는 측면에서 보다 역사적이라는 평가를 받는다. 전택설은 루터, 츠빙글리, 칼뱅 등 대부분의 개혁주의 신학자들에 의해 주장되어 왔다. 반면에 후택설은 아우구스티누스, 아브라함 카이퍼(Abraham Kuyper), 헤르만 바빙크(Herman Bavinck)와 같은 학자들에 의해 주장되었다. 그리고 웨스트민스터 회의(Westminster Assembly)와 도르트레히트 회의*에서 지지를 받는 이론이기도 하다.

다만 어떤 신앙고백서도 후택설을 반대하지 않고, 전택설을 명시적으로 지지하지 않는다. 두 이론은 단지 작정의 순서에 관한 것으로, 적대적이라기보다는 강조의 차이가 있는 것이다. 개혁신학에서는 이런 개혁신학자들의 견

도르트레히트 회의 Synod of Dort

네덜란드 교회의 중요한 회의로 도르트 회의라고도 한다. 1618년 11월부터 1619년 5월까지 열린 회의는 칼뱅의 예정론에 반대해서 아르미니우스파(항론파)가 1610년에 발표한 항변서를 판단하는 데 중점을 주었다. 항론파의 주장에 대한 재판 절차의 공정성을 보증하고 증명하기 위해 유럽 전역에 있는 개혁파 교회의 신학자가 참여했다. 여기서 아르미니우스파가 제기한 5대 항목(자유의지, 조건적 선택, 보편 구속, 가항력적 은혜, 은총으로부터의 타락)에 대응하는 칼빈주의 5대항목(전적 부패, 무조건적 선택, 제한 속죄, 불가항력적 은혜, 성도의 견인)이 정해졌다. 이 규정은 이후 네덜란드 교회의 신앙기준이 되었고, 예정론을 중심으로 하는 칼뱅주의 체계를 수립하도록 이끌었다.

해를 따라 하나님의 주권과 인간의 타락 사이에 대해서는 우리에게 분명하게 계시되지 않았으므로 함부로 추측하거나 단정할 수 없다는 입장이다.

창조

창조의 목적

기독교는 창조를 '태초에 삼위일체 하나님이 자기의 영광을 위하여 무(無)로부터 우주를 만들어 자기에게 의존하도록 하는 절대적 자유의지의 행동'이라고 정의한다. 하지만 이것은 좁은 의미의 정의이다. 넓은 의미로는 '삼위일체 하나님이 자신의 권능, 지혜, 선하심을 드러내기 위하여 부분적으로는 아무것도 없는 무에서 말씀으로, 부분적으로는 있는 재료에서 피조물을 만드신 일체의 행위'라고 정의한다.

하나님의 창조는 영적인 세계뿐만 아니라 물질세계를 포함한 전체적인 창조다. 특별히 물질세계의 창조는 6일간의 시간 창조[날에 해당하는 히브리어 단어인 욤(yom)에 대한 해석을 바탕으로 24시간씩 6일이 아니라 장기간이라고 주장하는 이론도 있는데, 개혁신학에서는 장기간이 아닌 정상적인 날로 본다]로서 최종적으로 창조사역이 완전하게 끝난 것을 보여준다.

그렇다면 하나님이 만물을 창조하신 목적은 무엇인가? 그에 대한 가장 대표적인 대답이 '행복론'이다. 고대철학자인 플라톤(Platon), 세네카(Seneca), 알렉산드리아의 필론(Philon) 등이 대표적인 주창자로서 하나님은 인간이 존재하는 것과 상관없이 스스로 만족하실 수 있는 충족한 분이시기 때문에 만물은 인간의 행복을 위해 창조되었다는 이론이다. 그러나 현실적으로 인간이 당하고 있는 불행이 많을 뿐더러 사람이 하나님을 위해 존재하기 때문에 납득하기 힘든 이론이다. 성경은 하나님의 영광을 보여주기 위해 세상이 창조되었다고 말한다. 하나님이 피조물에게 영광을 받기 위해 창조하셨다는 것이다.

창조의 목적에 관한 여러 이론 외에도 우주의 기원에 관해서 아주 많은 세속적 이론들이 나타났다. 그것들 가운데 중요한 몇 가지만 살펴보면 다음과 같다.

창조에 대한 다양한 견해들

첫째, 진화(進化)론으로 창조론과 가장 많이 부딪히는 이론 중 하나다. 가장 원초적인 물질이 영원 전부터 존재했으며, 단세포 형태의 유기물이 무생물체에서 자연 발생했다고 본다. 단 한 번의 자연발생 이후 진화의 과정을 계속 거쳐 현재와 같은 세계를 이루었다는 것이 진화론의 주장이다. 이 주장의 가장 큰 난점은 발전의 제일원인자(第一原因子)가 무엇인지 전제되어야 한다는 점이다. 하지만 그것을 해명하지 못하고, 자연발생설도 가설로 출발했기에 사실을 기초로 하는 현대의 과학적 풍토에서 인정을 받지 못하고 있다.

둘째, 이원(二元)론이다. 하나님과 물질이 영원부터 분리되어 스스로 존재하다가 소극적인 성격의 불완전한 물질이 하나님에게 종속되어 그 의지에 따라 만들어진 것이 오늘날의 만물이라고 보는 이론이다. 이 이론에 따르면 하나님은 창조주가 아니라 여러 물질을 합친 기능자일 뿐이다. 무에서는 아무것도 나오지 못한다는 원리를 철저히 적용하고 있는 것이다. 이원론의 주창자로는 플라톤, 아리스토텔레스, 그노시스파, 마니교 등이 있다. 철학계에서는 이원론이 난점을 안고 있다고 보며, 이후로 새로이 등장한 이론이 일원론이다.

셋째, 유출(流出)론이다. 하나님과 세계를 본질적으로 하나로 보고 세계 만물은 하나님으로부터 흘러나온 현상적인 존재라고 보는 이론이다. 이것은 하나님의 무한성과 초월성을 철저히 부정하고 하나님의 주권성을 없앨 뿐만 아니라 궁극적으로 하나님을 선악의 유출 책임자로까지 몰아세우는 문제를 가지고 있다.

넷째, 유신 진화론이다. 진화론의 약점을 극복하기 위해 나온 이론으로, 진화의 제일원인에 대한 하나님의 창조를 인정하고 진화의 과정을 우주 생성의 일반적인 과정으로 보는 이론이다. 그리고 진화의 과정 속에 하나님의 직접적인 간섭이 있어서 진화론 자체만으로는 설명할 수 없는 문제를 해결한다고 본다. 하지만 이것은 무신론자들의 입장을 적당히 수용한 어중간한 이론에 지나지 않다. 또한 궁극적으로 생명의 기원과 사람의 기원을 설명하지 못할 뿐 아니라 사람의 심리적 발전과정도 해명하지 못한다는 문제가 있다. 기독교 신학자로서는 제임스 오어(James Orr)와 어거스터스 스트롱(Augustus Strong) 등이 대표적 주창자다.

영적 세계인 천사의 창조

하나님은 물질세계뿐만 아니라 영적인 세계도 창조하셨다. 그러나 영적인 세계에 해당하는 천사의 창조에 대해서는 부정적인 견해를 가지고 있으며, 천사가 존재하지 않는다고 보는 사람들도 있다. 그러나 성경에서는 천사들의 봉사와 존재에 대한 언급이 실제적으로 많이 등장한다. 에베소서 6장 12절에서는 사단과 악령들에 대한 그리스도인들의 싸움을 분명히 언급하고 있다. 그러므로 천사의 창조는 사실이고, 하나님이 창조하신 만물 속에는 천사가 포함된다.

그러면 천사는 어떤 성질을 가졌을까? 성경 여러 곳에서는 천사가 신체가 없는 영적인 존재이고, 이성적이며 도덕적일 뿐만 아니라 죽지 않는 존재임을 밝히고 있다. 그리고 선이든 악이든 한 곳에 고정되어 있다고 말한다.

이런 천사의 조직을 살펴보면 먼저 하나님의 능력과 존엄과 영광을 선포하면서 하나님이 임재하실 때 그 거룩하심을 호위하는 '그룹'이 있고, 하늘의 보좌를 옹위하여 시중들고 찬송하면서 하나님의 명령을 수행할 준비를 갖춘 '스랍'들이 있다. 루이스 벌코프(Louis Berkhof)라는 신학자는 그룹이 강한 존재라면 스랍은 천사 중의 귀족과 같은 존재라고 표현하기도 한다. 그리고 '정사, 능력, 보좌, 주관하는 자'(에베소서 1:21; 3:10, 베드로전서 3:22)로 언급되는 천사가 있는데, 이것은 천사의 등급과 위엄의 차이를 말하는 것으로 본다. 또 가브리엘과 미가엘 천사는 성경에서 직접적으로 언급된다. 가브리엘은 신적 계시를 인간에게 전달하고 계시하고 해석하는 천사임을 알 수 있고, 미

에베소서 6:12 우리의 씨름은 혈과 육을 상대하는 것이 아니요 통치자들과 권세들과 이 어둠의 세상 주관자들과 하늘에 있는 악의 영들을 상대함이라

에베소서 1:21 모든 통치와 권세와 능력과 주권과 이 세상뿐 아니라 오는 세상에 일컫는 모든 이름 위에 뛰어나게 하시고
에베소서 3:10 이는 이제 교회로 말미암아 하늘에 있는 통치자들과 권세들에게 하나님의 각종 지혜를 알게 하려 하심이니
베드로전서 3:22 그는 하늘에 오르사 하나님 우편에 계시니 천사들과 권세들과 능력들이 그에게 복종하느니라

가엘은 천사장으로서 용감한 전사임을 알 수 있다.

천사가 하는 일은 궁극적으로 봉사다. 하나님께 예배하는 일(욥기 38:7)과 자연이나 세상의 역사, 그리고 사람의 마음에 하나님의 뜻을 수행하는 일(히브리서 1:7, 다니엘 10:12), 나아가 하나님의 백성과 주님의 교회를 보호하는 일(히브리서 1:14) 등을 한다. 그리고 특별한 일을 수행하는 경우를 두고 신학적으로는 비상봉사라고 하는데, 하나님의 특별계시를 중개하는 일(다니엘 9:21~23)과 하나님의 백성에게 축복을 전달하는 일(시편 91:11, 이사야 63:9), 또 원수들에게 심판을 집행하는 일(창세기 19:1, 13) 등이 있다. 결국 천사는 영원히 하나님께 봉사하는 존재다. 하지만 로마가톨릭교회에서 천사를 숭배하는 것처럼 숭배해서는 안 된다.

천사들 가운데는 악한 천사들도 있다. 이들은 천사의 본래 위치를 지키지 않아 타락했고, 이로 인해 악이 시작되었다(베드로후서 2:4, 유다서 1:6). 그들은 하나님께 대항하여 자기를 높이고 최고 권위를 향한 야망을 품으면서 지상 통치권을 가지려고 했다. 초인간적 능력을 소유하고 있지만 하나님을 저주하고 기독교인에게 대항할 뿐 아니라 하나님의 일을 파괴하는 데 그 능력을 사용한다. 이들에게는 지옥에서의 심판이 기다리는데, 이미 지옥에 던져진 천사들과 자유로운 천사들, 귀신들, 사단 등으로 그 조직을 나눌 수 있다. 결론적으로 이들의 운명은 불못에 들어가는 것으로 끝나게 된다.

섭리

섭리는 '하나님이 그의 모든 피조물들을 보존하고 세상에서 발생하는 모든 사건 속에서 활동하며, 나아가 만물을 정해진 목적에 맞도록 이끄는 사역'이라고 정의할 수 있다. 달리 표현하면 하나님이 작정하신 것을 실현하는 것이 섭리다. 이 사역을 실행하실 때 하나님은 작정하신 모든 영역을 포함해서 세밀하게 실행하시는데 죄에 관해서만 허용하신다.

그리고 이 사역 가운데 하나님이 특별하게 섭리하시는 경우가 있는데, 이런 특별섭리는 이성적 피조물들을 위한 하나님의 특별한 간섭과 신자의 기도에 대한 응답으로 나타난다. 또한 이적(miracle)이라고 일컬어지는 비상시의 섭리가 있는데, 어떠한 중간 매개 없이 하나님의 초자연적 활동을 통해서 이적이 나타난다. 그리고 이적의 목적은 항상 하나님의 구원과 연결되어 있다.

섭리에 대한 정의를 통해서 우리는 하나님이 우주 만물을 섭리하신다고 할 때 적어도 세 가지 요소가 있음을 알 수 있다. 보전과 협력, 그리고 통치하심이 그것이다.

첫째, 보전은 하나님이 그의 권능을 통해서 만물을 유지하시는 계속적인 사역을 말한다.

둘째, 협력은 하나님께서 그의 모든 피조물과 협력하시며 피조물들로 하여금 그들이 감당해야 할 일을 행하도록 역사하시는 사역을 말한다. 하나님의 능력과 사람의 능력을 서로 연결하여 하나님의 궁극적인 목적을 달성하도록 하는 것이다. 그러나 죄에 관해서 하나님은 결코 협력하지

베드로후서 2:4 하나님이 범죄한 천사들을 용서하지 아니하시고 지옥에 던져 어두운 구덩이에 두어 심판 때까지 지키게 하셨으며
유다서 1:6 또 자기 지위를 지키지 아니하고 자기 처소를 떠난 천사들을 큰 날의 심판까지 영원한 결박으로 흑암에 가두셨으며

않으신다.

셋째, 통치하심은 만물을 그들이 존재하는 목적에 맞도록 다스리시는 하나님의 계속적인 활동을 의미한다. 결국 하나님은 전 우주의 왕적 통치권을 가지고 시공간의 경계를 넘어 그리스도를 통하여 통치하는 왕이신 하나님이다.

4장

인간은
누구인가?

호모사피엔스(*Homo Sapiens*; 생각하는 사람), 호모 파베르(*Homo Faber*; 도구를 만드는 사람), 호모 루덴스(*Homo Ludens*; 놀이하는 사람), 호모 에스테티쿠스(*Homo Aestheticus*; 미를 추구하는 사람) 등 인간에 대한 많은 학명들이 있다. 그러나 여기서 살펴보려는 인간에 대한 이해는 인문사회과학이나 자연과학의 입장에서 살피는 인간학이나 인류학을 의미하는 것이 아니다.

다윗은 시편 8편 4절에서 "사람이 무엇이기에 주께서 그를 생각하시며 인자가 무엇이기에 주께서 그를 돌보시나이까"라며 인간을 사랑하시는 하나님을 노래한다. 그러나 이사야는 "그 때에 내가 말하되 화로다 나여 망하게 되었도다 나는 입술이 부정한 사람이요 나는 입술이 부정한 백성 중에 거주하면서 만군의 여호와이신 왕을 뵈었음이로다"(이사야 6:5)라고 하면서 하나님 앞에서 두려워 떤다.

과연 사람은 무엇인가? 하나님은 왜 사람을 다른 피조물과 다르게 대하시는가? 그리고 하나님 앞에서 인간은 어떤 존재인가?

인간은
어떻게 시작되었나?

'사람은 어디서 와서 어디로 가는가?'라는 물음은 세상에 존재하는 모든 종교들의 궁극적인 질문이며, 종교인이 아니어도 모든 사람들이 한 번쯤 갖게 되는 질문이다. 그런 점에서 이 문제에 어떤 대답을 가지느냐에 따라 그 사람이 살아가는 삶의 방식에 지대한 영향을 끼친다.

우선 성경이 밝히고 있는 인간의 기원을 살펴보자. 인간의 창조에 대한 삼위일체 하나님의 계획이 먼저 있었고, 흙으로 생기(生氣)를 불어넣으시는 하나님의 특별한 동작에 의해 그의 형상을 가진 인간이 창조되었다(창세기 1:26). 하나님에 의해 직접 창조된 인간은 몸과 영혼이 합쳐진 존재였고(창세기 2:7), 남자와 여자로 창조되어 다른 피조물들을 다스리는 우월한 지위를 가졌다. 하나님의 창조 사역을 기록하고 있는 창세기에서 다른 피조물들에 대한 창조 기록과는 달리 유독 인간의 창조에 대해서만 두 번에 걸쳐 언급되고 있는 것이 특징이기도 하다(창세기 1:26, 27; 21~23).

다시 말해 인간의 기원에 대한 기독교적 관점은 하나

창세기 1:26 하나님이 이르시되 우리의 형상을 따라 우리의 모양대로 우리가 사람을 만들고 그들로 바다의 물고기와 하늘의 새와 가축과 온 땅과 땅에 기는 모든 것을 다스리게 하자 하시고
창세기 2:7 여호와 하나님이 땅의 흙으로 사람을 지으시고 생기를 그 코에 불어넣으시니 사람이 생령이 되니라
창세기 2:21~23 여호와 하나님이 아담을 깊이 잠들게 하시니 잠들매 그가 그 갈빗대 하나를 취하고 살로 대신 채우시고 여호와 하나님이 아담에게서 취하신 그 갈빗대로 여자를 만드시고 그를 아담에게로 이끌어 오시니 아담이 이르되 이는 내 뼈 중의 뼈요 살 중의 살이라 이것을 남자에게서 취하였은즉 여자라 부르리라 하니라

님의 창조에 기초를 두고 있다. 하지만 인간의 기원과 관련해서 하나님의 창조를 반대하는 여러 이론들이 존재한다. 이로 인해 세계와 역사를 바라보는 시각이 심각하게 왜곡된 경우를 여러 곳에서 발견할 수 있다. 예를 들면 인간은 다른 행성에서 온 외계인의 후손이며, 죽음은 본래 태어난 행성으로 돌아가는 것으로 이해하면서 미확인 비행물체(UFO)를 신앙하는 경우* 등이다. 또 이런 극단적인 양상 외에 과학과 합리성이라는 전제를 가지고 인간의 기원과 인류 역사에 크게 영향을 끼친 주장으로 진화론(evolutionism)이 있다.

잘 알려진 대로 진화론은 "사람은 하등동물로부터 진화되어 나왔고, 신체와 영혼은 자연적인 과정에 의해 접합되었다"고 주장한다. 이런 주장의 주요한 이론적 전제는 동물과 사람 사이에 계속성의 원리를 갖는다는 것이다. 진화론은 과학적인 합리성을 추구한다는 이유로 과학시대라고 일컬어지는 근대 이후 각광을 받았다. 그러나 진화론 역시 100퍼센트 완전하게 증명된 과학적 이론이 아니라 '인간은 하등동물로부터 진화되었다'는 가설(假說)에 근거한 주장에 불과하다. 그리고 동물과 인간의 계속성의 원리

라엘리안 무브먼트 Raelism

1973년과 1975년에 외계인 엘로힘과 접촉했다고 주장하는 클로드 보리롱 라엘이 1975년 스위스 제네바에 창설한 종교 단체. 인간을 비롯한 지구상의 모든 생명체는 외계인 엘로힘의 DNA 합성을 통해 실험실에서 과학적으로 창조되었다는 이른바 지적설계론를 주장한다. 라엘리안 무브먼트 회원들은 엘로힘의 메시지를 인류에게 전하고 엘로힘을 맞이할 지구 대사관을 건립하기 위한 목적으로 활동하며, 전 세계 182개국 6만여 명에 이른다. 해마다 아시아, 유럽, 미국, 캐나다 등 세계 각지에서 마지막 예언자로 불리는 라엘이 강의하는 라엘리안 세미나가 열리고 있다.

는 이성적인 인간의 우월성과는 조화되지 않는 것으로 비판받기 시작했다. 더욱 중요한 것은 인간만이 가진 마음의 기원을 설명하지 못하는 것이다. 이런 진화론의 난점을 극복하기 위해 나온 이론이 바로 유신진화론(有神進化論)이다. 사람의 육체는 진화의 과정을 통해서 하등동물로부터 나온 것이지만 이 신체에 이성적인 영혼이 깃들게 된 것은 하나님의 작업이라는 것이다. 하지만 이 이론은 비이성적인 피조물과 이성적 피조물 사이에 존재하는 간격을 메우기 위해서만 하나님을 인정할 뿐이다.

성경은 분명히 흙으로 사람을 창조했다고 밝히고 있다(창세기 2:7). 고린도전서 15장 39절을 보면 "육체는 다 같은 육체가 아니니 하나는 사람의 육체요 하나는 짐승의 육체요 하나는 새의 육체요 하나는 물고기의 육체라"고 말하는데, 이는 피조물들의 육체가 각각 따로 창조되어 존재하는 것임을 알 수 있는 분명한 증언이다. 그러므로 인간은 우연히 이 세상에 나왔거나 어떤 동물로부터 야수의 성격을 이어받은 존재가 아니라 하나님의 피조물로서 지음 받은 후 만물의 통치권을 부여받은 특별한 존재인 것이다.

창세기 2:7 여호와 하나님이 땅의 흙으로 사람을 지으시고 생기를 그 코에 불어넣으시니 사람이 생령이 되니라

인간은
무엇으로 이루어졌는가?

사람은 육체와 영혼 두 가지로 구성된 존재인가, 아니면 육체와 영과 혼의 세 가지 요소로 이루어진 존재인가 하

는 문제는 상당히 흥미롭고 어려운 문제다. 이에 대한 기독교 내에서의 입장들을 정리해 보면 다음과 같다.

삼분설

'삼분설'은 인간이 육체와 함께 영과 혼으로 구성되었다는 이론이다. 헬라철학에서 기원되었다고 보는 주장에서 신체는 물질 부분이고, 혼은 감각 생활의 원천으로 동물과 공유한 영역이며, 영은 하나님과 관계하는 비물질적이고 불멸하는 요소로서 사람만이 가진 고유한 것이다.

이 주장에 대한 성경적 증거는 데살로니가전서 5장 23절에 나오는 "너희의 온 영과 혼과 몸"이라는 구절과 히브리서 4장 12절의 "혼과 영과 및 관절과 골수"라는 부분이다. 그러나 이 구절은 인간이 지닌 인성 전체를 전인격적으로 표시하기 위함이지, 세 실체를 각각 구별해서 표시한 것은 아니다. 삼분설을 주장하는 신학자 중에는 몸, 혼, 영이 각각 삼위일체 하나님의 형상을 반영하는 것이기 때문에 삼분설이 타당하다고 말하는 이들도 있다. 그러나 사람 속에 있는 하나님의 형상은 지식, 의, 거룩과 만물에 대한 다스림의 능력이지, 결코 세 실체로 나누어지는 것이 아니다(창세기 1:27, 골로새서 3:10, 에베소서 4:24). 또한 영이 혼보다 우월하고 혼이 육보다 우월하다는 이론은 삼위의 하나님이 결코 차등이 없다는 삼위일체 교리와도 맞지 않다. 특별히 한국 교회에서는 억울하게 죽은 사람들의 혼이 세상을 떠돌아다니면서 활동한다는 샤머니즘적 사상의 영향으로 사람이 영과 혼과 육으로 구성되어 있다고 본다. 더욱이 삼분설이 귀신론과 연결되는 것은 매우 조심

창세기 1:27 하나님이 자기 형상 곧 하나님의 형상대로 사람을 창조하시되 남자와 여자를 창조하시고
골로새서 3:10 새 사람을 입었으니 이는 자기를 창조하신 이의 형상을 따라 지식에까지 새롭게 하심을 입은 자니라
에베소서 4:24 하나님을 따라 의와 진리의 거룩함으로 지으심을 받은 새 사람을 입으라

해야 할 부분이다. 그럼에도 불구하고 고대 기독교의 교부들* 가운데 이 주장에 동의하는 인물들이 있다. 클레멘스(Titus Flavius Clemens), 오리게네스(Origenes), 니사의 그레고리우스(Gregorius Nyssenus) 등이 바로 그들이다.

이분설

이분설은 영과 혼의 두 요소가 하나의 의식으로 따로 있다는 것을 사람이 전혀 인식하지 못한다는 점에서 인간의 자의식과 완전히 조화되는 특성을 가지고 있다. 동시에 영혼이 비물질적 요소로 단일하게 동작하고 분할되지 않는다는 점에서는 합리성을 가지고 있다. 뿐만 아니라 이분설을 뒷받침하는 성경적인 근거도 상당하다. 창세기 2장 7절은 하나님께서 생기를 불어넣으시자 '사람이 생령이 된 사실'을 보여준다. 그리고 성경은 '혼'이라는 단어와 '영'이라는 단어를 구별 없이 사용함으로써 영과 혼이 분리된 것이 아님을 밝히고 있다(전도서 3장 21절은 동물에게도 영과 혼을 동시에 사용한다. 창세기 35장 18절과 시편 31편 5절에서는

창세기 2:7 여호와 하나님이 땅의 흙으로 사람을 지으시고 생기를 그 코에 불어넣으시니 사람이 생령이 되니라
전도서 3:21 인생들의 혼은 위로 올라가고 짐승의 혼은 아래 곧 땅으로 내려가는 줄을 누가 알랴
창세기 35:18 그가 죽게 되어 그의 혼이 떠나려 할 때에 아들의 이름을 베노니라 불렀으나 그의 아버지는 그를 베냐민이라 불렀더라
시편 31:5 내가 나의 영을 주의 손에 부탁하나이다 진리의 하나님 여호와여 나를 속량하셨나이다

교부 敎父 Father of the Church

'교회의 아버지'라는 뜻으로 5~8세기경까지 교리의 정립과 교회의 발전에 이바지하면서 신앙이나 교회생활에 중대한 영향을 미친 사람. 신앙으로 맺어진 사제지간을 부자 관계로 보는 지칭이다. 역사적으로 기독교 공동체의 지도자이자 교사였던 주교를 아버지라 했다. 현재는 중세 이전 기독교 저술가 중에서 정통적인 교의를 신봉한 경건한 신앙의 증인 중 교회에서 인정한 사람을 지칭한다. 최초의 교부들은 실제로 사도들과 개인적인 접촉이 있었거나, 또 있었다고 여겨지기 때문에 사도적 교부라고도 한다. 바실리우스, 니사의 그레고리우스, 나지안주스의 그레고리우스 등 카파도키아의 세 교부를 비롯해 저명한 저술을 남긴 디오니시오스, 라틴 교부인 암브로시우스와 아우구스티누스 등 많은 교부들이 있다. 이들 교부들의 저술이 중세를 거쳐오면서 기독교 신학과 사상에 큰 영향을 주었다.

죽음을 혼이 떠나는 것이라고 하면서 또한 영의 포기로 묘사하기도 한다). 여기에 더하여 사람의 전체를 나타내는 말로 '신체와 혼'(마태복음 6:25), '신체와 영'(전도서 12:7)이라는 표현도 사용된다. 영혼은 단일한 실체로서, 또 다른 실체인 육체와 함께 동작하는 것으로 보는 것이 타당하다.

마태복음 6:25 그러므로 내가 너희에게 이르노니 목숨을 위하여 무엇을 먹을까 무엇을 마실까 몸을 위하여 무엇을 입을까 염려하지 말라 목숨이 음식보다 중하지 아니하며 몸이 의복보다 중하지 아니하냐
전도서 12:7 흙은 여전히 땅으로 돌아가고 영은 그것을 주신 하나님께로 돌아가기 전에 기억하라

영혼은 어디에서 왔을까?

흙으로 만들어진 신체와 구별되는 또 다른 실체로서의 영혼은 과연 어디서 온 것일까? 이것에 대한 기독교의 주요 이론들을 정리하면 다음과 같다.

영혼유전론

이 이론은 사람의 영혼이 부모로부터 자손에게 생식적으로 전달되었다고 본다. 성경적인 근거로는 아담의 코에 생기를 불어넣으시므로 영혼의 창조 사역이 끝났고 그 이후의 번식은 사람에게 맡기셨다는 것이다. 하와의 영혼 창조에 대한 언급이 성경에 없지만, 아담의 창조에 포함되어 있다는 분명한 근거가 있다고 주장한다(고린도전서 11:8). 뿐만 아니라 생식적인 번식을 상징하는 말씀으로 창세기 35장 11절의 '후손들은 조상의 허리에서 나온다'는 구절을 제시한다.

고린도전서 11:8 남자가 여자에게서 난 것이 아니요 여자가 남자에게서 났으며
창세기 35:11 하나님이 그에게 이르시되 나는 전능한 하나님이라 생육하며 번성하라 한 백성과 백성들의 총회가 네게서 나오고 왕들이 네 허리에서 나오리라

이 이론은 같은 부모 아래 있는 자손들이 비슷한 정신적 특성을 가지고 태어난다는 점에서 상당히 설득력이 있

다. 나중에 죄에 관한 성경적인 입장에서도 살펴보겠지만 인간의 영혼이 유전적으로 타락할 수밖에 없다는 것을 설명하는 데 있어서도 합리적이다.

그러나 모든 조상의 죄를 그 후손이 담당하게 된다는 모순과 육체로 오신 예수님 역시 그 영혼이 타락한 것으로 이해될 수 있는 여지가 생긴다. 특히 하나님의 창조 사역이 끝났다는 잘못된 전제로 부모의 영혼 안에 또 다른 영혼이 있다고 가정함으로써 개별적으로 존재하는 인간 영혼의 개별성 교리와 정면으로 부딪친다. 기독교 내에서 이런 이론을 주장하는 교파는 루터교이며, 테르툴리아누스(Tertullianus)와 같은 교부도 이 이론에 동의했다.

영혼선재론

대표적인 주창자는 철학자 플라톤과 필론을 비롯한 고대 기독교 교부 오리게네스*를 들 수 있다. 영혼 선재론(先在論)에서는 인간이 태어나기 전의 세계에 존재하던 영혼이 신체가 형성되고 발전되는 어느 시점에서 신체에 들어왔다고 주장한다. 필론은 더욱 구체적으로 영혼은 선하

오리게네스 Origenes

알렉산드리아 학파의 대표적 신학자. 성서, 체계적 신학, 그리스도의 변증적 저술 등 많은 저서를 남겼다. 기독교 최초의 체계적 사색가로서 이후의 신학 사상 발전에 공헌했다. 203년 18세 때 클레멘스의 뒤를 이어 교리학교의 운영자가 되었고, 후에 데메토리우스의 미움을 사서 알렉산드리아를 떠나 팔레스티나의 카에자리아로 가서 그곳에 교리학교를 세웠다. 그의 신학 사상의 근본은 기독교와 그리스철학을 조화·융합시킨 데 있다. 그래서 그의 사상은 정통적인 유신론과 플라톤적인 세계관이 절충을 이루고 있다. "그리스도의 신성은 아버지이신 신의 아래 위치한다"고 하는 등 몇 가지 점에서 교회의 전통적 해석에서 벗어나는 유설이라고 공의회의 배척을 받기도 했다.

고 신체는 악하다고 보았으며, 자유롭던 영혼이 인간의 타락에 대한 형벌로 육체라는 감옥에 갇히게 되었다고 주장했다.

이 이론은 사실 성경에 기초한 것이라기보다는 철학적 연구에 기초한 이론이다. 사람에게는 전세(前世)에 대한 기억이 없고, 동시에 신체가 영혼의 감옥이라는 것을 전혀 의식하지 못하기 때문이다. 따라서 이 이론은 영육이원론에 입각해서 사람의 육체가 비본질적이며 영혼보다 수준이 낮은 것으로 격하시키는 오류를 범하고 있다.

영혼 창조론

영혼 창조론은 사람의 영혼이 부모로부터 유전되거나 생식의 방법으로 나오는 것이 아니라 하나님의 직접적인 창조에 의해 생긴다고 주장한다. 영혼 창조론은 성경적인 뒷받침이 다른 어느 이론보다 많은 것이 장점이다. 창세기의 창조 기록은 신체의 창조와 영혼의 창조를 분명히 구별하고 있고, 성경에서 하나님은 모든 영의 아버지로 묘사되고 있다(히브리서 12:9). 그리고 하나님이 각 사람의 영혼을 창조한다고 할 때 예수 그리스도의 영혼은 죄가 없으므로 '그리스도는 죄가 없다'라는 교리가 보호될 수 있다.

하지만 영혼 창조론도 비판 받을 여지가 있다. 무엇보다 한 가족의 정신적·도덕적 동질성에 대한 설명이 어렵고, 창조주가 도덕적인 악의 간접적인 책임자라는 오해의 소지가 나타날 수 있다. 물론 가족 간의 동질성은 같은 장소와 생활 습관을 가질 때 생각과 신체가 어느 정도 영향을 받을 수 있다는 것으로 해명할 수 있다. 하나님이 악의 간

히브리서 12:9 또 우리 육신의 아버지가 우리를 징계하여도 공경하였거든 하물며 모든 영의 아버지께 더욱 복종하며 살려 하지 않겠느냐

접적인 책임자라는 비판도 하나님이 범죄한 인간들에게 호의적인 사랑을 베풀지 않은 결과라는 논리로 해명할 수 있다. 즉 모든 권한을 가지신 하나님이 아무것도 받을 권리가 없는 자들에게 사랑을 베풀지 않으셨다고 해서 책임이 있는 것은 아니라는 점을 주의할 필요가 있다. 기독교에서는 이와 같은 여러 가지 영혼 기원 이론 가운데 영혼 창조론을 우선적으로 받아들이고 있다. 이 이론의 대표자는 고대 기독교의 교부인 히에로니무스(Hieronymus, 영어 이름은 제롬)*와 종교개혁자 칼뱅이 있다.

하나님의 형상으로
지음 받은 인간

기독교적으로 사람의 가치를 평가할 때 가장 중요하게 언급되는 것은 인간이 하나님의 형상으로 지음 받았다는 말이다(창세기 1:26). 그러나 구체적으로 '하나님의 형상이 무엇인가?'라는 질문에서는 말문이 막힌다는 이야기를 종종 듣는다. 이 말을 이해하기 위해서는 먼저 '형상'이라는

창세기 1:26 하나님이 이르시되 우리의 형상을 따라 우리의 모양대로 우리가 사람을 만들고 그들로 바다의 물고기와 하늘의 새와 가축과 온 땅과 땅에 기는 모든 것을 다스리게 하자 하시고

히에로니무스 Eusebius Hieronymus

암브로시우스, 그레고리우스, 아우구스티누스와 함께 라틴 4대 교부로 일컬어지며, 특히 그리스어 역본인 70인역 성경을 히브리어 원문과 직접 대조하면서 시편 등의 라틴어 역본(불가타 성경)을 처음 개정했다. 영어 이름은 제롬이며, 로마에서 공부하였고 19세 때 세례를 받았다. 교황 다마소 1세의 비서였으며, 교황이 죽자 베들레헴으로 가서 학문 연구에 전념하고 많은 저술을 남겼다. 그리스어로 된 성경을 중심으로 번역하였으나 히브리어와 아람어 성서도 대조·확인한 것으로 전해진다.

단어와 '모양'이라는 단어의 어원을 살펴볼 필요가 있다. 형상은 히브리어로 '첼렘(tchelem)'과 '데무트(demut)'에 해당하고 그 의미는 '자르다'이다. '첼렘'이 헬라어로는 에이콘(εἰκων)인데, 영어로는 'form'으로 번역되었다. 한편 '데무트'는 '닮다'라는 뜻이여, 영어로 'likeness'로 번역되었다.

문제는 이 두 단어를 어떻게 해석하느냐. 로마가톨릭은 창조 때 하나님이 인간에 부여하신 영혼의 영생과 의지의 자유 등 인간이 가지고 있는 자연적인 은사라고 했다. 또 모양은 교회에서 사제를 통해 세례를 받을 때 덧붙여지는 초자연적인 은사와 하나님의 형상으로서 '원래의 의로움'이라고 생각했다. 비록 인간이 범죄를 했지만 어느 정도 의로운 능력을 가지고 있고 세례를 통해 인간이 의로움을 회복할 수 있다고 생각한 것이다. 이러한 하나님의 형상 교리를 따르면 인간은 타락 후에도 결코 심각한 부패의 상황에 직면하지 않은 것이 된다. 하나님의 은혜가 전적으로 필요한 존재가 아닌 것이다.

그러나 기독교, 특히 종교개혁 신앙을 이어받은 개혁교회는 형상과 모양이라는 단어를 로마가톨릭과 다르게 해석한다. 성경에서 '하나님의 형상을 보았다'라는 말을 할 때 모양이라는 단어를 사용하는 경우가 종종 나타나기 때문이다(민수기 12:8, 시편 17:15, 창세기 1:26~27, 고린도전서 11:7, 골로새서 3:10). 따라서 형상과 모양은 동일한 의미의 다른 표현으로서 동의어로 이해하는 것이 마땅하다.

그렇다면 하나님의 형상이란 무슨 뜻인가?

원시 상태에서 인간은 하나님의 완전한 형상이었다. 인

민수기 12:8 그와는 내가 대면하여 명백히 말하고 은밀한 말로 하지 아니하며 그는 또 여호와의 형상을 보거늘 너희가 어찌하여 내 종 모세 비방하기를 두려워하지 아니하느냐

시편 17:15 나는 의로운 중에 주의 얼굴을 뵈오리니 깰 때에 주의 형상으로 만족하리이다

창세기 1:26~27 하나님이 이르시되 우리의 형상을 따라 우리의 모양대로 우리가 사람을 만들고 그들로 바다의 물고기와 하늘의 새와 가축과 온 땅과 땅에 기는 모든 것을 다스리게 하자 하시고 하나님이 자기 형상 곧 하나님의 형상대로 사람을 창조하시되 남자와 여자를 창조하시고

고린도전서 11:7 남자는 하나님의 형상과 영광이니 그 머리를 마땅히 가리지 않거니와 여자는 남자의 영광이니라

골로새서 3:10 새 사람을 입었으니 이는 자기를 창조하신 이의 형상을 따라 지식에까지 새롭게 하심을 입은 자니라

간은 그의 인격이나 영혼에서 영성·단순성·불사성(不死性) 등의 성질들을 가졌고, 지식과 거룩과 의로움에서(골로새서 3:10, 에베소서 4:24) 도덕적인 하나님의 형상을 반영한다. 신체는 영혼의 영생에 참여하는 기관이자 피조물을 주관하는 도구로서 외면적인 하나님의 형상을 가졌다. 또한 만물을 다스리고 지배하는 권위를 얻게 됨으로서 모든 권위를 가진 하나님의 형상을 반영하고 있다. 뿐만 아니라 자신과 하나님을 아는 완전한 지혜와 하나님의 뜻에 합당한 바른 의지, 그리고 자유 결정에 의해서 선을 효과적으로 수행할 수 있는 능력도 가졌다.

　창조주 하나님은 주권적으로 모든 인간의 대표인 아담에게 "선악과를 먹지 말고 명령을 지키면 영생을 주겠다"고 약속하셨다. 하지만 순종을 조건으로 하는 '행위의 약속'이 파괴되었다. 그로 인해 인간은 영생하지 못하고 하나님의 형상으로서 가지고 있던 능력을 온전히 행사할 수 없게 되었다. 이런 점에서 하나님의 형상은 인간이 하나님과 올바른 관계에 서게 될 때에만 온전하게 나타난다고 칼뱅은 말한다. 타락 이후의 인간은 창조 때에 부여받은 영적인 특질과 참된 지식, 거룩함, 의로움을 희미하게 보여주게 되었다. 다만 포괄적 의미에서 하나님의 형상인 육체(외면적 하나님 형상), 만물에 대한 지배(권위적인 하나님 형상), 그 인격 속에 도덕적·이성적·자연적 하나님 형상을 (완전하지는 않지만) 소유하고 있다는 점에서 하나님의 최고 걸작품으로 여전히 가치 있게 인정되고 있다.

　하나님의 형상에 대한 이해와 관련해서 가장 중요한 사실은 궁극적으로 그리스도 안에서, 그리스도를 통하여 잃

골로새서 3:10 새 사람을 입었으니 이는 자기를 창조하신 이의 형상을 따라 지식에까지 새롭게 하심을 입은 자니라
에베소서 4:24 하나님을 따라 의와 진리의 거룩함으로 지으심을 받은 새 사람을 입으라

어버린 하나님의 형상이 회복된다는 사실이다. 이 부분에 대해서는 뒤에서 더욱 상세하게 다루게 될 것이다.

인간과
죄에 대하여

하나님의 형상으로 지음 받은 가치 있는 인간이 치명적인 타격을 받은 것은 죄 때문이다. 따라서 죄는 간단하게 설명할 수 있는 내용이 아니다. 죄와 관련한 주요 내용들을 살펴보면 다음과 같다.

죄는 어떻게 시작되었을까?

일반적으로 죄의 기원에 관해서는 철학자들의 다양한 견해가 있다. 하지만 철학자들은 죄가 하나님과 인간의 관계 속에서 발생하는 것으로 간주하지 않는다. 칸트는 사람 안에 본래 악이 있었다 하고, 라이프니츠*와 같은 철학자는 죄가 우주의 필연적인 제한으로부터 나왔다고 본다. 인간의 범죄행위 때문에 죄가 나왔다는 사실을 부인하는 것

라이프니츠 Gottfried Wilhelm von Leibniz

독일의 철학자, 수학자, 자연과학자이자 신학자. 수학에서는 미적분법의 창시로, 미분 기호, 적분 기호의 창안 등 해석학 발달에 많은 공헌을 했다. 그의 철학의 특징은 신과 자연, 목적론과 기계론, 정신과 물질, 선과 악 등을 조화적·화합적인 관점에서 통합하려고 기도했다는 데 있다. 여기에서는 당시 독일 봉건제와 자라나고 있던 자본제와의 사상적 조정의 시도가 나타나고 있다. 단자를 궁극적 원리로 하는 관념론적이지만 자연적으로 활동하고 무한한 내용을 내포하고 발전한다는 모나드 사상을 주장했으며, 이는 후에 독일 고전철학의 변증법을 준비한 것으로 평가받고 있다.

이다. 그러나 성경은 인간이 자발적인 의지로 범죄하여 세상에 죄가 들어왔다고 설명한다. 성경을 자세히 살펴보면, 죄는 먼저 천사 세계로부터 기원되었다고 기록되어 있다. 천사 중에 '처음부터 살인한 자'(요한복음 8:44)가 있었고, 인간 역사의 처음에 '처음부터 범죄함'(요한일서 3:8)이 있었다. 하나님과 같이 되려는 욕망(창세기 3:5)을 품은 마귀의 교만죄(유다서 1:6, 디모데전서 3:6)가 죄의 기원이 되었고, 마귀의 유혹을 받은 인류의 대표자 아담이 자발적으로 범죄함으로써 피조 세계에 죄가 들어온 것이다.

외적으로 볼 때 아담이 마귀의 유혹으로 선악과를 먹은 것은 단순히 하나님이 정해 놓은 순종의 시험과 기준에서 떨어진 것을 의미한다. 그러나 실질적인 면에서 아담의 범죄는 불신앙에 기초한 지성적 교만과 하나님과 같이 되려는 의지적 욕망, 동시에 불결한 만족을 얻으려 한 감적적 욕망의 결합으로 일어났다. 지정의가 총동원된 전인격적 행동인 것이다.

모든 인류의 대표자로서 아담이 에덴동산에서 최초로 범죄한 결과는 참담함 그 자체였다. 먼저 하나님으로부터 분리됨으로써 생명과 축복의 참된 근원에서 떠났고, 영적으로는 죽음의 상태가 되었다. 인성(人性)도 악한 변화를 가져왔는데 인간의 인성이 전적으로 타락하여 영적 무능 상태에 이르렀다. 하나님의 형상을 상실해서 도덕적으로 악하게 되고, 자유롭던 마음이 죄의 오염과 죄책을 인식하게 된 것이다. 그리고 자연까지 저주를 받게 되면서 낙원에서 추방되었고, 영적인 사망과 함께 육체적인 질병과 고통을 동반하는 육체적 사망에 이르게 되었다.

요한복음 8:44 너희는 너희 아비 마귀에게서 났으니 너희 아비의 욕심대로 너희도 행하고자 하느니라 그는 처음부터 살인한 자요 진리가 그 속에 없으므로 진리에 서지 못하고 거짓을 말할 때마다 제 것으로 말하나니 이는 그가 거짓말쟁이요 거짓의 아비가 되었음이라
요한일서 3:8 죄를 짓는 자는 마귀에게 속하나니 마귀는 처음부터 범죄함이라 하나님의 아들이 나타나신 것은 마귀의 일을 멸하려 하심이라
창세기 3:5 너희가 그것을 먹는 날에는 너희 눈이 밝아져 하나님과 같이 되어 선악을 알 줄을 하나님이 아심이니라
유다서 1:6 또 자기 지위를 지키지 아니하고 자기 처소를 떠난 천사들을 큰 날의 심판까지 영원한 결박으로 흑암에 가두셨으며
디모데전서 3:6 새로 입교한 자도 말지니 교만하여져서 마귀를 정죄하는 그 정죄에 빠질까 함이요

중요한 점은 죄가 아담의 후손들에게 전달되어 모든 사람이 죄의 보편성에 빠져 있다는 사실이다. 그러면 아담의 죄가 어떤 방식으로 모든 인류에게 전달되었을까? 이에 대해서는 기독교 내에서 몇 가지 이론들이 존재한다.

첫째, 실재론(實在論)이다. 이 이론은 아담이 전체 인간성을 소유한 존재로서 아담 안에서 전체 인간성이 타락했다고 본다. 따라서 각 개인은 구별된 존재가 아니라 일반적이고 전체적인 실체가 나타난 존재라는 뜻이다. 즉, 보편적이고 전체적인 인간성이 먼저 타락했기 때문에 개별적인 인간은 타락에 동참할 수밖에 없는 존재가 되는 것이다.

둘째, 행위언약론(行爲言約論)이다. 이 이론은 아담이 모든 후손들의 아버지일 뿐만 아니라 언약의 대표자이기 때문에 그 영향이 후손들에게 미친다고 본다. 특별히 하나님과 대표로 맺은 순종과 불순종을 시험하는 '행위언약'을 어기는 범죄를 했기 때문에 전 인류에게 직접적으로 죄가 이어지게 되었다는 것이다.

셋째, 간접전가론(間接轉嫁論)이다. 아담과 그 후손은 타락한 성품을 함께 가졌기 때문에 이 타락성에 기초하여 모든 인류도 동일하게 하나님을 배신하는 죄를 지었다고 보는 이론이다.

이상에서 나타나는 세 가지 이론은 모두 "인류가 아담의 범죄를 공통적으로 가지고 있다"는 전제를 공유하고 있다. 즉, 모든 인간은 보편적인 죄악성에 노출되어 있다는 뜻이다. 실제로 성경은 이에 대한 증거를 여러 부분에서 제시한다. 에베소서 2장 3절은 모든 사람을 가리켜 "본질상 진노의 자녀"라 했고, 로마서 5장 12~14절은 "사망이 모든 사람에게 이르렀다"고 했으며, 시편 51편 5절은 단정적으로 "죄악 중에 출생했다"고 밝힌다. 결국 세상에 존재했고 현재에도 존재하고 있으며, 장차 존재할 모든 인간은 죄인이라는 사실을 분명하게 증언하고 있다.

죄의 성질

그렇다면 모든 인간이 죄인이라고 할 때 과연 이 죄는 어떤 성격을 가질까? 죄의 성질과 관련하여 철학적 시각에서는 아주 다양한 이론들이 제시되고 있다. 대표적인 몇 가지 주장은 '영은 선하고 육체는 악한데, 악한 육체 때문에 나타나는 것이 죄'라고 보는 영육 이원론과, '피조물은 유한하기 때문에 필연적으로 악을 범한다'고 보는 라이프니츠의 결핍론이 있다. 이 외에도 '죄의식은 착각의 결과'라고 하는 착각론과 세상을 대립 구도로 전제하고 '선이 있기 위해서는 악이 필연적으로 존재해야 한다'는 궤변을 주장하는 필연적 대립론 등 많은 이론들이 있다.

그러나 성경적 입장에서 죄는 분명히 특별한 종류의 악이며 도덕적인 악으로 중립지대가 없는 절대적 성격을 지닌다. 따라서 살아 계신 하나님께 반항하고 자기를 하나님의 위치에 두려고 하는 적극적인 성격도 가지고 있다. 이 외에도 하나님의 율법과 거룩한 성품에 습관적으로 불순종하는 성질이 있으며, 죄가 위치하는 곳은 인간의 마음으로서 곧 전인격이라고 밝히고 있다. 결국 성경적인 의미에서 죄는 행동에서나 성향에서나 상태에서나 하나님의 도덕적인 율법에 대항하는 불순종이라고 정의할 수 있다. 그

에베소서 2:3 전에는 우리도 다 그 가운데서 우리 육체의 욕심을 따라 지내며 육체와 마음의 원하는 것을 하여 다른 이들과 같이 본질상 진노의 자녀이었더니

로마서 5:12 그러므로 한 사람으로 말미암아 죄가 세상에 들어오고 죄로 말미암아 사망이 들어왔나니 이와 같이 모든 사람이 죄를 지었으므로 사망이 모든 사람에게 이르렀느니라 죄가 율법 있기 전에도 세상에 있었으나 율법이 없었을 때에는 죄를 죄로 여기지 아니하였느니라 그러나 아담으로부터 모세까지 아담의 범죄와 같은 죄를 짓지 아니한 자들까지도 사망이 왕 노릇 하였나니 아담은 오실 자의 모형이라

시편 51:5 내가 죄악 중에서 출생하였음이여 어머니가 죄 중에서 나를 잉태하였나이다

러므로 범죄한 인간에게는 죄인이라는 엄중한 선언, 형벌을 면할 수 없는 상태인 죄책(혹은 허물이라고도 한다), 개인적인 생활에서 실제적으로 죄를 범하는 오염(혹은 '타락'이라고도 표현한다)을 그 속에 포함하고 있다.

기독교 내에서는 오래 전부터 죄에 대한 위와 같이 성경적 입장에 대해 반하는 주장들이 있었다. 펠라기우스(Pelagius)에 의하면 죄는 유전되지 않는 것으로 사람은 원래 도덕적 중성 상태에서 태어난다고 한다. 그래서 무죄로 태어난 사람은 할 수만 있다면 선을 충분히 행할 수 있고, 그리스도의 도움 없이도 구원이 가능하다고 주장했다. 펠라기우스의 주장은 커다란 반향을 불러일으켰고 로마 가톨릭은 죄에 대한 그의 관점을 변형시켜 이해하고 있다. 인간은 전적인 죄인으로 태어나는 것이 아니라 원래 가지고 있는 의로움의 부분에 조금 문제가 있을 뿐이라는 시각이다. 따라서 의로움에 대해 소극적인 상태로 태어난 인간은 교회에서 이루어지는 세례에 의해서 그 부족함이 메워지고 온전히 선을 행할 수 있는 사람으로 회복된다고 주장한다. 이것을 반펠라기우스주의(Semi-Pelagianism)라고 하는데, 조금 부족하게 태어난 인간이 세례를 받으면 초자연적인 은사가 그 속에 들어가므로 완전한 선을 행할 수 있다고 보는 점에서 전적인 부패를 주장하는 종교개혁 이후의 개혁신학과 상당히 거리가 있다.

죄의 종류
성경에 나타나는 죄는 일반적으로 원죄와 본죄로 구별할 수 있으며, 대개 다음과 같이 정리할 수 있다.

원죄(原罪, Original Sin)는 '사람이 태어날 때부터 가지는 죄인으로서의 신분과 상태'다. 모든 인간의 대표자인 아담으로부터 전달된 원죄는 각 사람의 생활에 영향을 끼치고 그 생활을 더럽히는 모든 본죄의 근거가 된다. 원죄는 죄책과 오염으로 구성되어 있는데, 죄책은 아담의 범죄로 인해 모든 인간이 고의적으로 법을 위반한 상태가 되었다는 것을 의미하고, 오염은 적극적으로 죄를 짓고자 하는 성향을 뜻한다.

특별히 인간은 죄에 대해 적극적 성향을 가지므로 육체뿐만 아니라 영혼에 이르기까지 '전적으로 부패'했다. 그리스도와 그의 복음을 알지 못하는 자연적인 상태의 인간은 하나님이 보시기에 선한 것을 아무것도 행할 수 없는 '전적 무능'의 상태에 빠지게 된 것이다. 그러므로 원죄를 가지고 태어난 인간은 하나님의 선한 의도와는 전혀 상관없이 부패한 삶을 살 수밖에 없는 존재들이다.

다음으로 본죄(本罪, Actual Sin)는 '인간이 자신의 신체를 이용하여 외부적으로 짓는 죄와 원죄로부터 나오는 모든 의식적인 죄와 관련한 생각들'이라고 정의할 수 있다. 바꿔 말하면 각 사람이 짓는 모든 범죄 행위로 요약할 수 있는데, 이것은 내면적일 수도 있고 외면적일 수도 있다.

성경에서 말하는 본죄는 크게 세 가지 종류로 분류할 수 있다.

첫째로 무식죄와 지식죄로, 죄인이 지니고 있는 의(義) 지식과 재능에 따라 위법적 상황의 경중이 계산된다.

둘째는 연약죄와 고범죄(故犯罪)로, 악에 대한 의지의 강도를 어느 정도 품었는가에 따라 위법적 상황의 경중이 계산된다.

셋째는 불가시죄로서 일명 성령훼방죄(聖靈毀謗罪)라고 도 하는데, 사람이 가진 완고함 때문에 성령의 사역에 대 해 고의적으로 훼방하고 증오하는 죄로서 회개와 용서가 불가능한 죄다.

여기에서 원죄는 원인이고 본죄는 결과라는 점에서 차 이가 있고, 원죄는 모든 사람들이 인정하지는 않지만 본죄 는 일반적으로 시인된다는 점에서 차별성이 있다. 그리고 원죄 또한 인간이 하나님의 법을 위반한 상태이기 때문에 그에 대한 형벌이 따르는 죄책을 포함하지만 본죄를 지었 을 때 더 큰 죄책이 따른다는 점에서 다르다고 할 수 있다.

죄인과
자유의지와의 관계

인간의 본성이 원죄와 본죄 때문에 전적으로 부패했고, 선을 행함에 있어 전적으로 무능하다면 인간의 본성으로 간주되는 자유의지(free will)는 어떻게 이해해야 할까?

철학자들은 인간의 마음 한가운데 자리 잡고 있는 이성 은 가장 최상층에서 등불과 같이 사람의 모든 생각을 비 추어주고 여왕처럼 의지를 다스린다고 주장한다. 마음의 최하층에는 수준이 가장 낮은 인간의 욕구로서 감각이 존 재하며, 이성과 감각 사이에 독자적인 권리와 자유를 가지 고 있는 의지가 자리한다. 그러므로 이성의 지도를 받는 인간의 의지는 자유롭게 이성의 지도를 따르기도 하고, 한

편으로는 감각에 굴복해서 악을 선택하기도 한다. 이처럼 철학자들은 인간의 의지는 자유로운 것이라고 보며 이런 견해가 자유의지에 대한 일반인들의 생각이다. 그래서 사람들은 선과 악의 선택을 인간이 스스로 할 수 있다고 주장한다.

그러나 성경은 인간이 하나님에 대한 지식과 그분의 뜻을 아는 데 있어서는 눈이 멀었다고 단언한다. 인간이 이성을 통해서 알 수 있는 것은 예술이나 과학의 발전처럼 세상과 관련한 일로 제한된다. 그러므로 아무리 예리한 이성의 눈초리를 가졌다 해도 선악에 있어서 인간은 하나님의 의도를 전혀 알 수 없는 영적 무지의 상태이기 때문에 인간의 의지는 선을 선택할 수 없다. 만약 인간이 자유의지를 가졌다면 그 의지는 선을 알 수 없기 때문에 악을 선택할 수밖에 없는 것이다. 이에 대해 사도 바울은 "오호라 나는 곤고한 사람이로다 이 사망의 몸에서 누가 나를 건져내랴"(로마서 7:24)라는 말씀으로 인간의 현실을 드러내고 있다.

그렇다면 진정한 자유의지의 회복을 위해서 인간은 어떻게 해야 할까? 성경은 그리스도를 통해서 거듭나는 수밖에 없음을 밝히고 있다(요한복음 3:3). 하나님은 사람의 모든 의지와 노력의 조성자이시다(빌립보서 2:13). 따라서 하나님의 은혜로 거듭나고 의지의 전환을 이룩하여 선을 선택할 수 있는 자유의지를 회복해야만 한다. 자유의지와 관련하여 분명한 것은 사람이 자신의 자유로운 의지로 하나님의 은혜를 얻는 것이 아니라는 것이다. 즉 오직 하나님의 은혜를 통해 진정한 자유의지를 얻게 된다는 사실을

요한복음 3:3 예수께서 대답하여 이르시되 진실로 진실로 네게 이르노니 사람이 거듭나지 아니하면 하나님의 나라를 볼 수 없느니라 빌립보서 2:13 너희 안에서 행하시는 이는 하나님이시니 자기의 기쁘신 뜻을 위하여 너희에게 소원을 두고 행하게 하시나니

성경이 강조한다는 점이다.

죄에는 반드시
형벌이 따른다

성경은 죄인인 인간에게 분명한 형벌이 있음을 밝힌다. 사랑의 하나님께 있어서 형벌은 율법을 어긴 죄인에 대해 하나님께서 자신의 거룩하심을 보호하시기 위해 공의로 직·간접으로 부과하시는 고통과 손실이다. 따라서 하나님께서 형벌을 주시는 근본 목적은 그분 자신의 성품인 공의의 만족에 있고, 저질러진 죄에 대한 보응 때문이다. 이런 점에서 죄인을 개선하려는 사랑의 동기를 가진 징계와 형벌은 구별되어야 한다.

실제적인 형벌의 실례는 신체와 영혼이 분리 상태가 되는 육체적 사망과 삶 전체에 미치는 육체적·정신적인 질병 및 자연 재난 등이 있다. 그리고 하나님을 떠나서 사는 영적 사망과 궁극적으로 지옥에 떨어지는 영원한 사망이 있다.

이런 형벌을 받을 수밖에 없는 인간들 대신 형벌을 받고 하나님의 공의를 만족시키기 위해 예수 그리스도께서 이 땅에 육체로 오셨다.

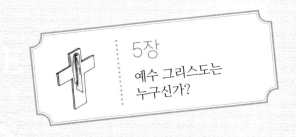

5장

예수 그리스도는
누구신가?

원죄와 본죄를 지닌 참담한 인간의 현실에 대해서 하나님은 구원의 손길을 내미신다. 하나님은 그의 아들이신 예수 그리스도를 우리와 동일한 사람의 모습으로 이 땅에 보내신 것이다. 예수님이 이 땅에 오신 시점을 중심으로 'Before Christ(BC)'와 'Anno Domini(AD)'라는 역사의 기점이 형성되는 것만 보더라도 그리스도의 오심은 기독교 안에서 뿐만 아니라 세계 역사 속에서도 가장 중심에 서 있는 사건이다. 그러나 기독교 교리 가운데 완전한 하나님이심과 동시에 완전한 사람이신 예수 그리스도에 대한 이해만큼 많은 논란을 일으킨 교리도 없다. 그러므로 바른 기독교 신앙을 가지기 위해서는 무엇보다 그리스도에 대한 바른 이해가 요청되는데, 그 구체적인 내용을 정리해보면 다음과 같다.

예수 그리스도의
이름

예수

히브리어의 '여호와는 구원이시다'에 해당하는 '여호수아'와 '예수아'의 헬라어식 표현인 예수(Jesus)라는 이름은 유대인들에게는 흔한 이름이다. 마태복음 1장 21절에서 그 이름의 의미를 "자기 백성을 저희 죄에서 구원할 자"로 소개하고 있다. 천사를 통해 직접 주어진 이 이름(누가복음 1:31)은 '구세주'를 나타내는 일반적인 이름이며, 동시에 개인적인 이름으로 사용되었다.

그리스도

예수라는 이름이 개인적인 이름이라면 그리스도(Christ)는 공식적인 이름이다. 일반적으로는 '기름부음을 받은 자' 또는 '최고의 권위를 가지신 왕'이라는 의미다. 그러나 그리스도라는 단어는 점차 고유명사로 발전했다. 구약시대에 왕이나 제사장 그리고 선지자에게 기름 붓는 예식을 행했던 것처럼 그리스도가 진정한 의미에서의 왕, 제사장 그리고 선지자로서 기름부음을 받은 메시아(구세주)

마태복음 1:21 아들을 낳으리니 이름을 예수라 하라 이는 그가 자기 백성을 저희 죄에서 구원할 자이심이라 하니라
누가복음 1:31 보라 네가 잉태하여 아들을 낳으리니 그 이름을 예수라 하라

라는 의미로 사용되어진 것이다. 실제로 그리스도의 탄생 때 목자들에게 들린 천사의 음성은 "오늘 다윗의 동네에 너희를 위하여 구주가 나셨으니 곧 그리스도 주시니라"(누가복음 2:11)고 했다. 그 외에도 예수님이 구세주이심을 밝혀 주는 주요 성경 구절로는 "…주는 그리스도시요 살아계신 하나님의 아들이시니이다"(마태복음 16:16)라는 베드로의 신앙고백이 있다. 그리스도는 특별한 직분을 가지고 이 땅에 성육신 하신 분으로서 예수님을 의미한다.

주

신약성경은 예수 그리스도의 이름 자체를 부르기보다는 주(主, Κύριος; 큐리오스)라는 호칭을 많이 사용하는 것을 볼 수 있다. 구약시대에 주라는 명칭은 절대적이고 최고이신 주권자나 주인 혹은 보호자의 의미로 사용되었는데, 신약시대에 와서는 신학적인 의미로 신성을 가지신 그리스도에게 적용된 것이다. 성경에서 주라는 이름이 그리스도에게 사용될 때는 특히 그리스도의 신성을 강조하는 경우가 많다.

인자

예수님은 40회 이상 자신을 인자(人子), 즉 '사람의 아들'이라 호칭하셨다(마태복음 10:23, 누가복음 5:24 등). 이 호칭은 신비적 칭호와 특수성을 가진 초인간적 존재임을 의도적으로 밝히기 위한 목적이 사용하셨다. 실례로 예수님은 자신의 재림을 말씀하시면서 "인자가 구름을 타고 오실 것"(마태복음 16:27~28, 마가복음 8:38, 요한복음 3:13 등)을 언급

마태복음 10:23 이 동네에서 너희를 박해하거든 저 동네로 피하라 내가 진실로 너희에게 이르노니 이스라엘의 모든 동네를 다 다니지 못하여서 인자가 오리라
누가복음 5:24 그러나 인자가 땅에서 죄를 사하는 권세가 있는 줄을 너희로 알게 하리라 하시고 중풍병자에게 말씀하시되 내가 네게 이르노니 일어나 네 침상을 가지고 집으로 가라 하시매
마태복음 16:27~28 인자가 아버지의 영광으로 그 천사들과 함께 오리니 그 때에 각 사람이 행한 대로 갚으리라 진실로 너희에게 이르노니 여기 서 있는 사람 중에 죽기 전에 인자가 그 왕권을 가지고 오는 것을 볼 자들도 있느니라
마가복음 8:38 누구든지 이 음란하고 죄 많은 세대에서 나와 내 말을 부끄러워하면 인자도 아버지의 영광으로 거룩한 천사들과 함께 올 때에 그 사람을 부끄러워하리라
요한복음 3:13 하늘에서 내려온 자 곧 인자 외에는 하늘에 올라간 자가 없느니라

하셨다.

하나님의 아들

그리스도의 신성한 이름으로서 하나님의 아들이라는 명칭이 구약성경에서는 민족적인 차원에서 사용되었다. 이스라엘 백성과 다윗 왕가의 약속된 왕에게, 또한 경건한 자들에게도 적용되는 명칭이다. 그러나 신약성경에 오면 예수 그리스도에게만 적용되었다. 그의 탄생의 신비로움을 나타낼 때, 메시아적 의미로(마태복음 8:29), 그리고 삼위일체의 의미로 적용되었다.

마태복음 8:29 이에 그들이 소리 질러 이르되 하나님의 아들이여 우리가 당신과 무슨 상관이 있나이까 때가 이르기 전에 우리를 괴롭게 하려고 여기 오셨나이까 하더니

하나님의 독생자

예수 그리스도의 독특한 발생과 출생을 나타낼 때 사용되었다.

신성과 인성을 동시에 가진 예수 그리스도

그리스도는 어떤 분이신가에 대한 질문은 기독교 역사 속에서 많은 논쟁을 불러일으켰다. 그 중에서 칼케돈 회의에서 채택된 예수 그리스도가 완전한 하나님이심과 동시에 완전한 사람이라는 신앙고백은 초기 기독교부터 많은 도전을 받았다.

교회가 설립된 후 얼마 지나지 않은 시기인 초대교회 당시에 에비온파(Ebionites)와 알로기파(Alogi)는 그리스

도의 신성을 부정했고, 종교개혁기의 소치니파(Socinian-ism)와 현대의 유니테리언파(Unitarians) 등도 같은 입장을 취하므로 이단으로 정죄되었다. 한편 초대 교회 당시 영혼은 선하고 육체는 악하다는 영육이원론을 강하게 주장했던 영지주의(Gnosis)*는 거룩하고 영적인 하나님이 더러운 육체를 취할 수 없다는 논리를 폈다. 그래서 신이신 그리스도에게 인성은 찾아볼 수 없다는 잘못된 주장을 폈다.

4세기에 사벨리우스파(Sabellianism)로 알려진 이단들 역시 영지주의와 비슷하다. 그들은 하나님이신 그리스도가 단지 그 나타나는 모습을 달리해서 인간과 같이 보이셨을 뿐이라는 일명 양태론(樣態論)을 주장했다. 여기에 더하여 아리우스(Arius)*라는 사람은 예수님을 반은

영지주의 Gnosticism

그노시스파라고도 하며, 헬레니즘 시대에 유행했던 종파의 하나로 기독교와 다양한 지역의 이교 교리가 혼합된 모습을 보였다. 이원론, 구원 등의 문제에 있어 정통 기독교와 극복할 수 없는 차이를 보이며 이단이라 비난 받아 3세기경 쇠퇴했으나 그 후에도 다양한 종파의 교리와 사상에 영향을 미쳤다. 영지주의의 특징은 크게 세 가지(육체를 부정적으로 영혼을 긍정적으로 봄, 개인적인 깨달음을 통한 구원, 극단적인 선악 이원론)로 나눌 수 있는데, 이 모든 것이 정통 기독교의 입장과 크게 달랐다. 그노시스파의 영향을 받은 것으로 여겨지는 대표적 종파는 마니교와 중세의 이단인 카타리파가 있다.

아리우스 Arius

초기 기독교에서 이단시된 아리우스파의 주창자. 메리티오스의 교회분열운동에 가담했다가 파문당했으며, 321년 알렉산드로스 주교에 의해 알렉산드리아 교회회의에서 또 파문당했다. 스승 루키아노스의 설을 이어받아 그리스도의 피조성(被造性)을 강조했기 때문에 파문당한 후 니코메디아의 주교 에우세비오스에게 피신했다. 그곳에서 다시 자기주장을 펴다가 325년 니케아 회의에서 논쟁에 패하고 정식 추방당하여 일리리쿰으로 유배되었다.

신이고 반은 인간이라고 주장했으며, 에우티키아누스파 (Eutichians)는 그리스도는 신성도 인성도 아닌 제3의 성질을 가진 분이라고 주장했다.

이상과 같은 잘못된 주장에 대해 성경은 "예수 그리스도의 한 인격 속에 인성과 신성이 있고, 각 성은 완전하며 유기적으로 분리할 수 없이 연합되어 있다"고 밝혀 준다.

예수 그리스도가 신성을 가졌다는 증거는 성경이 그리스도를 하나님의 아들(로마서 1:4), 또는 전능한 하나님(이사야 9:6)이라고 분명히 밝힐 뿐만 아니라 예수님 자신도 하나님의 아들임을 자각하고 있기 때문이다(마태복음 11:27). 또한 예수 그리스도 옆에서 그의 삶을 지켜보았던 제자 베드로는 그리스도의 신성에 대해 "주는 그리스도시요 살아 계신 하나님의 아들"(마태복음 16:16)이라 고백하고 있다.

그리스도가 완전한 인성을 가지고 계신다는 것도 성경에는 많은 증거가 있다. 구약성경은 예수님을 향해 여자의 후손(창세기 3:15)이자 아브라함과 다윗의 후손임을 밝히면서 "처녀가 잉태한 아들 임마누엘"(이사야 7:14)이라고 언급한다. 신약성경에 오면 그 증거는 더욱 명확해진다. 그리스도는 자신을 사람으로 자칭하시고 다른 사람들도 그렇게 하는 것을 볼 수 있다(요한복음 8:4). 육신적으로는 강림하신 후(요한복음 1:14) 자라고 배우면서 고난을 통해 완전에 도달하셨고(히브리서 5:8), 피곤하실 때나 주무실 때도 있다는 사실은 인간의 한계성을 가지고 계셨음(마태복음 24:36)을 보여준다.

하지만 그리스도가 완전한 인성을 가졌다고 해서 사람

로마서 1:4 성결의 영으로는 죽은 자들 가운데서 부활하사 능력으로 하나님의 아들로 선포되셨으니 곧 우리 주 예수 그리스도시니라
이사야 9:6 이는 한 아기가 우리에게 났고 한 아들을 우리에게 주신 바 되었는데 그의 어깨에는 정사를 메었고 그의 이름은 기묘자라, 모사라, 전능하신 하나님이라, 영존하시는 아버지라, 평강의 왕이라 할 것임이라
마태복음 11:27 내 아버지께서 모든 것을 내게 주셨으니 아버지 외에는 아들을 아는 자가 없고 아들과 또 아들의 소원대로 계시를 받는 자 외에는 아버지를 아는 자가 없느니라

창세기 3:15 내가 너로 여자와 원수가 되게 하고 네 후손도 여자의 후손과 원수가 되게 하리니 여자의 후손은 네 머리를 상하게 할 것이요 너는 그의 발꿈치를 상하게 할 것이라 하시고
이사야 7:14 그러므로 주께서 친히 징조를 너희에게 주실 것이라 보라 처녀가 잉태하여 아들을 낳을 것이요 그의 이름을 임마누엘이라 하리라
요한복음 8:4 예수께 말하되 선생이여 이 여자가 간음하다가 현장에서 잡혔나이다
요한복음 1:14 말씀이 육신이 되어 우리 가운데 거하시매 우리가 그의 영광을 보니 아버지의 독생자의 영광이요 은혜와 진리가 충만하더라
히브리서 5:8 그가 아들이시면서도 받으신 고난으로 순종함을 배워서
마태복음 24:36 그러나 그 날과 그 때는 아무도 모르나니 하늘의 천사들도, 아들도 모르고 오직 아버지만 아시느니라

과 동일한 부패한 성향을 그대로 가지신 것은 아니다. 그리스도는 이적으로 잉태되셨기 때문에 유전적인 부패가 방지되었고(누가복음 1:35), 죄를 의식하거나 유죄를 느끼신 일도 없으셨기 때문에 성경 그대로 "죄를 알지도 못하시는 분"(고린도후서 5:21)이며, 동시에 원죄와 본죄로부터 완전히 자유로운 무죄하신 분(요한일서 3:5)이시다.

그렇다면 왜 한 인격 속에 신성과 인성이 동시에 필요한가?

만약 그리스도가 신성도 없고 인성도 없는 분이라면 그는 진정한 의미에서 우리의 모든 형벌을 담당할 만한 중보자의 자격이 없다. 또 신성만 있고 인성이 없다면 역시 인간의 입장에서 볼 때 그를 온전히 신뢰하기 힘들다. 따라서 신성과 인성은 그리스도에게 모두 필요하다.

그리스도에게 인성이 필요한 이유는 우리를 대신해 시험과 고난을 당하시고 시험 받는 자를 이해하고 돕기 위해서이다(히브리서 2:13, 17). 또한 육체와 영혼이 친히 형벌을 대신 받으시므로 사람들의 죗값을 치르기 위해서다(히브리서 2:14; 7:27; 9:22). 신성은 무한하게 가치 있는 제사를 하나님께 드리고 하나님의 율법에 완전히 순종하기 위해 필요하며, 동시에 율법 아래 놓인 사람들을 율법에서 해방시키고 완성하신 일의 결과를 자기 백성에게 효과적으로 적용하기 위해 필요하다. 따라서 참된 교회와 거짓 교회 혹은 이단을 구별하는 중요한 기준은 '예수가 육체로 오신 것을 받아들이느냐 부인하느냐'(요한일서 4:2~3)라고 할 수 있다.

누가복음 1:35 천사가 대답하여 이르되 성령이 네게 임하시고 지극히 높으신 이의 능력이 너를 덮으시리니 이러므로 나실 바 거룩한 이는 하나님의 아들이라 일컬어지리라
고린도후서 5:21 하나님이 죄를 알지도 못하신 이를 우리를 대신하여 죄로 삼으신 것은 우리로 하여금 그 안에서 하나님의 의가 되게 하려 하심이라
요한일서 3:5 그가 우리 죄를 없애려고 나타나신 것을 너희가 아나니 그에게는 죄가 없느니라

히브리서 2:13 또 다시 내가 그를 의지하리라 하시고 또 다시 볼지어다 나와 및 하나님께서 내게 주신 자녀라 하셨으니
히브리서 2:17 그러므로 그가 범사에 형제들과 같이 되심이 마땅하도다 이는 하나님의 일에 자비하고 신실한 대제사장이 되어 백성의 죄를 속량하려 하심이라
히브리서 2:14 자녀들은 혈과 육에 속하였으매 그도 또한 같은 모양으로 혈과 육을 함께 지니심은 죽음을 통하여 죽음의 세력을 잡은 자 곧 마귀를 멸하시며
히브리서 7:27 그는 저 대제사장들이 먼저 자기 죄를 위하고 다음에 백성의 죄를 위하여 날마다 제사 드리는 것과 같이 할 필요가 없으니 이는 그가 단번에 자기를 드려 이루셨음이라
히브리서 9:22 율법을 따라 거의 모든 물건이 피로써 정결하게 되나니 피흘림이 없은즉 사함이 없느니라
요한일서 4:2-3 이로써 너희가 하나님의 영을 알지니 곧 예수 그리스도께서 육체로 오신 것을 시인하는 영마다 하나님께 속한 것이요 예수를 시인하지 아니하는 영마다 하나님께 속한 것이 아니니 이것이 곧 적그리스도의 영이니라 오리라 한 말을 너희가 들었거니와 지금 벌써 세상에 있느니라

여기서 좀 더 설명이 필요한 부분은 그리스도의 신성과 인성이 한 인격 속에 존재하되 통일성을 가지고 있다는 사실이다. 즉, 단일한 인격에 이성(二性)이 연합하여 하나님임과 동시에 사람이 되신다는 것이다. 자칫 잘못하면 제한성을 가진 이성의 입장에서 두 성(性)이 하나의 인격 속에 있다는 '일위이성(一位二性) 교리' 자체를 허물어 버리고, 인성에는 인간의 인격이, 신성에는 신의 인격이 있다고 주장할 수 있다. 이처럼 두 인격에 대한 주장은 초대교회 당시 네스토리우스(Nestorius)*로부터 시작되었는데, 결국 이단으로 정죄되었다. 그러므로 신성과 인성을 가지신 그리스도는 각 성이 그 본질에서 변하지 않고 정상적인 속성과 능력을 박탈당하지 않은 채 단일 인격에 연합하여 신이면서 동시에 인간이 되셨다. 기독교는 이것을 믿음으로 받아들이고 고백하는 것이다.

네스토리우스 Nestorius

콘스탄티노플의 대주교로 비성모설(非聖母說)을 주장하다가 알렉산드리아의 주교 키릴로스로부터 공격을 받았다. 그리스도의 신인격(神人格)에 있어서 신성과 인성은 엄격히 구별되어야 하며, 이는 다만 윤리적 굴레로 결합되어 있음에 불과하다는 그리스도 이성설(二性說)을 주장했다. 이것은 그리스도의 유일한 위격(位格)만 인정하는 설과 대립했고, 이에 키릴로스의 제소로 교황 게레스티누스는 네스토리우스에게 자기 학설을 철회하고 현직에서 사임할 것을 요구했다. 431년 에페소스 회의에서 네스토리우스의 교설은 이단으로 단정되고 그의 해임과 추방이 결정되었다. 451년경 그가 리비아의 사막에서 죽었다고 하나 그의 교설은 더욱 늘어난 신봉자들에 의해 소위 네스토리우스파로 전승되었다.

중보자로서 세 가지 신분을 가진
예수 그리스도

여기서 말하는 신분은 그리스도의 인성에 해당하는 지위를 말하는 것이 아니다. 지고하신 하나님과 죄인을 이어 주는 중보자로서 하나님의 율법에 대해 결과적으로 어떤 상태가 되었는지 각각 세 가지 신분으로 나누어 말할 수 있다는 의미이다.

창조 전에 이미 계신 분

요한복음을 시작하면서 사도 요한은 "태초에 이미 하나님과 함께 계신 말씀이 그리스도"(요한복음 1:1)라고 밝힌다. 요한이 기록한 또 다른 부분에서도 창세전에 계셨다(요한복음 17:5)고 말씀한다. 그리스도는 만물의 생성 이전에 계신 분으로서 삼위일체 하나님의 창조 사역에 참여하셨고, '여호와의 사자'로서 하나님의 말씀을 구약시대에 계시하는 활동을 하신 분이다(창세기 16:7~13). 이런 이유 때문에 그리스도는 세상에 오셔서 자신의 신분을 하늘에서 내려온 '인자'(요한복음 3:13, 31)라고 밝히셨다.

스스로 낮아지신 분

그리스도께서 스스로 낮아진 신분이 되신 데에는 두 가지 요소가 있다. 첫째는 그리스도께서 신적인 위엄, 즉 우주의 주권적 지배자로서의 위엄을 포기하고 종의 형체로 인성을 취하신 것이다. 둘째는 율법이 요구하는 저주에 들어가심으로 전 생애에 걸쳐 친히 행동으로 순종하시고 죽

요한복음 1:1 태초에 말씀이 계시니라 이 말씀이 하나님과 함께 계셨으니 이 말씀은 곧 하나님이시니라
요한복음 17:5 아버지여 창세 전에 내가 아버지와 함께 가졌던 영화로써 지금도 아버지와 함께 나를 영화롭게 하옵소서
창세기 16:11 여호와의 사자가 또 그에게 이르되 네가 임신하였은 즉 아들을 낳으리니 그 이름을 이스마엘이라 하라 이는 여호와께서 네 고통을 들으셨음이니라
요한복음 3:13 하늘에서 내려온 자 곧 인자 외에는 하늘에 올라간 자가 없느니라
요한복음 3:31 위로부터 오시는 이는 만물 위에 계시고 땅에서 난 이는 땅에 속하여 땅에 속한 것을 말하느니라 하늘로부터 오시는 이는 만물 위에 계시나니

기까지 고난을 받으셨다. 그리스도께서 자신을 스스로 낮추신 구체적인 행동은 성경에서 다음과 같이 살펴볼 수 있다.

성육신과 천한 지위를 가지셨다: 성육신과 천한 지위를 가지신 것(마태복음 1:18~25)은 그리스도께서 자신을 낮추신 첫 번째 단계다. 말씀이 육신이 되는 성육신이 필요한 이유는 죄인을 구속하기 위해서다(마태복음 1:21). 처녀의 몸을 통해 성령의 초자연적인 사역으로 우리 사람과 동등한 육체를 가지신 것을 종의 형체를 입으신 것으로 묘사한다. 하지만 분명한 것은 예수 그리스도는 여전히 죄가 없으시고 그의 품위에도 전혀 변화가 없다는 점이다. 성육신 사건은 기독교의 가장 중요한 교리이며 구원 역사의 중심이다. 기독교는 성육신 이전의 모든 역사는 그리스도의 성육신을 준비하는 것이고, 성육신 이후에 일어나는 모든 일은 성육신을 다시 재현하는 것으로 이해한다. 따라서 성육신은 기독교 신앙 전체와 모든 교리에 본질적으로 포함되어 있어서 이단 판별 기준으로 사용할 정도로 성경에서 그 중요성을 강조하고 있다(요한일서 4:2~3).

율법에 복종하셨다: 자기를 낮추신 두 번째 단계는 그리스도께서 자기 백성을 위해 죄인인 인간이 받게 될 형벌과 담당해야 할 책임을 이행하시기 위해 자신을 율법 아래 두신 것이다(갈라디아서 4:4). 이것은 법적으로 우리의 죄와 책임을 대신 지시고 율법의 저주를 받으므로 죄인들을 구원에 이르게 하신 것을 의미한다.

마태복음 1:20~21 이 일을 생각할 때에 주의 사자가 현몽하여 이르되 다윗의 자손 요셉아 네 아내 마리아 데려오기를 무서워하지 말라 그에게 잉태된 자는 성령으로 된 것이라 아들을 낳으리니 이름을 예수라 하라 이는 그가 자기 백성을 그들의 죄에서 구원할 자이심이라 하니라

요한일서 4:2~3 이로써 너희가 하나님의 영을 알지니 곧 예수 그리스도께서 육체로 오신 것을 시인하는 영마다 하나님께 속한 것이요 예수를 시인하지 아니하는 영마다 하나님께 속한 것이 아니니 이것이 곧 적그리스도의 영이니라 오리라 한 말을 너희가 들었거니와 지금 벌써 세상에 있느니라

갈라디아서 4:4~5 때가 차매 하나님이 그 아들을 보내사 여자에게서 나게 하시고 율법 아래에 나게 하신 것은 율법 아래에 있는 자들을 속량하시고 우리로 아들의 명분을 얻게 하려 하심이라

고난을 받으셨다: 세 번째 단계로서 그리스도는 그의 전 생애를 통해 신체와 영혼을 포함하여 전체적으로 고난을 받으셨다. 여기에는 단순히 모든 사람이 당하는 일반적인 고난만이 아니라 하나님이 적극적으로 허락하신 특별한 고난까지 포함된다. 그리고 친히 시험을 받으시므로 고난을 당하셨는데, 하나님의 계획에 의해서 십자가 고난을 당하신 것이다. 결국 그리스도는 하나님의 진노를 자원하여 받으시고 스스로를 낮추신 것이다.

빌립보서 2:8 사람의 모양으로 나타나사 자기를 낮추시고 죽기까지 복종하셨으니 곧 십자가에 죽으심이라

십자가에 죽으셨다: 그리스도가 십자가에서 죽으신 사건은 낮아지심의 절정이다(빌립보서 2:8). 비록 영적 사망을 하신 것은 아니지만 로마 형법에 따라 가장 무거운 죄를 가진 죄인으로서 육체적 사망뿐만 아니라 사망의 극치인 영원한 사망에도 굴복하셨다. 결국 그는 재판관에게 심문을 받고 법적인 선고를 받아 죽으시므로 모든 사람이 받아야 할 형벌을 대신 받으신 것을 확실하게 증거하셨다. 그리고 마침내 구약성경에 예언된 대로 십자가에서 낮은 자의 모습으로 죽으신 것이다.

에베소서 4:9 올라가셨다 하였은즉 땅 아래 낮은 곳으로 내리셨던 것이 아니면 무엇이냐
베드로전서 3:18~19 그리스도께서도 단번에 죄를 위하여 죽으사 의인으로서 불의한 자를 대신하셨으니 이는 우리를 하나님 앞으로 인도하려 하심이라 육체로는 죽임을 당하시고 영으로는 살리심을 받으셨으니 그가 또한 영으로 가서 옥에 있는 영들에게 선포하시니라

무덤에서 장사 지낸 바 되셨다: 낮아지심의 마지막 단계로서 그리스도는 흙으로 돌아가는 무덤에 들어가셨는데 장사 지낸 사건은 새로운 승리의 전제 조건으로 이해할 수 있다. 이 밖에 에베소서 4장 9절의 '땅 아래 곳'이나 베드로전서 3장 18~19절의 "영으로 가서 옥에 있는 영들에게 선포하시니라" 등의 성경 구절을 근거로 그리스도께서 죽음 후에 '지옥에 내려가셨다'라고 낮아지심의 단계를

하나 더 덧붙이기도 한다. 그러나 엄밀한 의미에서 이것은 '그리스도께서 지옥의 고난을 십자가와 겟세마네 동산에서 맛보셨다'고 하는 칼뱅의 견해가 더 타당하다고 본다.

궁극적으로 영광스럽게 되신 예수 그리스도

예수 그리스도는 마침내 율법의 짐과 저주에서 떠나 참된 기쁨이 있는 영광과 존귀의 위치에 오르는 신분, 즉 승귀(昇貴, ascension)하신 신분을 가지게 되었다. 성경은 이 사실에 대해서 다음과 같이 말씀한다.

> 이러므로 하나님이 그를 지극히 높여 모든 이름 위에 뛰어난 이름을 주사 하늘에 있는 자들과 땅에 있는 자들과 땅 아래에 있는 자들로 모든 무릎을 예수의 이름에 꿇게 하시고 모든 입으로 예수 그리스도를 주라 시인하여 하나님 아버지께 영광을 돌리게 하셨느니라 (빌립보서 2:9~11)

승귀하신 그리스도는 율법이 요구하는 모든 조건을 만족시키셨으며, 그를 믿는 자들은 보상을 받을 자격이 있다는 사실을 실질적으로 선언한다. 이는 믿음을 가진 그리스도인들이 장차 어떤 영광의 삶을 살게 될 것인지 확실하게 보여준다는데 의의가 있다. 이 승귀의 신분에 대해 성경이 밝히고 있는 단계를 정리하면 다음과 같다.

첫째 단계는 부활하심이다. 영광스러운 신분이 되신 첫 단계로서 그리스도의 부활은 죽음을 이기신 것과 죄를 용서하시고 동시에 율법을 지키는 사역이 완성되었다는 선언적 의미를 가진다. 또한 그리스도 안에 있는 자들은 의롭다는 사실을 인정받게 되었고, 영적으로 거듭나며 장래에 부활하는 기쁨을 동일하게 맛보게 될 것임을 상징한다.

성경 중 '부활장'이라는 명칭을 가지고 있는 고린도전서 15장은 그리스도의 부활에 대해 자세히 묘사하고 있다. 그리스도의 부활은 모든 잠자는 자들의 첫 열매가 되심을 증거하며, 물질적인 것은 부활의 때에 변화된 형상이 된다는 사실을 증거하며, 정신적으로는 장차 들어가게 될 천국의 환경에 적합한 상태로 바뀌게 될 것임을 말해 준다. 성경은 이런 신비한 부활이 실제로 일어난 역사적 사건임을 여러 곳에서 밝히고 있다. 먼저 그리스도 자신이 부활에 대한 분명한 예언을 하셨고(마태복음 16:21), 부활하신후 다른 많은 사람들에게 보이셨으며(고린도전서 15:5~8), 사도들도 그 사실을 증언하고 있다(사도행전 1:3, 8, 고린도전서 15:8). 이런 점에서 그리스도의 부활은 성경의 권위를 인정하는 시금석으로서 중요한 위치를 차지하는 교리다. 동시에 그리스도를 믿는 신자들에게 일어날 부활과 영생의 믿음을 확고히 하는 증거의 가치도 있다. 아울러 부활이 없었다면 그리스도께서 십자가에서 죽으신 사건은 너무나 억울한 죽음이 되고 궁극적으로 구원 사역도 이루어질 수 없는 것이 되기 때문에 기독교에서는 무엇보다 중요한 위치를 차지한다. 이런 이유로 인해 기독교는 유대교의 안식일*이 아닌 그리스도가 부활하신 날을 주일로 기념하여 지키고 있다.

둘째 단계는 승천하심이다. 승천은 부활의 완성으로 이해할 수 있는데, 인성을 가진 그리스도께서 눈으로 볼 수 있도록 땅에서부터 하늘로 올라가는 공간 이동이다(누가

마태복음 16:21 이 때로부터 예수 그리스도께서 자기가 예루살렘에 올라가 장로들과 대제사장들과 서기관들에게 많은 고난을 받고 죽임을 당하고 제삼일에 살아나야 할 것을 제자들에게 비로소 나타내시니
고린도전서 15:5~8 게바에게 보이시고 후에 열두 제자에게와 그 후에 오백여 형제에게 일시에 보이셨나니 그 중에 지금까지 대다수는 살아 있고 어떤 사람은 잠들었으며 그 후에 야고보에게 보이셨으며 그 후에 모든 사도에게와 맨 나중에 만삭되지 못하여 난 자 같은 내게도 보이셨느니라
사도행전 1:3 그가 고난 받으신 후에 또한 그들에게 확실한 많은 증거로 친히 살아 계심을 나타내사 사십 일 동안 그들에게 보이시며 하나님 나라의 일을 말씀하시니라
사도행전 1:8 오직 성령이 너희에게 임하시면 너희가 권능을 받고 예루살렘과 온 유대와 사마리아와 땅 끝까지 이르러 내 증인이 되리라 하시니라

복음 24:50~53, 사도행전 1:6~11). 승천의 교리적 의미는 하나님이 그리스도의 구속 사역을 받아들이고 영광 가운데 그리스도를 맞아들였음을 선언하는 것이다. 그러므로 승천은 그리스도께서 중보한 모든 내용이 보편적인 것이 되었고 대제사장으로서의 직분을 계속 수행함을 나타낸다. 즉, 그리스도께 속한 자들이 장차 가야 할 곳을 미리 준비하시고, 성령을 통해 완전한 구속을 이루도록 승천이 일어난 것이다.

셋째 단계는 하나님 우편에 앉으심이다. 그리스도께서 하나님 보좌 우편에 앉으셨다는 것(히브리서 1:3)은 만물을 다스리시는 하나님의 영광스럽고 존귀한 통치 사역에 참여한다는 사실을 보여준다. 그리스도께서는 하나님의 우편에서 만왕의 왕으로서 교회와 온 우주를 통치하시고, 구원받은 하나님의 자녀들을 의롭다 하시고 거룩하게 하는 모든 사역이 효과를 발휘할 수 있도록 하나님께 아뢰는 제사장의 사역을 하신다. 뿐만 아니라 성령을 통해 그의 백성들을 보호하시고, 하나님 나라와 복음의 내용을 선포하는 예언 사역을 지금도 계속하고 계신다.

넷째 단계는 재림하심이다. 영광스럽게 되신 또 하나의

누가복음 24:50~53 예수께서 그들을 데리고 베다니 앞까지 나가사 손을 들어 그들에게 축복하시더니 축복하실 때에 그들을 떠나 [하늘로 올려지시니] 그들이 [그에게 경배하고] 큰 기쁨으로 예루살렘에 돌아가 늘 성전에서 하나님을 찬송하니라
사도행전 1:9 이 말씀을 마치시고 그들이 보는데 올려져 가시니 구름이 그를 가리어 보이지 않게 하더라

히브리서 1:3 이는 하나님의 영광의 광채시요 그 본체의 형상이시라 그의 능력의 말씀으로 만물을 붙드시며 죄를 정결하게 하는 일을 하시고 높은 곳에 계신 지극히 크신 이의 우편에 앉으셨느니라

안식일 安息日 Sabbath

유대교에서 지키는 1주일 가운데 제7일(토요일)의 명칭. 금요일 해질녘부터 토요일 해질녘까지. 유대인들은 이 날에 모든 일을 쉬고 하나님께 예배했는데, 이 기원은 창세기 1장에서 하나님이 6일 동안 천지 창조를 끝마치고 제7일에 쉰 데서 비롯되었다. 또 모세에게 준 십계명을 통하여 이 날에는 모두 쉬도록 명했고, 유대교에서는 안식일을 철저하게 지키고 있다. 이 전통은 기독교와 이슬람교로 이어졌는데, 기독교에서는 초대교회 때부터 그리스도의 부활을 기념하여 예수가 부활한 1주일의 첫날(일요일)을 주일(主日)이라는 새 안식일로 정하여 지키고 있다.

사도행전 1:11 이르되 갈릴리 사람
들아 어찌하여 서서 하늘을 쳐다
보느냐 너희 가운데서 하늘로 올
려지신 이 예수는 하늘로 가심을
본 그대로 오시리라 하였느니라

단계는 그리스도께서 승천하신 모습 그대로 많은 사람이
볼 수 있도록 이 땅에 다시 오시는 것이다(사도행전 1:11).
재림은 승귀의 최고 절정 단계로서 그 목적은 세계를 심
판하고 자기 백성의 구원을 완성하시기 위함이다.

그리스도는
어떤 일을 하시는가?

세 가지 직분을 가지고 중보 사역을 하신다

메시아이신 그리스도가 감당하시는 가장 중요한 사역
은 영광의 하나님과 죄인 사이에 있는 막힌 담을 허시는
중보 사역이다. 그래서 중보 사역을 감당하는 그리스도를
일컬어 중보자라고 한다. 중보자가 될 수 있는 자격은 반
드시 사람이어야 하고(히브리서 2:14~16), 그러면서 죄가 전
혀 없어야 하며(히브리서 7:26), 신성과 인성을 신적인 인격
속에 소유하신 분이어야 한다. 우리는 이미 그리스도가 어
떤 분인지를 살펴보았기 때문에 그리스도가 중보자로 가
장 적합한 분임을 알 수 있다.

히브리서 2:14~16 자녀들은 혈
과 육에 속하였으매 그도 또한 같
은 모양으로 혈과 육을 함께 지니
심은 죽음을 통하여 죽음의 세력
을 잡은 자 곧 마귀를 멸하시며 또
죽기를 무서워하므로 한평생 매여
종 노릇 하는 모든 자들을 놓아 주
려 하심이니 이는 확실히 천사들
을 붙들어 주심이 아니요 오
직 아브라함의 자손을 붙들어 주
려 하심이라
히브리서 7:26 이러한 대제사장은
우리에게 합당하니 거룩하고 악이
없고 더러움이 없고 죄인에게서
떠나 계시고 하늘보다 높이 되신
이라

성경은 중보자이신 그리스도가 중보 사역을 감당할 때
선지자, 제사장, 왕이라는 세 가지 직분을 가지고 일하신
다고 밝히고 있다.

첫째는 선지자로서의 직분과 사역이다. 선지자는 하나
님의 뜻을 그의 백성에게 전달하는 역할을 담당한다. 그리
스도는 사람들을 죄의 무지에서 구원하기 위해 하나님의
뜻 자체인 자기를 나타내셨고, 그 사역이 무엇인지 선언

하여 선지자이심을 알리셨다. 특별히 성경은 그를 최후의 선지자로 예언하고 있고(신명기 18:15), 스스로 선지자임을 증거하셨을 뿐만 아니라(누가복음 13:33) 이스라엘 백성들도 그가 선지자임을 인정했다(마태복음 21:11, 46). 그리고 그의 모든 사역이 선지자임을 확실히 증명하고 있는데(요한복음 5:19), 중요한 것은 그리스도가 모든 선지자보다 높은 선지자라는 사실이다.

무엇보다 그리스도는 선지자로서 하나님이신 자기를 나타내시므로 하나님의 사역을 선포하셨다. 또한 하나님 나라를 선포했을 뿐만 아니라 율법이 완성된 것과 복음의 내용이 무엇인지 선포하셨다. 그가 이 땅에 성육신하기 전에는 로고스*로서 모든 인류를 계몽하시고, 성육신 한 후에는 여러 가지 교훈과 이적들로 선지자의 사역을 수행하셨다. 승천 후에는 성령의 감화를 통해 간접적으로 그 직무를 계속 수행하신다. 이것이 그리스도의 선지자적 직분 수행 내용이다.

둘째는 제사장으로서의 직분과 사역이다. 제사장은 백성의 대표자로서 백성들의 모든 죄를 짊어지고 하나님께 제사를 드리면서 백성들을 대표하여 기도하는 직분이다.

신명기 18:15 네 하나님 여호와께서 너희 가운데 네 형제 중에서 너를 위하여 나와 같은 선지자 하나를 일으키시리니 너희는 그의 말을 들을지니라

누가복음 13:33 그러나 오늘과 내일과 모레는 내가 갈 길을 가야 하리니 선지자가 예루살렘 밖에서는 죽는 법이 없느니라

마태복음 21:11 무리가 이르되 갈릴리 나사렛에서 나온 선지자 예수라 하니라

마태복음 21:46 잡고자 하나 무리를 무서워하니 이는 그들이 예수를 선지자로 앎이었더라

요한복음 5:19 그러므로 예수께서 그들에게 이르시되 내가 진실로 진실로 너희에게 이르노니 아들이 아버지께서 하시는 일을 보지 않고는 아무 것도 스스로 할 수 없나니 아버지께서 행하시는 그것을 아들도 그와 같이 행하느니라

로고스 logos

고대 그리스 철학이나 신학의 기본 용어. 사물의 존재를 한정하는 보편적인 법칙, 행위가 따라야 할 준칙, 이 법칙과 준칙을 인식하고 이를 따르는 분별과 이성을 뜻한다. 파토스(pathos)와 대립되는 개념으로, 본래는 고전 그리스어로 '말하다'를 뜻하는 동사 'legein'의 명사형이며, '말한 것'을 뜻한다. 여기서 '로고스'는 많은 종류의 파생적 의의를 낳아 고대철학에서 중요한 구실을 하게 되었다. 기독교 사상에서의 로고스는 우주 창조에서 하나님의 사상의 내용이며, 삼위일체에서 제2의 위격인 '아들'을 뜻한다.

시편 110:4 여호와는 맹세하고 변하지 아니하시리라 이르시기를 너는 멜기세덱의 서열을 따라 영원한 제사장이라 하셨도다

이사야 53:12 그러므로 내가 그에게 존귀한 자와 함께 몫을 받게 하며 강한 자와 함께 탈취한 것을 나누게 하리니 이는 그가 자기 영혼을 버려 사망에 이르게 하며 범죄자 중 하나로 헤아림을 받았음이니라 그러나 그가 많은 사람의 죄를 담당하며 범죄자를 위하여 기도하였느니라

히브리서 10:12 오직 그리스도는 죄를 위하여 한 영원한 제사를 드리시고 하나님 우편에 앉으사

요한일서 2:1~2 나의 자녀들아 내가 이것을 너희에게 씀은 너희로 죄를 범하지 않게 하려 함이라 만일 누가 죄를 범하여도 아버지 앞에서 우리에게 대언자가 있으니 곧 의로우신 예수 그리스도시라 그는 우리 죄를 위한 화목 제물이니 우리만 위할 뿐 아니요 온 세상의 죄를 위하심이라

로마서 8:34 누가 정죄하리요 죽으실 뿐 아니라 다시 살아나신 이는 그리스도 예수시니 그는 하나님 우편에 계신 자요 우리를 위하여 간구하시는 자시니라

히브리서 5:8~10 그가 아들이시면서도 받으신 고난으로 순종함을 배워서 온전하게 되셨은즉 자기에게 순종하는 모든 자에게 영원한 구원의 근원이 되시고 하나님께 멜기세덱의 반차를 따른 대제사장이라 칭하심을 받으셨느니라

고린도전서 5:7 너희는 누룩 없는 자인데 새 덩어리가 되기 위하여 묵은 누룩을 내버리라 우리의 유월절 양 곧 그리스도께서 희생되셨느니라

요한일서 2:2 그는 우리 죄를 위한 화목 제물이니 우리만 위할 뿐 아니요 온 세상의 죄를 위하심이라

마가복음 10:45 인자가 온 것은 섬김을 받으려 함이 아니라 도리어 섬기려 하고 자기 목숨을 많은 사람의 대속물로 주려 함이니라

성경은 그리스도께서 바로 이 제사장으로 오실 것을 분명히 언급할 뿐 아니라(시편 110:4) 제사 드리는 것과 대표 기도하는 모든 사역이 그의 것임을 밝히고 있다(이사야 53장). 여기에 더하여 신약성경을 보면 히브리서는 계속해서 그를 제사장이라 부르고 있고(히브리서 10:12), 그리스도의 제사장적 사역을 언급하고 있다(요한일서 2:1~2, 로마서 8:34).

그리스도의 제사장 직분과 관련해서 그의 사역은 스스로 제물이 되셔서 자신을 드린 헌제 사역과 중재·대언 사역으로 정리할 수 있다.

헌제 사역이란 동물을 죽여 제물로 드리고 제사를 통해 하나님의 용서와 백성들의 회복을 기대했던 구약시대 제사장들의 사역을 말한다. 하지만 그리스도는 스스로 제물이 되셔서 세상 죄를 위하여 충족한 제사를 드린 분이다. 그리스도는 제사장임과 동시에 희생제물로서 죄인들을 대신하여 희생당하시고 참된 구속을 성취하신 대제사장인 것이다(히브리서 5:1~10). 그래서 성경은 그리스도를 향해 '유월절 어린양'이라 표현하고(고린도전서 5:7), '우리 죄를 위한 화목제물'이라 표현하며(요한일서 2:2), '많은 사람의 대속물'이라는 언급 한다(마가복음 10:45).

중재·대언 사역이란 성부 하나님이 받으실 만한 충족한 제사를 가지고 성소에 들어가 신자들을 대적하는 사탄에게 응수하면서 기도로 그의 백성을 시험에서 도우신다는 의미다. 구약에서 제사장들이 향단에 분향하면서 드리는 백성들을 위한 대표기도는 그리스도께서 대제사장으로서 자기 백성들을 위해 효과적으로 중재하시고 대언하는 기

도의 예표다. 이런 점에서 그리스도에게 보혜사라는 명칭이 적용되었고(요한일서 2:1), 하나님의 우편에서 간구하시며(로마서 8:34), 항상 살아서 간구(히브리서 7:25)한다고 성경은 증거한다. 여기서 중요한 점은 그리스도의 중재·대언 사역의 특성이다. 그의 중재·대언 사역인 기도는 권위를 가지고 있기 때문에 결코 실패함 없이 하나님이 항상 들으시는 유효성과 아울러 권위 있고 유효한 기도를 매일 드린다는 점에서 영원하다.

이상에서 알 수 있는 바대로 아론을 비롯한 구약의 제사장 직분은 일시적인데 반해 그리스도의 제사장 직분은 제사장 멜기세덱*의 반차를 좇아 영원한 직분이다. 왜냐하면 그는 단번에 자신을 제물로 드림으로 신자들을 영원히 완전케 하시고, 영원히 하나님 보좌 우편에서 살아서 중재·대언하시기 때문이다.

셋째는 왕으로서의 직분과 사역이다. 중보자로서 그리스도께서 가지는 직분은 왕의 직분이다. 왕으로서 그리스도는 구원 받은 자들의 마음과 생활, 교회 및 우주에 대한 통치권을 가지고 계신다(누가복음 1:32). 성경은 성육신하신 그리스도를 메시아 왕국의 건설자, 다윗의 위를 소유하신 분(누가복음 1:31~33)이라고 부르며, 하늘과 땅의 권세를

요한일서 2:1 나의 자녀들아 내가 이것을 너희에게 씀은 너희로 죄를 범하지 않게 하려 함이라 만일 누가 죄를 범하여도 아버지 앞에서 우리에게 대언자가 있으니 곧 의로우신 예수 그리스도시라

로마서 8:34 누가 정죄하리요 죽으실 뿐 아니라 다시 살아나신 이는 그리스도 예수시니 그는 하나님 우편에 계신 자요 우리를 위하여 간구하시는 자시니라

히브리서 7:25 그러므로 자기를 힘입어 하나님께 나아가는 자들을 온전히 구원하실 수 있으니 이는 그가 항상 살아 계셔서 그들을 위하여 간구하심이라

누가복음 1:31~33 보라 네가 잉태하여 아들을 낳으리니 그 이름을 예수라 하라 그가 큰 자가 되고 지극히 높으신 이의 아들이라 일컬어질 것이요 주 하나님께서 그 조상 다윗의 왕위를 그에게 주시리니 영원히 야곱의 집을 왕으로 다스리실 것이며 그 나라가 무궁하리라

멜기세덱 Melchisedek

구약성경에 나오는 인물인데, 그리스도를 멜기세덱과 같은 대제사장이라고 불러 멜기세덱을 예수 그리스도의 예형적(豫型的) 인격의 한 사람으로 여긴다(히브리서 5:10, 7:17). 창세기 14장 18절에는 "살렘 왕 ⋯ 그는 지극히 높으신 하나님의 제사장이었더라"라고 표현한다. 아브람은 전쟁에서 개선하는 길에 그에게 전리품의 10분의 1을 주고 그에게서 축복을 받았다고 나와 있다.

마태복음 28:18 예수께서 나아와 말씀하여 이르시되 하늘과 땅의 모든 권세를 내게 주셨으니

가지신 분(마태복음 28:18)으로 묘사 한다. 그리스도의 왕권은 영적인 왕권과 우주적인 왕권으로 구분해서 설명할 수 있다.

특별히 영적인 왕권은 그의 백성들이 회집하는 교회의 머리로서 말씀을 통해 교회를 보호하고 완성하는 사역을 의미한다. 이 영적인 왕권은 은혜로 다스리는 왕권으로서 그의 참 백성들을 향한다는 점에서 현재적임과 동시에 미래적인 성격을 가진다. 궁극적으로는 영적인 왕국이기 때문에 이 세상에 속한 것이 아니다.

영적인 왕권과 더불어 그리스도의 우주적 왕권을 언급할 수 있는데, 순종과 고난의 상급으로 획득하신 왕권이다. 이것은 교회를 위하여 중보자 되시는 그리스도가 영적성장을 이루고 점진적인 성화를 이룩하기 위해 민족과 열방을 다스리시는 것을 의미한다. 그는 의(義)를 보호하기 위해서 원수들에 대한 승리가 있을 때까지 그 왕권을 계속 행사하며 궁극적인 승리를 얻은 이후에 다시 성부 하나님에게 그 왕권을 돌려주신다(고린도전서 15:24~28).

고린도전서 15:24~28 그 후에는 마지막이니 그가 모든 통치와 모든 권세와 능력을 멸하고 나라를 아버지 하나님께 바칠 때라 그가 모든 원수를 그 발 아래에 둘 때까지 반드시 왕 노릇 하시리니 맨 나중에 멸망 받을 원수는 사망이니라 만물을 그의 발 아래에 두셨다 하셨으니 만물을 아래에 둔다 말씀하실 때에 만물을 그의 아래에 두신 이가 그 중에 들지 아니한 것이 분명하도다 만물을 그에게 복종하게 하실 때에는 아들 자신도 그 때에 만물을 자기에게 복종하게 하신 이에게 복종하게 되리니 이는 하나님이 만유의 주로서 만유 안에 계시려 하심이라

속죄 사역을 하신다

하나님이 그의 은혜를 나타내심에 있어 '만족과 보상을 받지 않고도 사람들의 죄를 용서하실 수 있지 않는가?'라고 질문할 수 있다. 그러나 인간이 죄인이 된 것은 전적으로 인간의 책임이기 때문에 하나님이 죄인들을 반드시 구원할 필요는 없다. 또한 구원이 하나님의 사역 속에 이미 계획된 것이고, 그 방법은 그리스도의 속죄를 통해서만 이루어질 수 있기 때문에 속죄는 반드시 필요하다. 물론 그

리스도의 속죄 사역이 반드시 필요하지 않다고 주장하는 자들도 있다. 하지만 하나님은 절대적으로 거룩하시고 의로우신 분이기 때문에 죄인들을 향해 그들이 용서받아야할 '속죄'를 충분히 요구하실 수 있다. 따라서 그리스도께서 고난 받으시는 고난 사역은 하나님이 세상을 사랑하는 최고의 표현을 나타냄과 동시에 그리스도를 구세주로 받아들이는 신자들을 영광에 들어가게 하고 완전하게 하기 위해서 필요하다(요한복음 3:16). 속죄 사역은 '죄인들을 의롭다'고 인정하고 구원하기 위해 하나님의 기쁘신 뜻을 따라 이루어진 것이기에 반드시 필요하다.

그리스도의 속죄 사역은 죄인들을 구원하려는 하나님의 깊으신 뜻(갈라디아서 1:4)과 그의 무한한 사랑과 공의에 기초한다(로마서 3:23~26). 그러므로 속죄 교리는 기독교 신앙의 중심이자 초점일 뿐만 아니라 사도들이 전도할 때마다 외친 복음의 핵심이며, 죄인들이 구원받을 수 있는 모든 원천이다.

그리스도가 십자가에서 죽으심으로 죄인들의 구원이 이루어진 속죄 사역은 그리스도께서 친히 속죄 제물이 되셨기 때문에 하나님과 죄인을 화목케 한다. 죄인인 인간은 율법의 속박에 얽매여 형벌을 통해서만 자기 죄를 용서받을 수 있었지만, 이 형벌을 그리스도가 대신 받으시므로 정죄와 형벌에서 해방되었다(이사야 53:6, 요한복음 1:29 등). 결국 그리스도의 속죄는 죄인의 구원을 가능하게 하고 구원의 완전한 확실성을 보장해 주기 때문에 더 이상 인간이 죗값을 지불할 필요가 없음을 보여준다.

궁극적으로 속죄 사역은 삼위일체 하나님의 사역으로

요한복음 3:16 하나님이 세상을 이처럼 사랑하사 독생자를 주셨으니 이는 그를 믿는 자마다 멸망하지 않고 영생을 얻게 하려 하심이라

갈라디아서 1:4 그리스도께서 하나님 곧 우리 아버지의 뜻을 따라 이 악한 세대에서 우리를 건지시려고 우리 죄를 대속하기 위하여 자기 몸을 주셨으니
로마서 3:23~26 모든 사람이 죄를 범하였으매 하나님의 영광에 이르지 못하더니 그리스도 예수 안에 있는 속량으로 말미암아 하나님의 은혜로 값 없이 의롭다 하심을 얻은 자 되었느니라 이 예수를 하나님이 그의 피로써 믿음으로 말미암는 화목제물로 세우셨으니 이는 하나님께서 길이 참으시는 중에 전에 지은 죄를 간과하심으로 자기의 의로우심을 나타내려 하심이니 곧 이 때에 자기의 의로우심을 나타내사 자기도 의로우시며 또한 예수 믿는 자를 의롭다 하려 하심이라

이사야 53:6 우리는 다 양 같아서 그릇 행하여 각기 제 길로 갔거늘 여호와께서는 우리 모두의 죄악을 그에게 담당시키셨도다
요한복음 1:29 이튿날 요한이 예수께서 자기에게 나아오심을 보고 이르되 보라 세상 죄를 지고 가는 하나님의 어린 양이로다

서 철저히 하나님의 사랑에 근거하고 있다. 이 근거 위에서 성부 하나님은 구원을 계획하셨고(에베소서 1:4), 성자 예수 그리스도는 구원을 집행하셨으며(요한복음 6:35~40), 성령 하나님은 구원을 적용하셨다. 이처럼 구속 사역은 삼위 간의 아름다운 조화를 통해 성취되었다. 하나님의 주도에 의해서 이루어지는 속죄 사역에 대한 이러한 설명과 달리 현대 신학자들 중에는 사람에게 구원의 주도권이 있다고 본다. 이 중에는 그리스도의 십자가 사건이 죄인에 대한 하나님의 태도에 변화를 준 것이 아니라 하나님에 대한 인간의 태도에만 변화를 주었다는 식으로 그릇된 주장을 하는 이들도 있다.

이외에도 그리스도의 속죄 사역과 관련하여 그리스도께서 선택한 자들만 구원할 목적으로 죽으신 것이 아니라 세상 모든 사람을 위해 죽으셨다고 하면서 속죄의 범위가 제한되지 않는다는 주장도 있다. 아르미니우스주의(Arminianism)와 로마가톨릭, 루터파의 보편속죄이론 등이 이에 속한다. 요한복음 3장 16절에 나오는 "하나님이 세상을 이처럼 사랑하셨다"라는 말씀과 로마서 5장 18절의 "그리스도께서 모든 사람을 위해서 죽으셨다"라는 말씀에 근거를 두고 있는 보편속죄이론은 전 세계를 향한 선교를 위해서도 타당한 이론이라고 주장한다.

그러나 성경은 그리스도의 제한적인 속죄 교리를 여러 곳에서 밝히고 있다. 성경의 '그의 양'(요한복음 10:11, 15), '그의 교회'(사도행전 20:28), '그의 백성'(마태복음 1:21), '하나님의 택하신 자들'(로마서 8:32~35) 등과 같은 말씀은 제한속죄 교리를 지지해 주는 좋은 증거들이다. 결국 그리스

에베소서 1:4 곧 창세 전에 그리스도 안에서 우리를 택하사 우리로 사랑 안에서 그 앞에 거룩하고 흠이 없게 하시려고
요한복음 6:40 내 아버지의 뜻은 아들을 보고 믿는 자마다 영생을 얻는 이것이니 마지막 날에 내가 이를 다시 살리리라 하시니라

요한복음 3:16 하나님이 세상을 이처럼 사랑하사 독생자를 주셨으니 이는 그를 믿는 자마다 멸망하지 않고 영생을 얻게 하려 하심이라
로마서 5:18 그런즉 한 범죄로 많은 사람이 정죄에 이른 것 같이 한 의로운 행위로 말미암아 많은 사람이 의롭다 하심을 받아 생명에 이르렀느니라

요한복음 10:11 나는 선한 목자라 선한 목자는 양들을 위하여 목숨을 버리거니와
요한복음 10:15 아버지께서 나를 아시고 내가 아버지를 아는 것 같으니 나는 양을 위하여 목숨을 버리노라
사도행전 20:28 여러분은 자기를

도의 속죄는 전체 인류 중 하나님께서 택하신 사람들만의 구원을 목표로 이루어진다고 정리할 수 있다.

그러나 제한속죄 교리와 관련하여 한 가지 더 생각해야 할 것은 그리스도의 속죄 사역이 미치는 광대한 효과다. 그리스도의 십자가를 통한 구원은 성부 하나님을 향해서는 하나님의 공의를 만족시키고 그의 의와 사랑의 시행을 활발하게 만드는 효과를 불러일으켰다. 그리스도 자신을 위해서는 그가 궁극적으로 영광스럽게 되고 하나님의 보좌 우편에 앉아 세계를 소유하고 다스리시는 효과를 가져왔다. 그리고 천사들에게는 그리스도 안에서 하늘에 있는 것과 땅에 있는 것이 통일되므로 그리스도의 머리 안에서 재조직되는 효과가 일어났다(에베소서 1:1). 전 세계의 인류에게는 하나님의 율법을 어기므로 받을 수밖에 없었던 형벌이 즉각적으로 집행되는 일이 중지되었다.

위하여 또는 온 양 떼를 위하여 삼가라 성령이 그들 가운데 여러분을 감독자로 삼고 하나님이 자기 피로 사신 교회를 보살피게 하셨느니라
마태복음 1:21 아들을 낳으리니 이름을 예수라 하라 이는 그가 자기 백성을 그들의 죄에서 구원할 자이심이라 하니라
로마서 8:33 누가 능히 하나님께서 택하신 자들을 고발하리요 의롭다 하신 이는 하나님이시니

에베소서 1:1 하나님의 뜻으로 말미암아 그리스도 예수의 사도 된 바울은 에베소에 있는 성도들과 그리스도 예수 안에 있는 신실한 자들에게 편지하노니

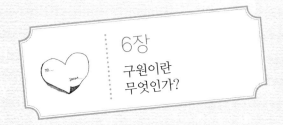

6장
구원이란
무엇인가?

구원은 삼위일체 하나님이 타락한 인류를 구원키로 하신 작정과 구원에 관련하여 삼위 사이에 사역의 협약을 맺으신 것으로부터 시작되었다. 성부, 성자, 성령은 우선 구원의 중보자로 성자 예수 그리스도를 세우셨다. 아담과 전 인류의 죄를 용서하고 타락한 인류를 하나님의 백성으로 만들기 위해서 성자로 하여금 인간이 되게 하셔서 죄의 형벌을 담당하게 하셨다. 십자가에 달려 죽으신 성자 예수 그리스도는 하나님과 새로운 언약을 맺으시고, 택한 사람들에게는 하나님의 형상이 회복되도록 하시며, 그들이 하나님께 순종함으로써 하나님과의 관계도 회복할 수 있도록 하셨다. 성부 하나님은 성자와 맺으신 약속을 받아들이시고 그리스도께서 이루신 구원을 택한 그의 자녀들에게 구체적으로 적용하며, 교회를 가르치고 보호하기 위해 성령 하나님을 보내셨다.

이런 구원의 협약 과정을 볼 때 특별히 이 땅에 사는 사람들의 구체적이고 개인적인 구원을 이해하기 위해서는 성령의 사역을 이해하는 것이 대단히 중요하다. 또한 구원의 결과가 성령이 다스리시는 교회를 통해서 어떻게 나타나는가를 살펴보는 것 역시 중요하다. 따라서 구원의 구체적인 적용자인 성령에 대한 이해와 더불어 구원을 얻기까지 성령이 일하시고 역사하시는 내용과 과정도 살펴보도록 하자.

구원과
성령의 역사하심

은혜를 부여하는 분으로서 '보혜사'라는 이름을 가진 성령님은 하나님의 작정하심 속에 진행되는 구원이 우리에게 구체적으로 적용되게 하기 위해 지금도 일하신다. 성령의 역사는 그의 사역과 은혜를 주시는 영역에 따라 크게 두 가지로 구분할 수 있다.

성령의 보통은혜

자연계 내에서 성령이 일반적으로 일하시는 것을 신학적으로는 성령이 주시는 보통은혜라고 표현한다. 성령은 하나님이 지으신 피조 세계의 질서를 따라 사람들의 죄를 제재하고, 사회질서를 유지하고, 정치적으로 국가 내에서 정의가 이루어질 수 있도록 하는 일반적인 사역을 하신다. 보통은혜로서 성령은 하나님이 양심을 따라 살 수 있도록 사람에게 주신 자연계시를 통해서 일하는 것을 알 수 있다(로마서 2:14~15). 그리고 하나님의 자기 영광과 공공의 유익이 지켜질 수 있도록 이 땅에 있는 정부와 세우신 지도자들을 통해서 일하신다. 또한 사람의 마음에 존재하는

로마서 2:14~15 (율법 없는 이방인이 본성으로 율법의 일을 행할 때에는 이 사람은 율법이 없어도 자기가 자기에게 율법이 되나니 이런 이들은 그 양심이 증거가 되어 그 생각들이 서로 혹은 고발하며 혹은 변명하여 그 마음에 새긴 율법의 행위를 나타내느니라)

하나님에 대한 본성의 빛을 특별계시로 감화시키셔서 하나님의 율법과 외면적인 하나 됨을 유지하도록 하여 공적인 여론을 형성하신다. 아울러 사람의 내면에 있는 권선징악의 생각과 그로 인한 역사적 사건들을 활용하여 세상에서 악을 제재하고 선을 장려하는 사역을 하신다.

이러한 보통은혜의 결과 사람들이 받아야 할 형벌의 집행을 유예시킴으로써 인간의 생명이 연장되고 회개할 기회가 주어진다. 죄의 제재는 개인과 사회가 외면적인 선을 유지하게 하고, 세속적이지만 의로움을 수행하는 데 도움을 주며, 진리와 도덕 및 종교에 대한 관심을 계속 가질 수 있도록 자극하기도 한다. 또한 사람들이 이 세상에서 누릴 수 있는 모든 자연적 행복들을 가져다주며, 하나님에 대한 일시적인 신앙이나 회개를 일으키기도 한다.

그러나 성령의 보통은혜는 궁극적으로 사람들을 구원시키는 데에는 미치지 못한다. 물론 종교적인 현상을 동반하여 기독교 신앙의 결과와 비슷한 현상은 보이는 경우도 있지만 구원받을 수 있는 참된 신앙과는 거리가 멀다. 따라서 예수 그리스도의 구속과 직접적인 관계가 없는 보통은혜는 간접적인 결과로 정죄의 집행을 연기하는 것과 부수적인 물질적 축복에 참여하는 정도의 수준에 그칠 뿐이다.

성령의 특별은혜

성령의 보통은혜와 구별되게 하나님이 구원하기로 미리 선택한 사람들에게만 적용되는 은혜인 성령의 특별은혜가 있다. 특별은혜는 철저히 영적이고 사람 중심적이며, 영적으로 재창조하는 방식으로 나타나기 때문에 은혜를 받는 자가 도저히 거절할 수 없는 불가항력적인 특징을 가지고 있다.

이런 특별은혜는 먼저 성령의 세례를 통해서 나타난다. 성령세례는 모든 그리스도인들이 그리스도를 믿음으로 받는 공통적 체험이다. 이것은 어떤 조건을 이루었을 받는 결과가 아니라 회개하고 예수 그리스도를 주님으로 믿는 신자들에게 성령이 허락하시는 선물이다. 따라서 성령세례는 성령 받는 것을 의미하며, 예수 그리스도를 믿을 때 받게 된다.

신자들이 그리스도를 믿을 때 받는 성령세례는 사도행전 2장에 기록된 오순절 성령세례와는 분명히 다르다. 이는 세상에 오셔서 주님의 교회에 이미 거하고 계신 성령에 동참하는 것을 의미하기 때문이다. 이런 점에서 방언의 은사는 성령세례의 필수적인 동반 요소가 아니다. 성령세례는 그리스도인이 될 때 가지게 되는 바른 신앙 과정이며, 성령세례 이후에 정상적인 그리스도인의 삶을 살 때 성령 충만의 경험을 얻게 된다.

성령 충만의 목적은 예수 그리스도의 제자로서 바른 삶과 봉사를 위해서인데, 성령 충만하면 그 마음에 참 평안과 행복을 얻게 된다. 성령 충만의 외면적인 증거로는 윤리적인 삶과 하나님 나라를 위한 비전을 품고 사는 삶으로 나타난다. 이런 성령 충만은 한 순간에 이루어지는 것이 아니라 계속해서 받아야 한다. 그렇게 될 때 새롭게 하시고 거룩하게 하시는 성령의 역사를 통해 진리의 말씀을 깨고 바르게 믿어 마침내 성령의 열매를 맺게 된다.

모든 사람에게 차별 없이 부여되고 구원과 관련이 없

는 보통은혜와 달리 성령의 특별은혜는 하나님께서 선택한 자들로 제한되며 죄인을 궁극적으로 구원하는 능력이 있다. 따라서 보통은혜는 사람이 거부할 수 있지만 특별은혜는 도저히 거부할 수 없는 불가항력적인 특성을 가진다. 기독교 역사 속에서 이 부분과 관련된 중요한 논쟁은 칼뱅주의*와 펠라기우스*파 및 아르미니우스*파의 대립이다. 칼뱅주의는 성령의 특별은혜를 자신의 의지로 거절

칼뱅주의 Calvinism

프랑스의 종교개혁자 칼뱅에게서 발단한 기독교 사상으로, 루터의 사상을 계승하면서 독자적인 사상을 발전시켰다. 신의 절대적 주권을 강조하는 신관, 구원을 받는 자와 멸망에 이르는 자는 영원한 옛날부터 신에 의해 결정되어 있다고 하는 예정설, 성찬에서는 루터의 말처럼 빵과 포도주 속에 그리스도가 현존하는 것이 아니며, 츠빙글리가 말하듯 그것들이 그리스도의 혈육을 상징하는 것도 아니고, 오직 성령의 힘으로써 영적으로 관여한다고 하는 성찬론 등이 칼뱅 신학의 특징을 이룬다. 신앙생활에 있어서는 자기를 신의 영광을 위한 도구로 보는 활동주의적 경향을 가졌으며, 사회생활에서의 적극적인 태도를 창출했다. 칼뱅의 사상은 스위스뿐만 아니라 유럽 각지에 파급되어 독일과 네덜란드 등의 개혁파, 프랑스의 위그노파, 스코틀랜드의 장로파, 잉글랜드의 퓨리턴 제파(장로파·독립파·뱁티스트파 등)를 탄생시켰다. 또한 칼뱅주의는 근대 서유럽 문화 형성에 커다란 역할을 했으며, 근대 민주주의 형성과 근대주의 정신에도 큰 영향을 미쳤다.

펠라기우스 Pelagius

영국의 수도사·철학자·신학자. 인간의 자유의지를 강조하고 원죄, 그리스도의 구원, 세례 등을 부정하는 펠라기우스설을 제창했고, 이후에 펠라기우스파를 이루었다. 때문에 아우구스티누스 등의 맹렬한 반박을 받았으며 종교회의에서 이단으로 규정되었다. 친구이며 협력자인 케레스티우스와 함께 이른바 '펠라기우스설(說)'을 제창하였다. 그에 따르면, 사람은 스스로의 의지로 자유로이 선악을 행할 수 있으며, 신의 은총이란 단순한 외적인 것에 불과하며, 아담의 죄는 완전히 개인적인 것에 불과하기 때문에 모든 사람에게 원죄가 있다는 설은 옳지 않다고 주장했다. 또한 그리스도의 구원이나 세례 등 적극적인 가치도 부정하여 아우구스티누스와 히에로니무스 등의 맹렬한 반박을 받았다.

할 수 없는 불가항력적인 것으로 보았고, 펠라기우스파와 아르미니우스파는 성령의 특별은혜도 인간의 자유의지로 거스를 수 있다고 보았다.

마지막으로 특별은혜는 조직된 교회를 통해서 주어지는 반면, 보통 은혜는 세속 생활을 그 영역으로 가진다. 특별은혜는 초자연적이고 영적인데 반해 보통은혜는 자연적이기 때문에 본질적으로 다르다고 할 수 있다.

신비적 연합

성령께서 선택한 자들을 구원하기 위해서 특별한 은혜를 주실 때는 '머리와 보증'이 되신 그리스도에게 죄인들의 죄가 전달되고 그리스도의 의로움이 선택한 자들에게 전달되는 신비적 연합이 일어난다. 다른 말로 하면 교회는 그리스도와 유기적인 연합을 이루어 그리스도의 생명에 참여하는 영광스러운 지체가 되고, 십자가를 지심으로 구원을 완성하신 그리스도의 복 주심이 전 교회에 이어진다. 즉, 성령의 역사하심에 의해 택함 받은 '각 사람들'과 그리스도가 유기적인 생명의 연합을 이루는 것이다. 이런 그리스도와의 연합은 그리스도와 그의 백성 사이에 초자연적인 방식으로 나타나기 때문에 영적이며 사람의 이해를 초

아르미니우스 Jacobus Arminius

네덜란드의 개혁파 신학자로 암스테르담에서 설교자로서 인기를 얻었다. 레이덴대학교 교수를 역임했다. 신학적으로는 처음부터 비교적 자유로운 입장에 섰다. 아르미니우스설로 불린 그의 주장은 많은 지지자를 얻었는데, 이들을 아르미니우스파라 불렸다. 칼뱅의 예정설을 온건하게 해석한 이들 유파를 따르는 교회로는 영국에서는 웨슬리안파, 미국에서는 메소디스트파와 홀리네스파 그리고 구세군 등이 있다.

월한다.

그리스도와의 신비적 연합이 중요한 이유는 그리스도 안에 있을 때에 그리스도가 누리는 풍요와 부요함에 참여하면서 교제의 기쁨을 얻게 되고, 그를 통해 흘러나오는 모든 은혜를 맛볼 수 있기 때문이다.

구원은
어떻게 이루어지는가?

여기서 다루는 구원의 순서(Ordo Salutis)란 그리스도가 완성한 구원 사역이 죄인들의 마음과 생활에 구체적으로 실현되는 과정이다. 즉, 그리스도가 이룩한 구원의 복된 내용이 성령의 역사를 통해 하나님이 택하신 자녀들에게 세밀하게 적용되는 순서를 의미하는 것이다.

주의할 것은 구원의 '순서'가 시간적인 순서를 의미하는 것이 아니라 논리적인 순서를 말한다는 점이다. 성령님이 구원을 사람들에게 적용할 때 부르시고 새롭게 하시며, 회개케 하는 역사를 단번에 일으킬 수도 있고 차례대로 이루어갈 수도 있다. 따라서 구원의 순서를 이해할 때 시간적인 순서를 따라 구원의 순서를 나열한 것이 아님을 사전에 이해할 필요가 있다.

기독교 역사에서는 구원의 순서와 관련해 몇 가지 중요한 이론들이 나타났다. 대표적으로 루터파*에서는 믿음에 중점을 두고 소명, 조명, 회심, 중생의 준비 단계를 거쳐 신앙, 칭의, 신비적 연합, 갱신, 보전이라는 순서로 이루어진다고 본다. 펠라기우스는 사람이 자력으로 회심을 하고 순종하여 구원이 이루어진다고 주장한다.

또 아르미니우스파는 이 주장을 보다 논리적으로 생각해서 복음적 권면을 통해 사람들이 하나님의 부르심인 소명을 받는데, 이것에 대해 저항할 수도 있다고 주장했다. 하지만 순종하게 된다면 그 후에 회개, 신앙, 칭의, 죄 용서, 중생, 성화, 견인이라는 구원의 순서가 있다고 보았다. 아르미니우스파의 주장에서 두드러지는 것은 사람이 자기의 의지를 따라 신앙을 가지고 스스로 거룩해지는 성화에 대한 결정을 내리며, 성령의 보호하심을 받아들일 수 있다고 보는 인간 의지 중심적이라는 점이다.

만약 아르미니우스파의 주장을 따른다면 구원은 하나님의 주권이 아니라 인간의 의지에 속하게 된다. 이 경우 하나님의 영광을 인간에게 돌리게 되고, 인간은 구원을 위한 협력자가 되어 하나님의 전능하심을 격하시킬 우려가 있다. 결국 인간 중심적으로 가게 되는 것이다. 이런 견해와 달리 구원이 하나님의 주권에 의해 이루어진다고 보는 칼뱅은 소명, 신앙, 중생, 회심, 성화, 칭의, 예정, 부활이 구원의 순서라고 주장한다. 칼뱅의 신학을 계승한 개혁신학

루터파 Lutheranism

독일의 종교개혁자 마르틴 루터의 복음주의 사상에 따라 세워진 개신교 교회. 마르틴 루터는 본래 새로운 교회를 세우려고 하지 않았다. 오히려 그동안 교회 안에 들어온, 성서적 근거가 없는 풍습들을 정화하고 초대교회의 순수한 신앙을 되찾으려 했다. '루터란(Lutheran)'이라는 명칭은 개혁자를 비판하는 이들이 그를 따르는 사람들을 경멸하는 말로 사용했는데, 나중에는 이 말이 루터교인들 스스로 자신들에 대해 부르는 자랑스러운 이름으로 고정되었다.

은 성경을 더욱 면밀히 연구한 결과로, 하나님의 주권에 의해 구원의 순서를 다음과 같이 주장하고 있다.

소 명	하나님의 초청
중 생	영적 변화
회 심	하나님께로 돌이킴
신 앙	그리스도를 받아들이고 신뢰함
칭 의	죄인에서 의인으로의 선언
양자됨	하나님의 자녀가 됨
성 화	하나님을 닮아감
견 인	끝까지 붙잡으시는 은혜
영 화	구원의 최종 완성

구원의 순서에 대한 다양한 주장 중 개혁신학 입장에서의 구원의 순서가 가장 성경적이다. 이 순서에 따라 각 순서가 가지는 의미와 내용을 살펴보면 다음과 같다.

소명−하나님의 초청

하나님이 초청하셨다는 의미의 소명*을 보다 구체적으

소명 召命 calling

어떤 특별한 목적을 위해 부름을 받는 것을 이르는 말. 기독교에서 죄 많은 세상에서 살던 자가 하나님의 부름을 받고 구원에 이르는 것을 말한다. 구약 성경에서 하나님으로부터 선택받은 이스라엘 백성이나 하나님의 사자로서의 예언자의 소명 등이 그 예다. 그러나 종교개혁자는 소명을 받고 성직자가 되어 하나님과 이웃을 섬기는 일뿐 아니라 신앙 안에서 어떤 직업에 종사하면서 사는 그리스도인 모두가 특별한 소명을 받았다고 주장했다. 이로 인해 개혁신앙에서는 새로운 소명관, 즉 직업관이 형성되었다.

로 정의하면 '그리스도에 의하여 이룩된 구원을 믿음으로 받아들이도록 사람들을 초청하시는 하나님의 은혜로운 사역'(로마서 8:30)이라고 할 수 있다.

로마서 8:30 또 미리 정하신 그들을 또한 부르시고 부르신 그들을 또한 의롭다 하시고 의롭다 하신 그들을 또한 영화롭게 하셨느니라

하나님의 초청에는 외적 부르심과 내적 부르심이 있는데, 흔히 '외소'와 '내소' 혹은 '일반적 소명'과 '효과적인 소명'이라고 부르기도 한다. 외적인 부르심은 일반적이고 보편적인 것으로 그리스도인과 비그리스도인의 구별 없이 복음을 통해 전도를 받은 모든 사람에게 다가온다. 그러나 이 부르심 역시 하나님의 간절한 소망이 동반된 것으로서 회개하고 믿는 자에게는 영생이 약속되어 있는 능력 있는 하나님의 초청이다.

내적인 부르심은 결코 실패가 없는 하나님의 부르심으로서 하나님이 택하신 자들에게만 적용되는 것이 특징이다. 따라서 내적 소명은 결코 실패함 없이 전적으로 효과 있게 나타난다. 그러나 외적 소명이든 내적 소명이든 그것을 시작하는 분이 하나님이고, 적용하는 분은 성령님이며, 도구는 하나님의 말씀이라는 점에서 공통점을 가진다. 외적인 부르심을 통해 사죄와 구원에 관한 약속이 제시되고, 내적인 부르심을 통해 궁극적으로 구원에 이르는 효과가 나타난다.

중생-영적 변화

중생은 사람 속에 새 생명의 원소를 심고 영혼의 주관적인 성향을 변화시키는 하나님의 행동이라고 정의할 수 있다. 중생은 영적인 변화로 사람의 지·정·의 전체가 즉각적으로 변화되는 것이기에 비밀스러우면서도 인간의 머

리로는 이해할 수 없다. 그리고 하나님이 주권적으로, 말씀을 통해, 성령의 역사하심으로 이루어지는 초자연적인 것이기 때문에 반드시 효과를 일으킨다. 그러므로 중생은 도저히 항거할 수 없는 불가항력적인 은혜다.

그렇다면 이런 중생이 왜 필요한가?

사람은 자연적인 상태로 있을 때 전적으로 부패한 상태며, 거룩하신 하나님과 교제하기 위해서는 근본적인 내적 변화가 필요하다(요한복음 3:3). 또 영적인 진리를 깨닫고(고린도전서 2:14), 궁극적으로 영광스러운 하늘나라에 들어가기 위해서는 중생이 절대적으로 필요하다(요한복음 3:5~7). 이런 변화가 가능하도록 하시는 분은 성령 하나님 한 분밖에는 없다(요한복음 1:13).

회심－하나님께로 돌이킴

성령에 의해 중생된 자는 죄에서 떠나 하나님께로 돌이키는 회심, 곧 회개와 믿음을 경험한다. 회심은 하나님의 초자연적인 재창조의 행동이며, 삶의 전 존재가 잠재의식으로부터 각성되는 것이다. 그러므로 회심은 단번에 하게 되고, 회심한 이후에는 옛사람을 벗고 새사람을 입으므로 죄를 떠나 거룩한 생활을 위하여 힘쓰는 일을 의식적으로 시작하게 된다.

성경에서는 회심이 단번에 돌연하게 일어나거나 점진적으로 일어나는 경우도 있다. 대표적으로 사울이 바울로 되는 경우가 돌연적 회심이다. 반면에 디모데와 같은 경우는 모태신앙으로 어린 시절부터 신앙 훈련을 잘 받으면서 점진적으로 회심한 실례를 잘 보여준다.

요한복음 3:3 예수께서 대답하여 이르시되 진실로 진실로 네게 이르노니 사람이 거듭나지 아니하면 하나님의 나라를 볼 수 없느니라
고린도전서 2:14 육에 속한 사람은 하나님의 성령의 일들을 받지 아니하나니 이는 그것들이 그에게는 어리석게 보임이요 또 그는 그것들을 알 수도 없나니 그러한 일은 영적으로 분별되기 때문이라
요한복음 3:5~7 예수께서 대답하시되 진실로 진실로 네게 이르노니 사람이 물과 성령으로 나지 아니하면 하나님의 나라에 들어갈 수 없느니라 육으로 난 것은 육이요 영으로 난 것은 영이니 내가 네게 거듭나야 하겠다 하는 말을 놀랍게 여기지 말라
요한복음 1:13 이는 혈통으로나 육정으로나 사람의 뜻으로 나지 아니하고 오직 하나님께로부터 난 자들이니라

회심은 죄인이 죄로부터 전환하는 회개와, 그리스도의 십자가로 자신의 방향을 바꾸는 신앙으로 구성된다. 따라서 전인격적인 변화, 즉 지성적으로는 죄에 대해서 충분히 인식하고(시편 51:3, 7, 11), 감성적으로는 죄로 인해 근심하고 슬퍼하며(시편 51:1, 2, 10, 14), 죄에 대해서는 의도적으로 피하는 의지적 요소(시편 51:5, 7, 10)가 반드시 있어야 한다. 참된 회개가 없이는 참된 신앙도 없기 때문이다.

로마가톨릭교회는 이런 회개를 거룩한 예식의 하나로 분류하면서 고해성사*를 신부에게 한다. 그러나 이러한 고해성사는 용서의 주체가 하나님이 아닌 인간 신부가 됨으로 신부의 권위를 강화하기에 성경적인 회개는 결코 아니다. 이런 의미에서 참된 회개와 신앙을 요구하는 성경적 회심은 하나님만이 일으킬 수 있고, 사람이 자신의 죄를 자백하는 행위는 사람 속에 이미 계시는 하나님께서 일하신 결과로 볼 수 있다. 진정한 의미에서의 회심은 하나님의 역사를 통해 나오며, 궁극적으로 그 삶의 변화를 통해 회개에 합당한 열매를 맺음으로 확인된다. 이런 회심이 있

시편 51:3 무릇 나는 내 죄과를 아오니 내 죄가 항상 내 앞에 있나이다
시편 51:7 우슬초로 나를 정결하게 하소서 내가 정하리이다 나의 죄를 씻어 주소서 내가 눈보다 희리이다
시편 51:11 나를 주 앞에서 쫓아내지 마시며 주의 성령을 내게서 거두지 마소서
시편 51:1 하나님이여 주의 인자를 따라 내게 은혜를 베푸시며 주의 많은 긍휼을 따라 내 죄악을 지워 주소서
시편 51:2 나의 죄악을 말갛게 씻으시며 나의 죄를 깨끗이 제하소서
시편 51:10 하나님이여 내 속에 정한 마음을 창조하시고 내 안에 정직한 영을 새롭게 하소서
시편 51:14 하나님이여 나의 구원의 하나님이여 피 흘린 죄에서 나를 건지소서 내 혀가 주의 의를 높이 노래하리이다
시편 51:5 내가 죄악 중에서 출생하였음이여 어머니가 죄 중에서 나를 잉태하였나이다
시편 51:7 우슬초로 나를 정결하게 하소서 내가 정하리이다 나의 죄를 씻어 주소서 내가 눈보다 희리이다
시편 51:10 하나님이여 내 속에 정한 마음을 창조하시고 내 안에 정직한 영을 새롭게 하소서

고해성사 告解聖事 sacrament of penance

가톨릭 신자가 알게 모르게 범한 죄를 성찰·통회·고백·보속 등의 절차를 통하여 죄를 용서받는 성사. 성찰이란 고해성사를 받으려고 할 때 먼저 자신이 하나님의 사랑을 거슬러 지은 죄를 자세히 생각해낸다. 통회에서는 하나님 앞에 죄를 지은 자로서의 나약한 자신을 인식하고 자기 죄를 진심으로 뉘우치며 가슴 아파한다. 고백에서는 하나님의 대리자인 사제에게 자기의 마음을 열어 죄를 고한다. 마지막 보속은 죄를 보상하는 마음으로 기도, 사랑의 실천, 생활의 개선 등에 힘쓴다. 죄를 짓는다는 것은 하나님과 화평 관계에서의 일탈을 의미하는데, 고해성사를 통해 이 화평 관계가 회복된다. 하지만 기독교적 관점에서는 단지 신부의 권위를 강화한 것일 뿐, 진정한 회개는 결코 아니다.

을 때 사죄의 은혜가 임하게 되고 구원을 받을 수 있게 된다. 어떤 경우 진정으로 회심한 사람도 잠시 동안 죄에 빠졌다가 하나님께로 돌이킬 수 있는데, 이것은 '반복적 회심'으로 단번에 이루어지는 회심이 아니다. 왜냐하면 구원의 순서에서 말하는 회심은 반복되지 않기 때문이다.

신앙─그리스도를 받아들이고 신뢰함

신앙은 죄와 죄의 결과로부터 구원을 받기 위해 그리스도를 받아들이는 영혼의 운동으로서 하나님의 약속을 전적으로 진실하게 신뢰하는 것을 의미한다. 사실 신앙에는 도덕적 유익만 인정하는 신앙, 지적 유익만 추구하는 신앙, 감정의 유익만 추구하는 신앙도 있다. 어떤 경우는 이적만 바라는 신앙도 있다. 이런 형태의 신앙은 기독교에서 이야기하는 구원의 신앙이 아니다.

구원에 이르는 진정한 신앙은 선택되고 부름을 받아 중생한 죄인 안에서 이루어지는 하나님의 사역이다. 그래서 인간의 지성, 감정, 의지 모두가 그리스도께서 이루신 일을 의지하면서 하나님의 계시인 성경에 근거하여 삼위일체 하나님과 그리스도를 믿고 기독교 교리들을 하나님의 증언으로 신실하게 받아들인다. 다시 말해 신앙은 성부 하나님이 주시는 선물이며, 하나님의 말씀에 대한 성령의 조명에 의해 조성되는 특징을 가진다.

이런 관점에서 진정한 신앙인은 사람이 부패한 것과 그리스도께서 십자가에서 죽으심으로 구속이 이루어진 것을 지적으로 받아들인다. 또한 감정적으로 하나님의 은혜가 반드시 필요함을 깊이 찬성하며, 의지적으로 그리스도를 신뢰하면서 전적으로 그리스도에게 자신의 영혼을 드리고자 하는 열망을 가진다.

칭의―죄인에서 의인으로의 선언

칭의는 '예수 그리스도께서 완성하신 의를 기초로 죄인에 대한 율법의 모든 주장이 만족된 것을 선언하시는 하나님의 재판적 행위'라고 정의할 수 있다. 즉 죄인이 의인이 되었다는 선언이 칭의인데, 이 선언은 그리스도께서 이루신 의로움을 아무 대가 없이 하나님께서 택하신 자에게 사랑으로 주신(로마서 3:23~24). 따라서 하나님은 그리스도의 의로움에 기초하여 죄인인 우리에게 법정적으로 의인임을 선언하셨고, 그 결과 죄의 용서와 하나님의 사랑이 회복되었다(로마서 5:1).

칭의가 갖는 중요한 특성은 즉각적이고 완전히 최종적인 성격을 갖기 때문에 반복되지 않는다는 점이다. 그러므로 이 세상이 아닌 하나님의 법정에서 성자 예수 그리스도의 공로를 근거로 성부 하나님께서 죄인을 향해 의롭다고 하는 선언은 즉각적으로 죄책을 제거한다. 이로 인해 죄인의 신분이 하나님의 자녀로 변화하여 하나님이 부여하시는 풍요로운 모든 것을 누릴 수 있는 자격을 얻게 된다. 동시에 죄의 더러움이 제거되어 깨끗해지며, 죄인이 하나님의 형상을 점점 닮아가게 된다.

이러한 칭의는 영원 전부터 하나님의 계획 속에 있었지만 궁극적으로 이루어지는 때는 죄인이 신앙으로 그리스도를 받아들이는 때에 일어난다. 칭의는 사람이 행하는 선행이 아니라 전적으로 하나님이 베푸시는 은혜로 말미암

로마서 3:23~24 모든 사람이 죄를 범하였으매 하나님의 영광에 이르지 못하더니 그리스도 예수 안에 있는 속량으로 말미암아 하나님의 은혜로 값 없이 의롭다 하심을 얻은 자 되었느니라
로마서 5:1 그러므로 우리가 믿음으로 의롭다 하심을 받았으니 우리 주 예수 그리스도로 말미암아 하나님과 화평을 누리자

아 되는 것이다(로마서 3:24). 그리스도가 가진 의로움이 그와 신비적 연합을 하는 죄인들에게 이어져서 의롭다고 인정되고, 최종 심판의 때에 칭의 받은 자들에게는 그 혜택이 충분히 주어지게 된다.

로마서 3:24 그리스도 예수 안에 있는 속량으로 말미암아 하나님의 은혜로 값 없이 의롭다 하심을 얻은 자 되었느니라

양자됨─하나님의 자녀가 되었다

하나님이 '죄인을 세상적 자연인에서 하나님의 가족으로 받아들이시는 행위'가 바로 양자(養子)됨이며, 양자됨이야말로 하나님이 베푸시는 은혜의 정점이다. '수양(收養)'이라고 일컬어지는 양자됨은 법정적(法定的)으로 이루어진다는 점에서 칭의의 한 부분이며, 중생을 통해 하나님의 자녀가 되는 권리를 보장받을 수 있다는 점에서 중생은 양자됨의 선결 조건이다. 뒤에 살펴보겠지만 양자됨은 죄인을 하나님의 합법적인 자녀로 만드는 것이고, 성화는 죄인을 선한 자녀로 만드는 것이라 할 수 있다.

하나님의 자녀가 되면 모든 염려와 공포로부터 해방되는 자유를 얻게 되며 더 이상 죄가 있다는 선언을 받을 필요 없이 그리스도가 받은 모든 혜택을 물려받는 영광을 얻게 된다. 따라서 하나님을 섬길 은사와 재능을 부여받고, 성도들 외에 궁극적으로 장차 그리스도와의 끊임없는 교통을 누리는 지고의 복을 누리게 되는 것이다.

성화─하나님을 닮아감

성화는 '성령께서 의롭다고 칭한 죄인을 죄의 오염으로부터 건지셔서 모든 성품이 하나님의 형상을 닮도록 하시는 사역'이라고 정의할 수 있다(로마서 8:14). 거룩하신 하

로마서 8:14 무릇 하나님의 영으로 인도함을 받는 사람은 곧 하나님의 아들이라

나님을 죄인이 닮을 수 있다는 것은 전적으로 하나님의 초자연적인 사역 덕분이다. 그러나 한편으로 신자들의 의식적인 순종이 따라야 한다는 특징을 동시에 가지는 것이 성화다. 궁극적으로 성화는 영적인 성장이지만 옛사람이 없어지고 새사람이 되며 내면과 외적인 생활이 바뀌는 현실적인 창조 과정을 거치게 된다. 성화는 긴 과정을 거치게 되며 이 세상에서 완성되는 것이 아니라 일생동안 계속되다가 내세 즉 영혼이 죽을 때, 그리고 육체가 부활할 때 완성된다.

성화 교리와 관련해서 주의할 것은 거룩해진다고 해서 단순히 도덕적이고 윤리적이라는 것을 의미하지 않는다는 점이다. 성화는 하나님과의 관계가 더욱 깊어지면서 궁극적으로는 하나님의 성품을 닮아가고 그의 형상을 회복하는 것을 의미한다. 그래서 성화는 철저히 성령의 사역이다(에베소서 1:18~20). 하나님이 거룩하시기 때문에 그의 부르심을 받은 백성들은 거절할 수 없이 성화의 삶을 살아야 하는 필연성을 가지게 된다. 신자라고 하면서 그 안에 죄를 품고 있다면 거룩하신 하나님과 함께 할 수 없기 때문이다. 하나님의 백성들은 의와 거룩의 종으로 바쳐진 존재(로마서 6:19)이기 때문에 원칙적으로 성화의 삶을 살 수밖에 없으며, 성령에 의해서 계속 성화되는 삶을 살아가게 된다.

구체적으로 신자들이 성화의 삶을 산다는 것은 우선적으로 성령에 의지하는 것을 의미한다. 또한 하나님의 말씀을 깨달아 실천하고, 교회에서 행하는 성례를 성실하게 받아들이며 끊임없는 기도와 묵상에 힘쓸 때 성화는 지속적

에베소서 1:18~20 너희 마음의 눈을 밝히사 그의 부르심의 소망이 무엇이며 성도 안에서 그 기업의 영광의 풍성함이 무엇이며 그의 힘의 위력으로 역사하심을 따라 믿는 우리에게 베푸신 능력의 지극히 크심이 어떠한 것을 너희로 알게 하시기를 구하노라 그의 능력이 그리스도 안에서 역사하사 죽은 자들 가운데서 다시 살리시고 하늘에서 자기의 오른편에 앉히사
로마서 6:19 너희 육신이 연약하므로 내가 사람의 예대로 말하노니 전에 너희가 너희 지체를 부정과 불법에 내주어 불법에 이른 것 같이 이제는 너희 지체를 의에게 종으로 내주어 거룩함에 이르라

으로 이루어지게 된다.

　성화 교리와 관련하여 한 가지 경계해야 할 것은 그리스도인들이 이 세상에서 율법의 요구를 잘 따르고 실천하면 죄에서 완전히 해방되어 자유인이 될 수 있다는 완전론이다. 완전론을 주장하는 자들은 "하나님께로 난 자는 범죄치 않는다"(요한복음 3:6, 8~9)는 말씀을 증거로 제시한다. 그러나 한편으로 성경은 범죄하지 않는 사람이 아무도 없다고 하며(요한일서 1:8), 우리의 경험으로도 완전에 이를 수 없다는 것은 분명한 일이다. 앞서 밝혔듯이 완전한 성화에 이르는 시기는, 영혼은 그리스도인들이 죽을 때에 이루고, 육체는 부활할 때 이루는 것임을 알 수 있다.

　그렇다면 '어차피 이 세상에서 완전에 도달할 수 없다면 평소에 선을 행할 필요가 있는가, 적당히 살다가 완전한 성화를 이룰 때인 죽을 때쯤 선을 행하면 될 것 아닌가?'라는 잘못된 생각을 품기 쉽다. 그러나 성경은 중생한 자들이 그 결과로서 선을 행할 수밖에 없고, 모든 선행은 하나님의 영광이라는 목적을 이루기 위해 실행되어야 한다고 밝힌다. 구원의 은혜를 입은 신자는 자신의 의지가 아니라 전 생활이 하나님의 영광을 위해 살아가야 할 의무가 있는 존재이기 때문에 최선을 다해 하나님이 주시는 능력으로 선을 행할 수밖에 없다.

　성화 교리를 생각하다 보면 선행과 천국에서의 상급이 어떠한 관계를 가지는지에 대한 문제가 대두될 수 있다. 우선 성경은 신앙의 확신을 가진 존재들은 구원의 감격으로 선을 행하고, 율법에 자발적으로 순종하여 더욱 거룩해진다고 말한다. 구원받은 모든 그리스도인들에게 영생의

요한복음 3:6 육으로 난 것은 육이요 영으로 난 것은 영이니
요한복음 3:8~9 바람이 임의로 불매 네가 그 소리는 들어도 어디서 와서 어디로 가는지 알지 못하나니 성령으로 난 사람도 다 그러하니라 니고데모가 대답하여 이르되 어찌 그러한 일이 있을 수 있나이까
요한일서 1:8 만일 우리가 죄가 없다고 말하면 스스로 속이고 또 진리가 우리 속에 있지 아니할 것이요

복이 주어지는 것을 언급하지만 동시에 거룩한 삶에 대한 열정을 품고 낙심하지 않고 열심히 선을 행한 만큼 그에 맞는 상급이 주어진다고 밝히고 있다. 하지만 그 상은 죄인이 구원을 얻기 위한 조건적인 공로가 아니라 하나님으로부터 받은 은혜를 표현하는 것임을 알 수 있다. 이런 의미에서 참으로 중생한 자는 더욱 선하게 살기 위해 애쓸 수밖에 없는 것이다.

견인─끝까지 붙잡으시는 은혜

견인은 '하나님이 택하신 그의 자녀들을 기어이 구원하시는 하나님의 사역'이다. 예수 그리스도는 "아무도 저희를 나와 아버지 손에서 빼앗을 수 없다"(요한복음 10:27~29)고 선언하신다. 뿐만 아니라 데살로니가후서 3장 3절은 "주는 미쁘사 너희를 굳건하게 하시고 악한 자에게서 지키시리라"고 확증해 주고 있다. 결국 실수가 없으신 하나님의 선택이 불변하다는 것을 알게 된다면 택함 받은 자들의 구원은 확실하다고 말할 수 있다. 완벽한 공로자이신 그리스도의 공로를 통해서 그와 연합된 자들은 효과적인 성령 사역의 동참자가 되는 것이다. 성령님은 하나님의 자녀로 하여금 결코 하나님의 말씀에서 떠나지 않도록 역사하신다. 그래서 모든 하나님의 백성들이 이 땅에서 구원의 확신을 가질 수 있는 것이다.

'하나님이 끝까지 지키신다'는 견인 교리에 대해서 어떤 학자들은 사람들을 신앙에 대한 게으름과 부도덕함으로 이끌 수 있다고 비판하기도 한다. 하지만 오히려 전체적인 맥락에서 견인 교리는 그리스도인들로 하여금 더욱 감사

요한복음 10:27~29 내 양은 내 음성을 들으며 나는 그들을 알며 그들은 나를 따르느니라 내가 그들에게 영생을 주노니 영원히 멸망하지 아니할 것이요 또 그들을 내 손에서 빼앗을 자가 없느니라 그들을 주신 내 아버지는 만물보다 크시매 아무도 아버지 손에서 빼앗을 수 없느니라

함으로 신앙생활을 하도록 촉진시키는 교리로 보는 것이
타당하다.

영화─구원의 최종 완성

영화는 '하나님의 자녀들이 영혼과 함께 죄와 사망의 세
력으로부터 완전히 해방되는, 그리스도의 재림의 때에 이
루어지는 구원의 최종 완성'(로마서 8:30)을 말한다. 궁극적
으로 영화가 이루어지는 시기는 두 시기로 구분된다. 하
나는 사람이 죽을 때로서 이때는 영혼이 완전 성화됨으로
이루어지고, 다른 하나는 육체가 부활할 때로 구원의 최종
완성을 볼 때 이루어진다. 그러므로 개인마다 죽는 시기가
각각 다르기 때문에 영혼의 영화는 그 때가 다르며, 육체
의 영화인 부활의 시기는 구원의 완성으로서 모든 사람에
게 동일하기 때문에 그리스도인들이 동시에 경험하게 될
것이다.

로마서 8:30 또 미리 정하신 그들
을 또한 부르시고 부르신 그들을
또한 의롭다 하시고 의롭다 하신
그들을 또한 영화롭게 하셨느니라

7장

교회란
무엇인가?

'교회란 무엇인가?' 이 물음은 오늘날 단순히 이론에만 그치는 질문이 아니다. 교회사는 교회의 자기 이해가 교회의 방향과 행동을 결정짓고 급기야는 세계에 커다란 영향을 끼치게 된다는 사실을 우리에게 증거한다. 한스 큉(Hans Küng)은 "세계의 문제들은 교회의 문제들에 의해 좌우된다는 사실을 스스로 인식한다"고 고백한다. 특별히 21세기에 들어서면서 지나간 어느 세기보다도 교회론에 대한 관심도가 현저하게 증가된 것은 아무도 부인하지 못할 사실이다. 그러므로 현대는 교회사적으로 볼 때 '교회론의 시대'라 지칭해도 과언이 아니다. 과거에는 교회론이 신학에서도 주요 관심사 밖에 위치했으나 금세기에 이르러 교회론에 대한 관심이 폭증했다. 그 이유는 무엇인가?

무엇보다 세계적 추세인 교회연합운동이 교회연합의 근거와 새로운 교회의 구조를 모색하기 위해 교회론에 관심을 기울이도록 이끌었다. 다른 한편 교회의 순수성 유지를 위해 교회론 연구에 진력하였다. 또 2차 세계대전 이래 세계가 직면한 정치, 경제, 인종적 제반 문제는 교회가 사회 문제들에 어떻게 응답해야 하는가를 고민하게 만드는 근거가 되었다. 즉, 교회는 단순히 자기 혁신이나 개선의 요청 이상으로 교회의 본질적 개념과 사명 및 존재 의의의 재발견을 요청 받게 되었던 것이다.

이런 상황 속에서 현대 교회는 "교회가 무엇을 해야 하느냐?" 하는 기능(functile)이나 "교회가 무엇이냐?" 하는 본질(wesen) 문제에만 가두어지기도 하는 양상을 보였다. 그러나 개혁주의 교회는 교회의 본질과 기능 둘 다 필수 불가결한 요소로 이해한다. 즉 "교회가 무엇이며, 동시에 무엇을 해야 하느냐?"에 대한 문제를 선택이 아닌 상호보완과 균형의 문제로 보는 것이다. 그러므로 역사가 증명하듯 교회가 세상과 불가분리의 관계에 놓여 있는 이상 참된 교회의 모습을 이해하고 그것을 구체적으로 이 땅에 세워나가는 작업은 너무나 중요하다.

교회에 대한 이해는
어떻게 변화되었나?

구약시대의 교회에 대한 이해

교회의 시작은 구약성경에서부터 찾아볼 수 있다. 정말 구약성경 속에도 교회의 모습이 나타날까? 신학자 가운데는 교회가 오순절 이전에도 존재했다고 보는 주장과 오순절 이후에 비로소 설립되었다고 보는 주장이 존재한다. 교회가 오순절 이후에 설립되었다고 주장하는 학자들은 구약성경에서 교회의 본질을 논하는 것은 타당하지 못하다고 주장한다. 하지만 거의 모든 학자들은 교회의 기원이 인간이 아닌 하나님의 의도에 있다는 사실에 대해서는 일치된 의견을 보인다.

사실상 교회는 시초부터 시작되었다. 구약의 성도들도 그리스도의 몸에 속하여 신약의 교회와 함께 하나님의 하나 된 백성으로 형성되었고, 그들 전체를 위하여 하나의 언약과 구원이 존재한다고 볼 수 있기 때문이다. 이처럼 하나님의 하나 된 백성이라는 의미에서 박형룡 박사는 "에베소 서신에서는 천상이나 지상에서나 자기들의 구주로서 그리스도와 영적으로 연합되었거나 신실한 자들의

단체를 의미하기도 한다"고 밝힌다. 또한 구약성경과 신약
성경의 유기적 통일성을 기본적으로 긍정할 때 교회가 오
순절 이후에 최초로 설립되었다고 하거나 '내 교회를 반석
위에 세우겠다'고 하는 예수 그리스도의 말씀 이후에 즉시
설립되었다고 보기는 어렵다. 오히려 교회는 이미 구약시
대에 시작되었다고 보는 것이 타당하다. 실제로 창세기 4
장 26절에 대한 개역개정판 성경과 공동번역성서*의 기
록은 예배에 대한 사실적 기초를 다음과 같이 보여준다.

> … 그 때에 사람들이 비로소 여호와의 이름을 불렀더라
>
> (개역개정판)
>
> … 그 때 에노스가 비로소 야훼의 이름을 불러 예배하였다.
>
> (공동번역)

　　원어의 번역을 통해서 알 수 있듯이 창세기 4장 26절의
"비로소 여호와의 이름을 불렀다"는 구절을 확대해서 이
해해 볼 때 '비로소 공적 예배가 시작되었다'는 의미로도
볼 수 있다. 이런 의미에서 교회의 시작을 단정적으로 오
순절* 이후라고 하거나 세대주의자들의 견해처럼 돌발적
으로 생겼다고 보기는 어렵다. 계시 혹은 역사적 측면에서

공동번역성서 共同飜譯聖書 Common Translation Bible

한국의 성서공동번역위원회가 1977년 부활절을 기해 간행한 신구교 공동
의 한글판 성경. 1962~1965년의 2차 바티칸 공의회 이후 신구 교회의 재일
치 움직임에 따라 세계성서공회연합회와 로마교황청 성서위원회가 성서 공
동번역사업에 합의하면서 시작되었다. 이런 세계적 추세에 따라 한국에서도
1968년 공동번역위원회가 구성되고, 1971년 신약성서를 우선 출간하였으
며, 이것을 개정하여 구약성서와 합쳐서 발간된 것이 공동번역성서다.

볼 때 교회는 구약시대에 설립되고 시작된 것이라고 보는 것이 타당하다.

구약 성경에는 교회를 지칭하는 두 가지 명칭이 있다. 첫째는 카할(kahal)인데, 개역 성경에서는 대부분 '회중'이라는 말로 번역되었다. 이 말은 칼(kal-)이라는 어근에서 나온 말이며, '부르다(to call)'라는 뜻을 가지고 있다. 이 카할은 '회중'이라는 말 이외에 '집회'(창세기 49:6, 71; 시편 26:5)라는 말과 '이스라엘의 총회'(신명기 31:30), '여호와의 총회'(민수기 16:3; 20:4), '하나님의 회'(느헤미야 13:1)로 번역하고 있다. 이런 관점에서 카할은 집회(assembly), 모임(congregation), 교제(company) 또는 협의회(council)의 의미라고 규정할 수 있다.

둘째는 '에다(edhah)'로 '지정하다(to point out)' '명하다(to appoint)' '정의하다(to define)'라는 뜻의 '야아드(iyaad)'라는 동사형에서 온 말이다. 따라서 '에다'라는 명칭은 정확한 의미에서 '지정에 의한 모임(a gathering by appointment)'을 뜻한다. 이 말이 이스라엘에게 적용될 때는 가시적인 회집의 유무(有無)에 관계없이 이스라엘의 자녀들 혹은 국민의 대표자들로 형성된 사회를 가리킨다.

교회에 대한 이 두 가지 명칭은 구약성경 속에서 거의 아무런 구별 없이 상호교차적으로 사용된다. 앞서 살펴본

창세기 49:6 내 혼아 그들의 모의에 상관하지 말지어다 내 영광아 그들의 집회에 참여하지 말지어다 그들이 그들의 분노대로 사람을 죽이고 그들의 혈기대로 소의 발목 힘줄을 끊었음이로다

시편 26:5 내가 행악자의 회중을 미워하오니 악한 자와 같이 앉지 아니하리이다

신명기 31:30 그리고 모세가 이스라엘 총회에 이 노래의 말씀을 끝까지 읽어 들리니라

민수기 16:3 그들이 모여서 모세와 아론을 거슬러 그들에게 이르되 너희가 분수에 지나도다 회중이 다 각각 거룩하고 여호와께서도 그들 중에 계시거늘 너희가 어찌하여 여호와의 총회 위에 스스로 높이느냐

민수기 20:4 너희가 어찌하여 여호와의 회중을 이 광야로 인도하여 우리와 우리 짐승이 다 여기서 죽게 하느냐

느헤미야 13:1 그 날 모세의 책을 낭독하여 백성에게 들렸는데 그 책에 기록하기를 암몬 사람과 모압 사람은 영원히 하나님의 총회에 들어오지 못하리니

오순절 Whitsuntide

성령강림절이라고도 한다. 부활절 후 50일 되는 날, 즉 제7주일인 오순절(五旬節) 날에 성령이 강림한 일을 기념하는 절기다. 부활절이나 크리스마스처럼 성대하게 행사를 하지는 않는데, 오순절파에서는 비교적 성대하게 지낸다. 기독교는 이날을 교회의 탄생일로 여겨 그 어느 때보다도 성령의 은사를 받기 위한 집회나 기도에 힘쓰기도 한다.

대로 두 명칭이 처음에는 전혀 동의어가 아니었지만, 성경은 '이스라엘의 에다'와 '야훼의 에다, 카할'로 표현한다. 그러므로 두 명칭의 근원적인 의미는 하나님에 의해 지명 받은, 또는 부름 받은 민족을 가리키는 것이라 할 수 있다. 한편 '카할'은 엄밀한 의미에서 '백성들의 실제적인 회집'을 지시하므로 출애굽기 12장 6절, 민수기 14장 5절, 예레미야 26장 17절 등의 성경을 보면 '카할 에다'라는 표현을 확인할 수 있다. 즉, 이 두 명칭이 동시에 사용되므로 '함께 부름을 받아 모인 회중'을 뜻하는 것이었고, 또한 모인 회중들의 집회는 국민 대표자들의 집회를 나타내는 것이기도 했다.

출애굽기 12:6 네 형제와 아버지의 집이라도 너를 속이며 네 뒤에서 크게 외치나니 그들이 네게 좋은 말을 할지라도 너는 믿지 말지니라
민수기 14:5 모세와 아론이 이스라엘 자손의 온 회중 앞에서 엎드린지라
예레미야 26:17 그러자 그 지방의 장로 중 몇 사람이 일어나 백성의 온 회중에게 말하여 이르기를

마소라 본문(Massora Text)*에서 70인경(LXX)*으로

마소라 본문 Massora Text

구약성경의 올바른 히브리어 본문을 전하기 위한 주해(註解) 체계. 히브리어의 전통, 즉 '말을 전한다'라는 뜻의 신히브리어인 마사르(masar)에서 온 말이다. 7~10세기 바빌로니아와 팔레스티나의 유대인 학원에서 체계적으로 전개되었는데, 전승(傳承)은 그보다 훨씬 옛날로 거슬러 올라간다. 원초(原初)의 히브리어 본문은 자음만 표기했기 때문에, 거기에 모음을 맞추어 바르게 해독하는 것이 최초의 작업이었다. 이 모음화 작업은 1~2세기에 형태가 갖추어졌고, 8세기경에 위 두 중심지에서 각각 일정한 모음 악센트 표기체계가 확립되었다. 그리고 완성된 성경 본문을 '마소라 본문'이라고 불렀다.

70인경 Septuaginta

70인역 성경이라고 하며, 현재 전하는 가장 오래된 그리스어 구약성경이다. 72명의 학자가 이 번역 사업에 종사했다는 전설에 따라 붙여진 이름이며, 본래는 히브리어 원전의 율법 부분을 가리키는데, 초대교회에서는 여기에다 예언서와 선지서의 번역까지 포함시켜서 약기호로 'LXX'라 불렀다. 유대인들의 요구에 따라 처음에는 BC 3세기 중엽에 모세오경이 번역되었고, 그 뒤 약 100년 사이에 현재의 정경이 거의 번역되어 나왔다. 성경 연구에는 물론 언어학상으로도 중요한 자료인데, 신약성경의 문체와 사상을 연구하는 데 특히 귀중한 자료다.

이 두 가지 명칭이 번역될 때 '카할'은 모세오경 속에서는 '쉬나고게(συναγωγη)'로, 구약성경의 뒷부분에 와서는 일반적으로 '에클레시아(εκκλησια)'로 번역되었다. 그리고 '에다'는 통상적으로 '쉬나고게'로 번역되었다.

성경의 역사는 구속사적 흐름이며, 그리스도의 통치를 통해 이루어지는 자연의 모든 질서 회복과 모든 고통과 두려움 그리고 어두움에서의 회복을 보여준다. 따라서 그리스도는 새 창조에 의하여 만물의 잃어버린 것들을 회복시켜 줌으로써 하늘에 있는 것과 땅에 있는 것의 거대한 완성점을 이루신다. 이러한 맥락에서 구약성경에 나타나는 많은 사건들은 구속사적 시각으로 볼 때 예수 그리스도를 통한 구원과 원초적인 교회의 모습을 보여준다. 때문에 바울이 사용한 에클레시아의 근원은 '하나님의 백성'이라는 의미로 사용된 구약성경에서 인출된 개념이다. 신약성경의 에클레시아는 하나님 백성의 자격을 계속 유지하는 것이라고 할 수 있다.

그렇다면 구속사적 흐름에서 나타나는 교회의 모습을 통해 알 수 있는 교회의 본질은 무엇인가?

구약의 교회 모습은 이미 인간이 하나님의 명령에 불복종한 사실에서부터 그 흔적을 찾을 수 있다. 창세기 3장의 불순종으로 말미암아 초래된 두려움, 고통, 도망함, 죽음(창세기 3:8~18)의 문제는 예수 그리스도를 통한 회복이라는 원시복음을 말하게 되고, 이것은 궁극적으로 신약시대에 완성될 교회를 바라볼 수 있도록 원시교회를 보여준다.

원시교회를 출발점으로 홍수 이후 셈과 함과 야벳이 분리된다. 이는 어떤 의미에서 하나님 자신이 이스라엘을 모든 민족들 가운데 선택하여 자신의 백성으로 거룩하게 구별하여 모으신다는 것을 증거하는 사건이라 할 수 있다. 아브라함시대에 와서는 아브라함을 따로 불러내 할례제도를 통하여 거룩하게 구별하고 그와 언약을 맺으셨다. 아브라함과 맺은 언약 사건은 출애굽한 이스라엘 백성에게로 이어져 시내산에서 국가적 계약으로 승계된다. 이제는 국가와 교회가 일치하는 상황에 이르렀고, 국가교회시대라고 불릴 수 있는 모습으로 원시교회가 발전한 것이다. 따라서 국가와 하나님 나라가 일치하게 되면서 그 속에는 하나의 신적인 법만 존재하게 되었고, 국민으로서의 이스라엘은 비로소 '카할 야훼(여호와의 회중)'와 '에다 야훼(여호와의 회집)'로 불리게 된 것이다.

국가교회시대를 거쳐 바벨론 포로시대 이후에는 디아스포라(diaspora)를 중심으로 회당에서 제사장과 제물도 없이 율법을 전승하는 것이 예배의 중심이 되었다. 율법의 교훈이 중심이 되고 말씀과 기도로 이루어진 예배가 나타난 것이다. 결국 하나님의 섭리 아래 성전 중심의 의식종교가 말씀과 기도 중심의 은혜종교로 점점 바뀌게 되었고, 구속사적인 연결성 속에서 그리스도 중심의 기독교 예배의 준비가 이루어졌다.

이처럼 구약의 교회는 철저히 하나님의 주권적인 계획과 부르심에 근거한 계약 백성의 본질을 가지고 있다. 때문에 주권자이신 하나님과 멀어질 때는 심판을 받고, 하나님께 바로 섰을 때는 복에 대한 신실한 약속과 고통 중의 위로가 주어졌다. 하지만 옛 계약을 중심한 모임이 자칫 편협한 국가주의를 강조하거나 현세적이고 물질적인 복에만 관심을 가진다는 오해를 불러일으키기도 한다.

이런 면에도 불구하고 구약의 교회는 본질적으로 하나님의 백성이라는 의미를 갖는다. 때문에 아브라함이 받은 복이 혈족인 이스라엘에게만 전해지지 않고 모든 백성들이 여호와의 종인 중보자에게 참여함으로써 이 복이 선택된 열방 민족에게까지 열려 있음을 인식시켜 준다. 따라서 교회는 이스라엘이라는 혈족의 개념을 넘어 열방의 모든 족속이라는 보편주의 개념을 견지하게 된다.

신약시대의 교회에 대한 이해

신약성경 속에서 교회의 명칭은 '에클레시아'라는 말로 표현된다. 이 말은 신약성경에 모두 112번이나 나타나는데, 그 중 약 70퍼센트가 바울서신과 사도행전, 그리고 요한계시록에서 발견된다. 그러나 신약성경에서 이 용어는 단순히 교회만을 지칭하지는 않는다. 사도행전 19장 32절에서 "무리가 일어났다"라는 기록이 있는데, 여기서 '무리'라는 말에 해당되는 명사가 '에클레시아'다. 문맥상 이 무리가 종교적 색채를 지닌 무리라고 할 수 없다. 또 사도행전 19장 39절의 '민회'라는 명사에 해당되는 헬라어 원문도 '에클레시아'며, 교회를 지칭하는 말로 쓰인 것이 아니다. 따라서 에클레시아라는 명칭은 일상적인 용어로서 신약시대 이전에 널리 사용됐고, 유대인과 헬라인을 막론하고 두루 사용된 용어임을 알 수 있다. 에클레시아란 단어 자체는 중립적이며 특징이 없고 신학적 의미를 가지지 않는다.

신약성경에서 사용되는 에클레시아라는 단어의 유래와

사도행전 19:32 사람들이 외쳐 어떤 이는 이런 말을, 어떤 이는 저런 말을 하니 모인 무리가 분란하여 태반이나 어찌하여 모였는지 알지 못하더라

사도행전 19:39 만일 그 외에 무엇을 원하면 정식으로 민회에서 결정할지라

의미에 대해서는 아직까지도 학자들 사이에 격렬한 논쟁으로 남아 있다. 콘첼만(Hans Conzelmann)은 "에클레시아라는 용어가 70인경에서 교회로 나타난다는 점과 또 시내산에서 하나님 백성과 신약 교회가 연관성을 보인다는 점에서는 폭넓은 견해의 일치를 보이고 있다"고 밝혔다. 그래서 카를 홀(Karl Holl)은 "에클레시아는 원래 초대교회의 자칭호(自稱號)였고, 초대교회는 이것을 영광스러운 이름으로 유대인 회당(쉬나고게)과 대립하여 사용함으로써 교회를 참 이스라엘, 즉 참된 하나님의 공동체로 자각했다"고 주장했다.

그렇다면 '에클레시아'와 '쉬나고게'는 어떤 관계일까?

70인경에 나타나는 교회에 대한 명칭은 두 가지 모두에 해당되지만 쉬나고게는 지극히 드문 예를 제외하고는 대부분 유대인의 종교적 회집이나 유대인 회중으로 한정되어 사용된다. 따라서 쉬나고게는 어원학적 기원보다는 종교적·연상적 의미로 기독교 역사 가운데 발전된 것이며, 신약성경에서 에클레시아와의 연관성은 거의 발견되지 않는다. 이런 점에서 에클레시아는 쉬나고게라는 명칭과 달리 구별된 공동체로서 하나님의 교회, 그리스도의 교회 혹은 성도들의 교회라고 불려진다. 즉, 신구약성경을 통일되게 보는 맥락에서 에클레시아의 명칭은 새로운 하나님의 백성으로 이해될 수 있다.

신약성경의 문서들이 기록된 연대순을 따르면 '교회'라는 명칭은 사도 바울의 서신에서 최초로 나타난다. 바울은 AD 50년경 고린도 지방에서 편지를 쓰면서 '데살로니가인들의 교회에' 보낸다고 언급하고 있다. 교회에 관한 언급은 바울의 편지 이곳저곳에서 발견되는데, 그렇다고 '데살로니가인의 교회'가 시간 순으로 가장 먼저 설립되었다고 볼 순 없다. 그것은 이미 바울이 '하나님의 교회를 자신이 회심하기 이전에 핍박했다'고 고백하는 부분에서 예루살렘 교회를 회상하기 때문이다.

복음서에서 교회란 명칭은 "내가 이 반석 위에 내 교회를 세우리니"는 말씀(마태복음 16:18)과, 형제의 범죄에 대해 교회가 권면하고 인도해야 할 사명을 나타내는 말씀(마태복음 18:17) 두 곳에서만 나타난다. 신약성경에서 교회라는 단어가 사용되는 곳을 살펴보면 다음과 같은 경우인 것을 알 수 있다.

마태복음 18:17 만일 그들의 말도 듣지 않거든 교회에 말하고 교회의 말도 듣지 않거든 이방인과 세리와 같이 여기라

첫째, 어떤 특정한 지역에서 한 개인의 집에 모인 소수의 사람들에게 붙여진 것으로서 가정 교회를 가리킬 때 교회라는 단어가 사용되었다. 바울은 "네 집에 있는 교회에 편지하노니"(빌레몬서 1:2)와 "그 집에 있는 교회가"(고린도전서 16:19)라는 표현을 통해서 그리스도를 믿는 집들의 구성원을 교회라고 부르고 있다.

고린도전서 16:19 아시아의 교회들이 너희에게 문안하고 아굴라와 브리스가와 그 집에 있는 교회가 주 안에서 너희에게 간절히 문안하고

둘째, 그리스도를 믿는 어떤 회중들의 모임이나 회집 자체에 대해 교회라는 단어를 사용한다. 실제로 바울은 "온 교회와 이 일을 듣는 사람들이 다 크게 두려워하니라"(사도행전 5:11)와 "이방인의 모든 교회"(로마서 16:4) 등의 성경 구절을 통해 한 지역의 신자들과 모든 곳의 신자들을 통칭해서 교회라고 했는데, 이는 지역교회의 성격을 밝혀준다.

로마서 16:4 그들은 내 목숨을 위하여 자기들의 목까지도 내놓았나니 나뿐 아니라 이방인의 모든 교회도 그들에게 감사하느니라

셋째, 여러 지역을 묶어서 언급할 때 사용되는데 누가는 사도행전 9장 31절에서 "온 유대와 갈릴리와 사마리아

교회가 평안하여 든든히 서 가고"라고 밝히고 있다. 곧 한 지역만의 교회가 아니라 특정한 지역의 여러 회중을 묶은 교회를 말하는 것이다.

넷째, 보편적인 신앙을 가진 모든 사람에게 적용되는 보편적 유형교회를 의미한다. 골로새서 1장 18절의 "그는 몸인 교회의 머리시라 그가 근본이시요"라는 성경 구절을 통해서 두드러지게 나타난다.

다섯째, 실체를 확인할 수 있는 유형적인 회중의 모임만 아니라 제도성을 가진 교회 밖에 있는 그리스도의 백성들에 대해서도 교회라는 단어가 사용된다. 이른바 보편적 무형 교회로서 시간적 영역에서는 과거와 현재와 미래를 동시에 포함하고, 공간적 영역으로는 지상과 천상을 모두 포함한다.

이처럼 교회라는 단어가 사용되는 경우 외에도 에클레시아라는 뜻을 가진 성경 구절 속에서 교회라는 단어를 직접적으로 언급하지 않고 "주 안에 속한 사람들(the people who belong to the Lord)"이라는 표현을 많이 사용했다. 이로 보건대 신약성경이 나타내는 교회의 본질은 철저히 그리스도와 관련되어 있고, 구속사적으로는 하나님의 선택된 백성과 연관된 믿는 자들의 공동체(the community of believers)라고 할 수 있다. 믿는 자들의 공동체라는 개념은 공적으로 예수를 주로 고백하는 자들과 하나님 나라에서 그 백성들이 살아야 할 기준과 원리를 수납하는 공동체로 이해할 수 있다. 그리고 신약성경을 통해 이러한 회중 자체를 지칭해서 유형적이든 무형적이든 모두 교회(에클레시아)로 불렀다고 볼 수 있다.

초대교회부터 교부시대의 교회에 대한 이해

　신약성경의 다양한 자료를 통해 초대교회의 시작 시기를 산정해 보면 주전 1세기경 대 헤로데스(Herodes)＊가 죽기 직전인 예수 그리스도의 탄생 시기부터라고 할 수 있다. 이 시기는 '교회의 세기'라고 불리는 현세기보다 더욱 교회의 세기라고 할 수 있지만 체계적인 교회관을 가지고 있었던 시기는 아니었다. 초대교회 당시의 교회는 있는 그대로의 교회를 신앙하고 신앙한 그대로의 삶을 살았던 시기였으므로 오늘날처럼 '교회가 무엇이냐?'는 물음이 크게 대두된 적이 없었다. 따라서 세월이 지난 후 형성된 교리나 교의(dogma)처럼 객관적으로 정의된 개념은 아직 나타나지 않았고, 그런 이유에서 교회의 개념조차 명확하게 규정되지 못한 시기라고 할 수 있다.

　그러다가 예수 그리스도의 탄생 후 250년가량이 지났을 때 교회의 본질을 취급한 최초의 저작이 나타났다. 바로 주후 248~258년 사이에 카르타고에서 감독을 지낸 바 있는 키프리아누스(Cyprianus)＊의 『교회의 통일(On the

헤로데스 Herodes

유대의 왕(재위 BC 37~4). 친로마 정책과 전제정치로 유대 왕국을 크게 발전시켰고, 예루살렘 성전을 재건했다. 하스몬 왕조의 혈통을 근절하려고 자신의 아내와 아들마저도 죽였고, 그리스도의 탄생을 두려워해 베들레헴의 많은 유아를 살해하여 잔인한 사람으로 알려져 있다. 대왕으로 통칭된다.

키프리아누스 Thascius Caecilius Cyprianus

가톨릭교회의 성인. 카르타고 출생으로 웅변술의 스승으로 유명했으며, 246년 기독교로 개종하여 주교가 되었다. 로마 황제 발레리아누스의 박해로 순교했다. 신학의 여러 문제, 특히 교회론과 관련한 저작 『가톨릭교회의 통일』을 남겼고, 중세 및 근세에 아우구스티누스를 위시한 많은 신학자와 사상가에게 영향을 끼쳤다. 또 뛰어난 라틴어 문장가로 65통의 편지를 남겼다.

Union of the Church)』이라는 책이다. 이 책이 나오기 전 속사도(續使徒) 교부들이 보여주는 교회의 본질에 대한 개념을 시간적 순서에 따라 살펴보면 다음과 같다.

대부분 교부들은 '성도의 교통(communio sanctorum)'으로 교회의 본질을 이해했다. 로마의 클레멘스*는 "형제애와 선한 질서야말로 교회의 본질이다"라고 역설하면서 동시에 "교회는 성도들의 모임이요, 그리스도의 양떼이며, 하나님 자신의 소유"라는 정의로 교회의 유기적인 면을 강조했다. 이그나티우스* 역시 교회의 단합과 선한 질서에 관심을 두고 신약성경의 교회상을 받아들여 교회의 보

로마의 클레멘스 Clemens Romanus

클레멘스 1세이며, 4대 교황이자 속사도 교부다. 클레멘스가 95년경에 쓴 전체 65장으로 된 『클레멘스의 편지』는 신약성경 다음으로 오래된 초대교회 문헌으로서, 최초의 교부 문헌이다. 그는 여기서 분열 위기에 놓인 고린도교회의 화합을 촉구하고 있다. 이 서간을 통해 지역 교회가 주교에 의해 관리되던 이 시기부터 이미 로마의 주교가 각 지역 교회를 통솔하는 교황으로서의 역할을 하고 있었음을 엿볼 수 있다. 또 이 서간은 초기 교회의 교도권이 정착되어 가는 과정에서 얼마나 어려움이 있었는지를 말해 주고 있다. 사도 베드로의 폭넓은 선교 활동과 순교, 네로 황제의 잔인한 박해 상황 등에 대해서도 기록하고 있다.

이그나티우스 ignatius de Loyola

에스파냐의 수도사로 가톨릭 수도회인 예수회를 창립했다. 1540년 예수회의 초대 총장에 선출되어 회원을 양성하고 회헌(會憲)을 만들었다. 북에스파냐의 바스코 지방 로욜라 성주의 아들로 출생하여 처음에는 군인으로서 세속적인 생활을 하였는데, 팜플로나 전투에서 프랑스군과 싸우다가 중상을 입었다. 병상에서 『그리스도전』과 『성인전』을 읽고서 그리스도의 병사가 되려고 결심했다. 그는 만레사의 동굴에서 기도와 고행에 몰두하면서 내적 싸움과 신비적 조명을 경험하고 『영신수련(Exercitia spiritualia)』을 썼으며, 후에는 예루살렘을 순례했다. 훗날 그가 파리대학교에서 공부하였을 때 F. 사비에르, P. 파베르 등 6명을 알게 되었는데, 이것이 후에 '예수회'라는 수도회로 발전했다.

편성에 대한 바울의 견해와 동일한 입장을 표명했다. 실제로 이그나티우스는 '가톨릭교회(catholic church)'라는 말을 처음 사용한 사람이다.

이그나티우스 이후 교회론에 대한 하나의 표본을 제시한 책이 『헤르마스의 목자(*Shepherd of Hermas*)』*다. 이 책은 교회의 본질적 표시인 거룩성을 강조하면서 동시에 통일성을 강조했다. 이렇게 교회 본질에 대한 특별한 구분을 하게 된 이유는 당시 다양한 분파와 이단들이 속출하여 참된 보편적 교회(true catholic church)의 특징을 제시하는 것이 필요했기 때문이다. 교부들은 당시 제기된 "과연 참되고 보편적인 교회는 어떤 교회인가?"라는 문제에 대한 답으로 '사도적 전통을 계승하고 감독에 의해 다스려지는 교회'가 참되고 보편적인 교회라고 했다. 이처럼 당시는 참되고 보편적인 교회의 표지를 외면적 형식에서 찾았다. 다시 말하면 교회를 외형적 단체로 생각했고, 감독관(episcopate)이라는 단체를 형성하여 이것이 교회의 통일성을 구성한다고 보았던 것이다.

그런데 이에 대한 반동으로써 2세기 무렵에는 몬타누스파(Montanism), 노바티아누스파(Novatianism), 도나투스

『헤르마스의 목자 *Shepherd of Hermas*』

120-140년경 로마에서 쓰여진 묵시문학의 사도 교부 문서. 그리스어 원전의 제명은 단순히 '목자(Poimen)'이다. 저자 헤르마스는 사도 교부인 듯하나 확실한 전기는 전하지 않는다. 이 책은 초대교회에서 호평을 받아 많이 읽혀진 듯이 여겨진다. 내용은 3부로 되어 있는데, 1부는 다섯 가지 환영과 권고, 2부는 12가지의 도덕적 계율, 3부는 10가지 비유로 기독교적 삶의 방식을 가르치고 있다. 주제는 실천적·금욕적 사상을 담은 회개에 대한 호소이며, 표현도 내용도 알기 쉽고 대중적이다.

파(Donatists) 등과 같은 여러 종파들이 발생했다. 이들은 모두 교회 회원의 성결이야말로 참된 교회의 표지라고 주장하면서 성결성(purity)만 표방하고 보편성을 희생시켜 버렸다.

각 분파들의 주장에 교부들은 강력한 반대 입장을 가졌고, 상대적으로 교회의 감독 제도를 강조하는 것으로 나타났다. 초대 교부 중 가장 두드러지게 이런 주장을 한 사람이 카르타고의 감독 키프리아누스다. 그는 생전에 변절자의 처리 문제와 노바티아누스파의 주장에 대한 이단성 검증, 이단이 베푼 세례의 타당성에 관한 문제 등 3대 논쟁에 가담했다. 키프리아누스는 "감독들은 사도의 계승자이며, 교회는 감독들로 말미암아 세워졌다"고 하면서 "교회의 연합은 감독의 연합에 뿌리를 박고 있고 교회 밖에는 구원이 없다"고 주장했다. 그는 노바티아누스파의 도덕적 엄정주의와 도나투스파의 절대적 거룩성에 대한 반대급부로 교회의 제도성을 강조했다. 이로써 중세시대에 극명하게 나타난 '신자들의 어머니(*mater fidelium*)'로서의 교회가 명시적으로 드러나기 시작했다. 제도로서의 교회 본질 개념은 중세시대에 이르러 점점 짜임새가 정밀해지고 체계화되어 외형적 조직에서 교회의 본질을 찾는 것으로 발전되었다.

키프리아누스와 더불어 교부시대의 교회 본질 개념을 두드러지게 보여주는 또 한 사람의 교부가 아우구스티누스(Augustinus)*이다. AD 396년에 아우구스티누스가 히포(Hippo)의 주교가 되었을 때 그의 관할구역은 도나투스파의 분립에 의해 오랫동안 분열되어 있는 상황이었다. 그는 도나투스파의 교리에 대해 여러 저작물에서 다루고 있는데, 자연히 교회의 본질 개념에 대해 많이 언급할 수밖에 없었다.

아우구스티누스가 주장한 교회론의 기초는 그리스도의 신비한 몸으로서의 교회다. 그는 여기에서 출발하여 교회라는 말을 두 가지 의미로 사용했다. 첫째로 교회라는 용어를 '하나님의 도성(Civitas Dei)'과 같은 의미로 사용했다. 교회를 인류 창조로부터 종말과 종말 이후에까지 모든 구원받은 백성들로 이루어진 비가시적이며 영적이고 초역사적인 공동체로 지칭한 것이다. 둘째로 "오직 교회는 참된 하나님의 백성으로 존재해야 한다"는 도나투스파의 완전주의적 관점에 대해 반대한 것이다. 교회는 필연적으로 위선자와 악인을 함께 포함할 수밖에 없다고 하면서 제도

아우구스티누스 Aurelius Augustinus

초기 기독교 교회가 낳은 위대한 철학자이자 사상가. 고대문화 최후의 위인이자 중세의 새로운 문화를 탄생하게 한 선구자였다. 아버지 파트리키우스는 이교도의 하급관리였고, 어머니인 모니카는 열성적인 기독교인이었다. 카르타고 등지로 유학하고 수사학 등을 공부하여 당시로서는 최고의 교육을 받았다. 기독교로의 개종에 큰 영향을 끼친 사람은 384년에 만난 밀라노의 주교 암브로시우스였다. 395년에는 히포의 주교가 되어 그곳에서 바쁜 직무를 수행하는 한편 많은 저작을 발표했다. 『고백록』도 그 중의 하나이지만, 대작으로는 『삼위일체론』『신국론』 등이 널리 알려졌다. 그의 사상은 단순한 이론을 위한 이론이 아니라 참된 행복을 찾고자 하는 활기 있는 탐구를 위한 것으로서, 그가 살아온 생애와 깊이 연관되어 있다. 그의 생애를 통한 결론은 『고백록』의 유명한 구절 "주여, 당신께서는 나를 당신에게로 향하도록 만드셨나이다. 내 영혼은 당신 품에서 휴식을 취할 때까지 편안하지 못할 것입니다"라는 말 속에 잘 나타나 있다. 즉, 인간의 참된 행복은 하나님을 사랑하는 그 자체에 있다는 것이다. 하나님을 사랑하려면 그분을 알아야 함은 물론, 하나님이 잠재해 계신 우리의 영혼도 알아야 한다. 그 때문에 아우구스티누스가 철학의 대상으로 특히 관심을 가졌던 것은 하나님과 영혼이었다.

적·역사적·사도적 연결성을 지닌 보편적 교회의 의미를 강조했다.

이상의 논의에서 알 수 있는 것처럼 초대교회로부터 교부시대에 이르는 교회 본질의 개념은 '성도의 교통'이라는 관점에서 유기성이 강조되고, 이것이 발전하여 통일성을 이루면서 마침내 순수성으로까지 나아갔다. 그러나 지나친 순수성, 즉 완전성을 주장하는 분파들로 인해 보편성과 제도성이 강조되는 시기가 바로 이 시기였다.

중세의 교회에 대한 이해

기독교가 태동한 이후 세계의 교회는 가톨릭교회라는 큰 조직 안에 하나로 통일되어 있었다. 그러나 정치적·문화적·인종적·사상적·교리적·학문적·교권적인 이유로 인해 동서 두 개의 교회로 분열되었다. 하나는 서방의 로마 가톨릭교회이고, 다른 하나는 동방의 헬라 정교회다. 이 둘은 9세기경 로마 교황과 콘스탄티노플 대주교 사이에 얽힌 교권 싸움으로 분리의 계기가 마련된 후 11세기 초에는 완전 분리를 겪었다. 오늘날까지 이 두 교회는 전혀 하나로 융합되지 못하고 있다.

먼저 서방교회를 살펴보자. 중세라고 일컬어지는 길고 험난한 기간에 교회는 하나의 제도로 그 명맥을 유지하고 있었다. 그 중 10세기 이전의 교회론은 체계 없이 교회 생활 가운데 생겨난 것으로 특별히 강조되지도 않았고 다만 구속의 교리와 함께 취급되었다. 따라서 이 시기에는 교회론이 거의 이론적으로 논의되지 않았고, 교부시대의 키프리아누스나 아우구스티누스가 주장한 조직체적 교회 이

해를 그대로 받아들여 손질한 교회 본질 개념을 가지고
있었다.

이에 대해 하르낙(Adolf von Harnak)은 "중세에는 신학
이 발전한 것이 아니라 법률학이 발전했다"고 평가했다.
또 로마가톨릭 신학자 정하권 신부는 "이 시대의 교회관
은 교회의 내적 생명보다 외적 구조에 역점을 두고 있는
것이 특징"이라고 평가했다.

외면적 조직에 강조점을 둔 이러한 교회 본질 개념은
교회가 로마 감독의 우위, 즉 로마 감독의 교황권을 주
장하는 형태로 나타났다. 그로 인해 서방교회는 그 권위
를 인정하게 되었고, 결국 교황 그레고리오 1세*와 같은
출중한 인물의 등장으로 교황권은 더욱 신장되었다. 교
황 그레고리오 I세는 교회 안에서의 권위뿐만 아니라 세
속 권위에까지 도전하여 왕권(imperium)에 대한 사제권
(sacerdotium)의 우위를 주장했고, 이러한 왕권에 대한 교
황의 우위권은 상당 기간 지속되었다. 사실 세속 권위와
교회 권위 간 우위성에 관한 문제는 교회 권위의 본성이
무엇인가를 밝히는 과정에서 나온 것이다.

그레고리오 1세 Gregorius I

교회학자이자 590년에 선출된 교황. 이탈리아에서 로마의 시장을 역임하였
고 뛰어난 학덕으로 교황으로서 교회의 독립성을 확고히 했다. 그는 로마의
부유한 집안에서 출생했고, 아버지는 로마 원로원 의원이었으며, 어려서부
터 귀족 계층의 고급 교육을 받았다. 로마 시장을 역임했고, 부친이 사망하자
저택을 수도원으로 개원하여 수도생활을 시작했다. 이후 로마·시칠리아 등 7
개소에 사재를 털어 수도원을 설립하고 스스로 수도사가 되었다. 하지만 교
황 펠라지오 2세의 부름을 받고 수도 생활을 그만두었으며, 교황의 사절로
동로마 콘스탄티노플에 장기간 머물렀다. 교황 펠라지오 2세가 사망하자 교
황이 되었다.

중세의 로마가톨릭은 스콜라 철학을 구성하는 이원론적 요소를 바탕으로 발전했다. 그리스도 안에 신성과 인성이 있고, 모든 사람 속에 영과 육이 있고, 성례 안에 의미와 표호(標號)가 있듯이 교회 안에 가견성과 불가견성이 있다고 보았다. 따라서 외면적 교회는 '성육신하신 그리스도의 몸'과 '성찬식에서 베풀어지는 그리스도의 몸'과 함께 신비스러운 몸의 실현 형태 중 하나로 간주했다. 이러한 개념은 13세기 스콜라 철학의 황금기에 이르러 교회의 권위를 보증하기 위한 교회법의 발달로 더욱 확고한 위치를 차지했다.

스콜라 신학의 대들보인 아퀴나스*는 "교회란 그리스도가 머리인 하나의 신비체"라는 그리스도 중심적인 입장을 취했다. 아퀴나스는 이 신비체가 가시적인 면과 비가시적인 면이 밀접하게 연결되어 있는 실재라고 보았다. 이 중에서 가장 중요한 것은 성체성사(성례)고, 성체를 다른 사람에게 전달하기 위해서 교회 안에 신품성사(직분)라는

아퀴나스 Thomas Aquinas

중세 유럽 스콜라 철학을 대표하는 이탈리아 신학자. 그의 방대한 저작은 대학교수 및 수도회원으로서 행한 각종 활동을 반영한 것이다. 『신학대전(Summa Theologiae)』은 교과서적·체계적 저작으로 꼽을 수 있다. 그의 철학은 아리스토텔레스 철학을 떠나서는 논할 수 없다. 하지만 아리스토텔레스 철학의 반복도, 기독교화도 아니며, 오히려 아우구스티누스와 안셀무스를 거쳐서 형성된 기독교 철학을 독창적으로 발전시킨 것이다. 그는 철저한 경험적 방법과 신학적 사변을 양립시켰는데, 이와 같이 독자적인 종합을 가능하게 한 것은 창조의 가르침에 뿌리박은 존재의 형이상학이었다. 그는 거의 모든 학문 영역에서 비길 데 없는 종합화를 이룩함으로써 중세 사상의 완성자가 되었다. 하지만 신 중심의 입장을 유지하면서도 인간의 상대적 자율성을 확립한 일은 신앙과 신학을 배제하는 인간중심적·세속적 근대 사상을 낳는 운동의 기점이 되었다.

중요한 개념이 자리 잡았다. 그리스도는 성체와 직분을 통해서만 은혜를 부여하시므로 교회 안에는 제도로서 사제, 주교, 교황이라는 직분이 당연히 필요하고, 교황이 전 교회를 다스리는 형태가 되는 것이다. 그러므로 교회는 하나님 백성들의 모임이기 이전에 은혜를 부여하는 '신자들의 어머니(*mater fidelium*)'가 된다.

이 사실은 당시 로마가톨릭교회를 정의한 추기경 벨라르미누스(Bellarminus)의 말에서 잘 드러난다. 그는 "같은 기독교 신앙을 고백하고 같은 성례를 받으며, 합법적 지도자와 그리스도의 지상 대리자인 로마 교황의 지배 아래에 있는 일단의 집단이 교회"라고 정의했다. 이런 관점에서 서방교회가 견지하는 교회 본질 개념은 유기성보다는 제도성을 더욱 강조하는 수직적 개념이다.

교회를 제도로 이해한 결과는 중세 말기에 이르러 미신적 신앙과 시민들의 부도덕, 그리고 성직자들의 종교적·윤리적 타락 등으로 나타났다. 그로 인해 중세 교회 내에서도 개혁을 부르짖는 소리가 일어나 비엔나 공의회(1311~1312년)를 선두로 라테란 공의회(1512~1517년)까지 교회의 개혁 문제에 많은 관심을 표명했다. 또한 적극적으로는 교황 제도를 반대하는 주장들이 일어났다. 이러한 상황이 초래된 데에는 사회적으로 인문주의 경향이 강하게 일어나 전통과 권위에 대한 존경이 동요되고, 자연주의, 자유주의, 개인주의 등이 널리 보급되었기 때문이다.

16세기 종교개혁으로 촉발된 교회 분열이 있기 전 제도적이고 수직적인 중세 교회를 적극적으로 반대한 자들이 있었다. 이들은 알비파(Albigenses)와 발도파(Waldenses)

그리고 영국의 신비주의 소종파들이며, 얀 후스(Jan Hus)와 같은 개인 성직자들도 있었다. 사실 이들은 루터나 칼뱅과 같은 종교개혁자들의 개혁을 준비한 개혁의 선구자들이다. 이들 중에서 특별히 주의를 끌 만한 종파와 인물로는 알비파와 얀 후스 그리고 위클리프(John Wycliffe) 등이다.

카타리파(Cathari)라고도 불리는 알비파는 12세기에 교황권과 교직제도에 대하여 공공연하게 반대했다. 이들은 두 가지 교회가 있다고 주장했는데 하나는 예수 그리스도가 설립하신 선한 하나님의 교회로서 바로 자신들의 공동체가 그 교회라고 했다. 다른 하나는 악한 사탄의 교회로서 바로 로마 교회라고 주장했다.

이러한 주장은 당시 마니교의 이원론적 전제로부터 나왔는데 이교도적인 요소를 간파한 교황 인노첸시오 3세(Innocentius III)로부터 박해를 받기 시작하여 교황 그레고리오 9세(Gregorius IX)에 이르러서는 모두 박멸되었다. 성경을 영어로 번역하는 데 선구자적인 역할을 했던 위클리프는 '참된 주권'의 교리로서 그의 교회론을 설명했다. 그는 교황과 성직의 세습에 대한 지배권은 추방되어야 하며, 성경의 권위가 이것을 대신해야 한다고 주장했다. 그리고 아우구스티누스가 말하는 '예정된 사람들의 전체 조직체'라는 비가시적 교회의 개념을 일정부분 수용하면서 그리스도의 신비적인 몸과 비가시적인 교회를 동일시하는 차원으로까지 나갔다. 교회에 대한 그의 이러한 이해는 이후 종교개혁자들이 표방했던 교회의 본질 개념과 연결된다. 즉, 교회는 사제나 성직자들의 것이 아니라 그리스도와 결합된 그리스도의 몸이라는 것이다. 이는 중세의 교회 본질론과 달리 교회의 머리가 그리스도라는 입장을 취한 것이다.

위클리프보다 후대의 인물이었던 얀 후스는 자신이 교회론에 위클리프의 교회 본질 개념을 수용했다. 그는 예정된 자들의 교통이 바로 교회 본질이며, 교회의 참 머리는 교황이 아니라 그리스도시고 교회의 법은 신약성경이라고 주장했다. 중세의 서방교회가 지닌 조직체적이고 수직적인 교회 본질 개념에 반기를 든 자들은 결국 교회는 성도들의 교통으로 이루어진 유기체라는 면을 강조했던 것이다.

중세 서방교회가 보여주는 이상과 같은 흐름에 반하여 동방교회가 견지한 교회 본질 개념은 다음과 같다.

동방교회는 서방교회가 보여주는 경우처럼 교회론에 있어서는 초대교회 교부들의 견해를 그대로 가지고 있는 상태여서 거의 발전을 이루지 못했다. 그러나 서방교회와 달리 교황이 최고 수장이라는 입장과 통일성을 지향하는 개념에 대해서 반대했다. 동방교회는 사실상 서방교회의 신학자들이 빈번하게 신학적 주제로 삼고 있는 '교회(De Ecclesia)'에 관한 논문에 있어서는 필적할 만한 작품을 쓰지 못했다. 그러나 동방교회는 수세기를 지나는 동안 여러 저작물 속에서 교회 본질에 관한 개념을 내보였다. 그것은 한마디로 '교회는 지상의 천국'이라는 주장이다. 즉, 우주의 가시적인 면과 비가시적인 면이 함께 제시되는 장소로서 교회가 존재한다는 것이다. 이점에서 동방교회는 서방의 로마가톨릭교회보다 솔직하게 유형 교회와 무형 교회의 양면을 동시에 인정하는 것처럼 보인다.

하지만 동방교회는 서방교회를 인정하지 않으면서 교회의 영광은 동방교회 자신들의 것이고, 참 교회는 오직 하나뿐인데 바로 동방교회 자신들이라고 주장했다. 결국 이런 면에서 동방교회도 외형적 조직체로서 자신들의 교회가 참 교회라는 견해를 나타낸 것이다. 이런 이해를 바탕으로 동방교회의 신학은 그리스도의 신비로운 몸인 교회를 상당히 강조했다. 또 실제적으로 그리스도의 몸이 되기 위한 수단으로 성례가 매우 중요하게 취급되었다. 즉, 성령의 독특한 작용에 의해서 생겨난 교회 생활을 묘사하고 있는 사도행전 2장 24~48절의 구절을 아주 중요하게 다루었으며, 떡을 떼며 이루어지는 성체성례의 공동체에서 교회의 본질을 찾은 것이다.

그렇다면 성체성례의 시행은 누구에 의해서 이루어지는가? 동방교회는 주교나 그가 임명한 사람에 의해 시행되는 성례는 정당한 것이라고 보았다. 따라서 주교가 나타나는 곳은 어디든지 그리스도가 나타나는 성체가 이루어지고, 이를 통해 그리스도가 나타나는 곳은 어디든지 로마가톨릭교회라는 입장을 취했다.

결론적으로 동방교회는 교회의 본질을 성도의 공동체로 이해하기보다 무오성을 갖는 감독과 그 단체(episcopal hierarchy)에 있다고 보았다. 비록 동방교회가 로마가톨릭교회를 비판하여 하나의 독립된 교파를 이루었지만, 실상은 서방교회의 조직체적 교회론의 강조가 다른 색깔의 옷을 입고 외면만 변형되어 나타난 것이다.

종교개혁시대의 교회에 대한 이해

수직적이고 조직적인 교회에 집착했던 중세 교회에 대한 반발은 이미 중세 말기인 12세기부터 시작되었다. 물론 가장 극단적으로 반대하여 마침내 교회의 분열이라는 파국으로까지 몰고 온 것은 종교개혁자들이다. 이들은 신학의 방법을 자연적 이성에서 단계적으로 올라가는 길을 버리고 신앙에 입각점을 두었다. 신앙은 인간의 변론이나 이성에 의존치 않고 오직 하나님의 권위에 근거하여 성령으로 말미암아 일어나고, 또 이루어진다고 보았기 때문이다.

이러한 신학 방법을 바탕으로 종교개혁자들은 형식적으로는 오직 하나님의 말씀(*Sola Scriptura*)으로, 실질적으로는 이신득의(*Sola Fide, Sola Gratia*)의 원리를 가지고 교회의 개혁을 이룩했다. 형식적 개혁 원리인 성경에 대한 강조는 성경과 교회와 직분을 동일한 권위로 인정하는 로마가톨릭의 이론을 반박하기에 충분했다. 그 결과 교회 본질 개념에 있어서 서방교회의 교황제도와 성례에 대한 불필요한 부분을 정면으로 반대했던 것이다. 또한 실질적 개혁 원리로서 이신득의의 개념은 중세시대 중보자적 위치에까지 올라온 교회에 대한 이해로 '교회의식의 준수가 곧 구원'이라는 입장을 강력하게 반대하는 원동력이 되었다.

새로운 교회 본질 개념의 확립은 루터나 칼뱅에 의해서만 이루어진 것이 아니라 여러 종교개혁자들의 사상이 합쳐져서 이루어졌다. 그 중 루터파의 원조인 마르틴 루터와 개혁파의 원조인 장 칼뱅의 교회에 대한 이해가 중요하기 때문에 이들의 입장을 살펴보도록 하자. 또한 종교개혁의 결과로 이루어진 신앙고백 속에 나타나는 교회에 대한 이해를 살펴보는 것도 상당한 유익이 될 것이다.

　루터*는 구원이 성례로 말미암아 이루어지는 것이 아니라 믿음으로 말미암아 얻게 된다고 주장했다. 이 이신득의의 사상은 교회를 전혀 새롭게 이해하는 근거가 됐다. 즉, 성직자들만 거룩하다는 기존의 이해를 부정하고 교회의 구성원인 모든 그리스도인이 거룩하다고 보았다. 이는 교회가 거룩한 신자들의 모임이라는 이해를 갖게 했다. 여기서 교회는 본질적으로 신앙을 통해 사죄함을 받은 신자들의 모임이 된다. 그러므로 교회의 가견성만을 주창하는 '신자들의 어머니'로서의 로마가톨릭교회는 부정되고, '신자들의 모임(congregatio fidelium)'과 '성도들의 교통(communio sanctorum)'으로서의 불가견성을 가진 교회가 강조되었다. 루터가 이렇게 교회의 비가시적인 면을 강조한 것은 교회의 본질이 외면적 조직체가 아니라 신앙에 기초해 있음을 강조하기 위해서였다.

　그렇다면 루터는 왜 교회의 가시적인 면을 전적으로 부

마르틴 루터 Martin Luther

독일의 종교개혁자이자 신학자. 면죄부 판매에 「95개조 논제」를 발표하여 교회에 맞섰으며, 이는 종교개혁의 발단이 되었다. 신약성경을 독일어로 번역하여 독일어 통일에 공헌하기도 했다. 그는 신학의 근거를 예수 그리스도를 통한 하나님의 철저한 은혜와 사랑에 두고, 인간은 이에 신앙으로 응답해야 한다고 강조했다. 인간은 태어나면서부터 하나님께 반항하고 자기를 추구하는 죄인이지만, 그리스도로 말미암아 죄를 용서받아 '자유로운 군주'이면서 '섬기는 종'이 되었다고 주장했다. 또한 신앙의 응답을 통하여 자유로운 봉사, 이 세계와의 관계가 생겨나는 것이라고 주장했다. 특히 모든 직업을 하나님의 소명에 의한 것이라고 설명함으로써 중세의 직업관에 커다란 영향을 미쳤다. 당시의 정치적·사회적 정세 속에서 이러한 신앙적 주장을 관철했다는 것은 주목할 만한 사실인데, 칼뱅이나 다른 종교개혁자와 함께 종교개혁을 르네상스와 함께 근세에의 전환점으로 만들었다.

정했을까라는 의문이 남는다. 루터는 중세 로마가톨릭교회가 지나치게 주장하던 교회의 제도적인 면과 외면적 조직체로서의 가시적인 면을 비평하기 위해 비가시적 교회(ecclesia invisible)와 가시적 교회(ecclesia visible)를 구분했다. 이 구분 속에서 교회는 신앙에 관련되어 있는 한 비가시적이며, 말씀과 성례가 올바로 집행되는 한 가시적이라고 했다. 루터의 근본 의도는 가시적 교회를 무시하려는 것이 아니라 신앙이 교회의 본질이라는 것을 강조하려는 것임을 알 수 있다. 결국 루터가 가지고 있는 교회의 개념을 요약해 보면 '교회란 단순히 외형적 조직에 매달려 있는 것이 아니라 성도의 교통이 있고, 그 속에서 복음이 바르게 가르쳐지며, 올바른 성례가 시행되는 유기체로서의 신앙 공동체'라고 할 수 있다.

그러나 이러한 기본적 개념 외에 루터에게서 간과해서는 안 될 부분이 있다. 그는 교회의 유기적인 면을 강조함과 아울러 교회의 거룩성과 통일성이 객관적 제도에 의존한다고 보았다. 이는 과거 키프리아누스가 말했던 "기독교 교회 밖에는 진리도 없고 은총도 없으며 그리스도도 없다"는 주장을 받아들인 결과다. 루터는 종교개혁의 형식적 원리인 말씀이 사람을 구원한다는 진리를 주장했지만 교회에 대한 이해로 볼 때 로마가톨릭교회의 잔재를 완전히 벗어버리지는 못했다.

개혁파의 시조가 된 칼뱅*은 교회가 본질적으로 '성도의 교통'이라고 주장하는 것에서는 루터와 일치한다. 이것은 개혁파 신학의 일관된 입장이기도 하다. 그러나 교회본질론에 있어 루터와 의견이 다르다. 루터는 교회의 통일성과 거룩성이 성직, 말씀, 성례와 같은 교회의 객관적인 면에 더 의존된다고 생각한 반면, 칼뱅은 성도의 주관적 교통에 있다고 보았기 때문이다. 칼뱅은 이런 관점에서 교회를 제도로 이해함과 동시에 하나님의 예정으로 말미암아 선택된 성도들의 모임으로서 비가시적으로 이해했다. 즉, 선포된 말씀을 중심으로 생각할 때에는 제도적이고 가시적인 교회를 인식하고, 하나님의 예정으로 말미암아 시공을 초월해서 회집된 성도들을 중심으로 생각할 때에는 비가시적인 교회를 인식하는 것이다. 다시 말해 칼뱅은 교회를 가시적인 교회와 비가시적인 교회로 구분하는 것은 루터와 일치하지만, 비가시적 교회의 범주에 대해서는 차이를 보였다. 단순히 경험할 수 없는 보편 교회를 비가시적교회라 칭하지 않고 하나님의 예정교리를 강조함으로써하나님께서만 아시는 선택된 자들의 모임이 바로 비가시적 교회라는 것이다. 여기서 칼뱅은 비가시적 교회가 우리눈에 보이지 않는다 해도 하나님께서 보신다는 사실을 믿어야 하며, 또한 인간적 관점에서 교회라고 부르는 가시적

장 칼뱅 Jean Caivin

프랑스의 종교개혁가. 제네바에서 종교개혁에 성공하고 신정 정치적 체제를 수립했다. 저서에 복음주의의 고전이 된 『기독교 강요』와 『로마서 강해』 등이 있다. 그는 1533년 에라스뮈스와 루터를 인용한 이단적 강연의 초고를 썼다는 혐의를 받고 은신해 지내면서 교회를 초기 사도시대의 순수한 모습으로 복귀시킬 것을 다짐하고 로마가톨릭교회와 결별했다. 1535년 프랑스 국왕 프랑수아 1세의 이단에 대한 박해로 신변의 위험을 느낀 그는 스위스의 바젤로 피신하여 그 곳에서 『기독교 강요』를 저술했다. 이것은 박해받고 있는 프랑스의 프로테스탄티즘에 대해 변호하고 그 신앙을 옹호하기 위한 것이었다. 이 무렵, 제네바의 종교개혁을 위해 함께 일할 것을 G. 파렐에게서 요청받고 그의 종교개혁 운동에 참가했다.

교회도 존중해야 한다는 양면성을 취했다.

그러나 무형성을 가진 비가시적 교회와 유형성을 지닌 가시적 교회 사이의 관계성에 대해서는 무형 교회는 유형 교회를 늘 심판하고 시험할 수 있지만 유형 교회에서 무형 교회를 연역해 낼 수는 없다고 주장했다. 칼뱅에게 있어서 가시적 교회는 특정 지역의 교회와 전 지구상에 흩어진 교회를 의미하기에 위선자들도 속해 있어 불완전하다. 하지만 종말에 최종적인 완성을 보게 되는 비가시적 교회는 하나님만 아시는 완전히 선택받은 자의 모임이기에 완전하고 전혀 죄가 없다.

그렇다면 칼뱅은 왜 두 개의 교회를 주장했을까?

칼뱅은 가시적 교회와 비가시적 교회에 대해 다음과 같이 이해했다. 성경은 두 가지 방식으로 교회에 대해 언급하는데, 교회는 오늘날 지상에 살고 있는 성인들만 아니라 태초부터 선택된 모든 사람들을 포함한다. 하지만 '교회'라는 이름은 유일한 하나님과 그리스도에게 신앙을 고백한 지상에 퍼져 있는 모든 사람들을 뜻한다. 즉, 칼뱅은 두 교회가 존재하는 것이 아니라 가시적 교회와 비가시적 교회라는 교회의 두 가지 측면을 성경이 언급하는 것으로 이해했던 것이다. 이처럼 칼뱅은 루터가 이루지 못한 방법으로 가시적 교회와 비가시적 교회의 개념을 종합했다. 그리고 가시적 교회는 말씀과 성례전과 권징을 통하여 하나님의 예정으로 선택된 비가시적 교회의 선민들을 구원하도록 하나님 자신이 예비해 주신 수단이라고 이해했다.

이상의 진술들을 통해 알 수 있는 칼뱅의 교회 이해는 그의 예정론과 깊이 관련되어 있으며, 또한 하나님의 선택에 근거하고 있다. 칼뱅은 유형 교회만을 강조하는 중세 로마가톨릭교회와 지나치게 무형 교회만을 강조하는 재세례파* 사이에서 유형 교회와 무형 교회의 바른 관계를 유지하려 했다. 그리고 세밀한 부분에서 칼뱅과 루터는 상당한 견해 차이를 보이지만 중세교회가 교직제도 일변도로 교회를 이해한 점에 대해서는 양자가 모두 강하게 반대한다는 일치점을 보인다.

종교개혁시대의 교회에 대한 이해를 총괄적으로 보여주는 가장 좋은 자료는 개혁기 직후에 개혁교회 안에서 이루어진 신앙고백들이다. 중요하게 취급되는 신앙고백들을 시간적 순서에 따라 열거해 보면 루터교적 교회 이해를 담고 있는 「아우크스부르크 신앙고백(The Augsburg Confession)」(1530년), 칼뱅이 거의 초안한 「갈리아 신앙고백」(1559년), 존 녹스(John Knox)가 초안한 「스코틀랜드 신앙고백」(1560년), 귀도 드 브레(Guide de Bres)에 의해 초안된 「네덜란드 신앙고백」(1561년), 요한 불링거(Johann Heinrich Bullinger)에 의해 기초되고 구성된 「제2 스위스 신앙고백(Second Helvetic Confession)」(1566년), 영국 웨스트민스터 회의에서 채택된 「웨스트민스터 신앙

재세례파 再洗禮派 Anabaptists

종교개혁에 수반하여 출현한, 비자각적인 유아세례를 비성서적이라 보고, 세례 지원자에게 다시 세례를 베푸는 기독교의 종파. 재침례파라고도 한다. 이 파는 여러 파로 나뉘는데, 자각적인 신앙고백 이후의 세례만이 유일한 세례라고 주장한다. 주요 종파로는 T. 뮌처와 츠비카우 밑에 모인 신비주의 종파, 스위스 형제단, 후터의 지도하에 재산 공유제 생활을 이룩한 파, 멜히오르파, 뮌스터파, 메노파 등이 있다. 이들의 행동은 모든 국가 권력의 간섭을 부정하는 등 지나치게 과격해서 로마가톨릭만 아니라 기독교 쪽에서도 배격당하여 현재는 후터파와 메노파가 40만 명쯤 남아 있다.

고백(Westminster Confession)」(1647년) 등이 있다.

「아우크스부르크 신앙고백」에서 교회의 진정한 통일은 전통적이고도 의식적인 획일성에 기초하는 것이 아니라 오히려 고백적인 것이라고 말한다. 또한 외적으로 넓은 다양성이 통일성과 양립될 수는 있겠지만 진정한 통일을 깨뜨리는 것은 신앙의 통일을 이루지 못할 때라고 밝히고 있다.

「갈리아 신앙고백」은 25~32조 사이에 교회와 교역자에 관한 사항을 다루는데, 특히 27조에서는 교회에 대해 다음과 같이 밝히고 있다.

> 진정한 의미의 교회란 (하나님의) 말씀을 따르기로 동의한 믿는 자들의 모임이며, 그것이 가르치는 순수한 종교이다 … 믿는 자들 가운데에는 위선자들과 사악한 자들이 있을 수도 있다. 그러나 그들의 사악함이 교회라는 이름을 파괴할 수 없는 것이다. (XXVII)

「스코틀랜드 신앙고백」은 5장과 16~18장에서 교회에 관한 고백들을 다루고 있다. 특히 16장에서는 모든 세대, 모든 영역, 모든 국가, 그리고 모든 언어의 백성들 중에서 선택되어진 자들이 보편 교회를 형성한다고 밝히고 있다. 23장에서 진정한 교회는 말씀, 성례, 권징이 시행되는 곳이라고 선포하고 있다.

1619년 도르트레히트 회의에 의해 권위 있는 고백서로 선포된 이후 네덜란드와 벨기에의 개혁교회 및 미국 화란개혁교회의 교리적 기준으로 채택된 「네덜란드 신앙고백」은 「벨직 신앙고백(The Belgic Confession)」이라고도 불린다. 이 고백은 27~32조에서 교회에 관해 다루고 있는데, 그 중 27조에서는 보편적 교회가 무엇인지 다음과 같이 밝히고 있다.

> 우리는 모두가 예수 그리스도 안에서 구원을 기대하며, 그의 피로 씻음을 받아 성령으로 성화되고, 인치심을 받은 참된 신자들의 거룩한 회중인 한 공동적인 교회, 혹은 보편적인 교회를 믿으며 또한 고백한다.

「제2 스위스 신앙고백」도 같은 진리를 언급하는데, 17장에서는 "보편적이고 거룩한 교회와 단 하나뿐인 교회의 머리"라고 밝히고 있다. 즉 믿는 자들의 모임이 있고, 그 속에 교제가 있는 것이 보편적 교회라는 것이다.

영어권의 교회들, 특히 그 중에서도 장로교회에서 교리의 표본으로 삼고 있는 「웨스트민스터 신앙고백」은 25~26장과 30~31장에서 교회에 관한 교리를 분명하게 다루고 있다. 특히 25장에서는 가시적 교회와 구별되는 비가시적인 교회가 명료하게 나타나 있다. 이것을 요약해 보면 선택되고 그리스도 아래에 하나로 연합된 신자들의 모임이 보편적 교회이며, 이것은 시공간을 초월한 우주적 성격을 지닌다고 말한다. 그리고 이 교회는 하나님의 계획 속에 존재하며, 시대의 과정 속에서만 실현되는 것이므로 궁극적으로 영생을 얻도록 부르심을 받은 선택된 자들만 포함된다. 비가시적 교회와 구분되는 것처럼 보이는 지상에 현존하는 가시적 교회는 본질적으로 성도의 교통이라는 점에서 비가시적 교회와 동일하다. 하지만 이 속에는 아직 중생되지 않은 자들을 다소 포함할 수 있고 또 실제로 포함한다는 점에서 다르다고 밝힌다. 하지만 이 두 개의 교회는 하나의 교회를 두 개의 측면으로 이해한 것이라고 말한다.

이상에서 살펴본 대로 종교개혁시대로부터 개혁 직후까지 나타난 개혁교회 내의 신앙고백들은 단순히 로마가톨릭교회에 대한 반동으로 교회본질론을 주장한 것은 아니다. 이런 신앙고백들은 개혁자들의 교회론을 계승하면서 동시에 개신교회들 서로간의 교회에 관한 교리를 정의하려는 입장을 가지고 있다. 그러므로 교회론에 대한 옛 교리들은 새로운 교리에 의해 도전을 받게 되고, 특히 장로교회와 같은 곳에서는 자신들의 교회론을 새로운 정통 교리라고 하면서 강경하게 역설하는 모습을 보여주었다.

근세의 교회에 대한 이해

서구 사상의 새로운 출발기인 17세기 중반부터 19세기까지를 보통 근세시대로 본다. 이 시기에는 현대를 특징짓는 많은 사조들이 일어났다. 특히 자연과학의 발달로 인한 지식의 진보, 이성의 강조로 인한 합리주의의 팽창, 그리고 합리주의와 고전주의에 반대하여 18세기말에 나타난 낭만주의 등이 이 시대의 흐름을 대변해 주는 중요한 사상이다. 이러한 사조들은 당시의 교회에 대한 이해가 그대로 반영되어 새로운 사상을 만들어냈다. 종교개혁 이후 데카르트와 스피노자에서 그 연원을 찾을 수 있는 계몽주의는 영국으로 가면서 자연신론(Deism)이 되었고, 프랑스에서는 자연주의(Naturalism)가 되었다. 이 영향 아래 교회론은 초월적인 면과 신적인 면이 완전히 배제되었고, 단순히 윤리적인 사회의 본질 개념을 가진 교회론만 나타났다.

당시 교회들은 계몽주의 아래에서의 교회 이해에 강력한 반기를 들면서 신학적으로 교회의 전통적인 신앙을 변호하기 위해 최선의 태도를 보였다. 특히 예수회 교단의 엄청난 활동에도 불구하고 거의 모든 로마가톨릭 국가에서 교황의 권위가 무시당하고 있었는데, 이 교황의 권위를 유지하기 위한 신학적 변론이 크게 일어나기도 했다.

어쨌든 당시의 신학자들은 로마가톨릭이든 루터파든 개혁파든 모두 계몽주의가 표방하는 내재적이고 인간적인 교회 본질 개념에 반대하여 방대한 신학서들을 집필함과 동시에 복잡한 신학 체계를 메마르게 진술하려는 태도를 보였다. 이 계몽주의에 대한 합리적이고 논리적인 반대와 아울러 당시 경건주의라고 일컬어지는 또 하나의 반대 운동이 일어났다. 이것은 메마르고 형식적인 교회 이해에 대한 반동으로 나타난 것인데, 계몽주의에 대한 반대 입장이라는 점에서는 합리주의와 일치하나 형식적이고 메마른 스콜라 철학을 단호히 거부했다는 점이 다르다.

이러한 경건주의운동 단체들로는 영국의 감리교파(Methodism)와 프랑스의 얀선주의(Jansenism), 독일의 경건주의와 보헤미아 지방의 모라비아형제단 등이 있다. 이 새로운 교파들은 어떠한 유일 교회론을 발전시킨 것은 아니지만 각기 다른 방향 속에서 개인의 회개 경험, 헌신적인 삶, 그리고 엄격하고 금욕적인 수련에 강조점을 둠으로써 교리와 예배의 문제에 있어서 새로운 형태의 교회들을 창조해냈다.

　18세기에 들어서자 이성의 지배는 경건주의운동을 제외하고 낭만주의운동(Romantic Movement)에 의해 강력한 도전을 받았다. 이 운동은 인간의 본성 안에 합리성과 상식 외에 또 다른 요소인 감정적 측면이 있다는 점을 강조했다. 그래서 이 운동은 인간의 심성 속에서 하나님을 찾으려고 했다. 또한 자연의 미와 경이의 힘이 인간에게 강한 종교적 감정을 불러일으킬 때 인간은 이 우주 속에 내재해 있는 하나님을 느낄 수 있다고 보았다.

　이러한 사상의 영향 아래 있던 신학자들의 대표자가 프리드리히 슐라이어마허(Friedrich Schleiermacher)와 알브레히트 리츨(Albrecht Ritschl)이다. 이들은 범신론을 수용하여 교회론에까지 반영시켰다. 실제로 슐라이어마허는 참 교회의 본질은 "경건한 의식이 성숙되어 있고, 삶에 있어서 종교적인 측면이 우선적으로 되어 있는 사람들로 구성되어 있는 것"이라고 했다. 이는 자기의 방법을 가지고 평화스럽게 세계주의적 연합을 하는 것이 바로 교회라는 에큐머니컬(ecumenical)적 입장을 보여준다.

　리츨은 교회를 기독교 공동체라고 바꾸어 표현했다. 이는 그가 구원의 의미를 '예수의 가르침이 삶의 의식에 반영되고, 예수의 인격과 행위를 따라서 사는 삶'이라고 보았기 때문이다. 이렇게 그리스도의 도덕적 기준과 가르침을 수용하는 자들을 가리켜 교회, 즉 기독교 공동체로 지칭했다. 교회를 공동체로 파악한 점에서는 리츨은 슐라이어마허와 일치하지만 보다 더 인격적이고 윤리적이며 사회적인 의미를 가진다는 점에 있어서는 다르다.

현대의 교회에 대한 이해

현대에 들어서면서 지나간 어느 세기보다 교회에 대한 관심이 현저하게 증가한 것은 아무도 부인하지 못한다. 제1차 세계대전 직후 로마노 구아르디니(Romano Guardini)는 "극히 중대한 사건이 일어났다. 교회가 인간들 사이에서 다시 태어나고 있다"고 하면서 교회에 대한 현대의 관심을 표현했다. 현대에 이르러 교회에 대한 관심이 고조된 이유는 세계가 직면한 외적, 내적 위기상황 때문이다. 인류가 직면한 인구 폭발, 산아 제한, 산업화, 전자화, 인공두뇌, 도시화, 우주여행, 핵실험, 민족주의, 계급투쟁, 세계혁명, 기아 등의 외적인 위기 상황과 대중사회 속 개인의 고독, 가정들의 개인주의화 현상, 윤리 기준의 변화 등 내면적 위기 상황이 대안사회로서 교회에 대한 관심을 일으킨 것이다.

이런 상황에서 '교회란 하나의 구조나 조직'이라는 이전까지의 관념이 조금씩 무너지고, 살아 있는 그 무엇, 즉 역사의 범주에 머물러 있어야 할 새로운 유기체라는 인식이 생겨났다. 그러나 현실에 대한 인식과 더불어 일어난 교회의 각성은 교회의 본질과 기능이라는 양면을 상호보완적으로 이해해야 했다. 하지만 20세기 초에는 낙관적 자유주의의 영향 아래 교회가 패권을 자유주의에 넘겨주게 되면서 본질이 인류 복지를 지향하는 하나의 행동 매개체로 인식되었다. 그리고 1914년 제1차 세계대전 발발 이후 교회는 구 개신교와 신 개신교, 또는 정통주의와 자유주의로 각각 나뉘는 균열이 일어났다. 정통주의가 하나님 중심적으로 그리스도를 믿는 성경적 기독교라면 자유주의는 비판적이고 인본주의적이면서 수평적인 기독교로 나뉘어서로 대립했다. 20세기 현대 교회에 있어 또 하나의 중요한 사실은 비그리스도인 국민들에게 복음을 전하기 위해 에큐머니컬 운동*으로 알려지게 된 교회연합운동이 교파를 초월하여 일어났다는 점이다.

이렇게 현대 교회는 엄청난 변화의 상황 속에서 특정한 교파를 옹호하기 위해서 교회에 대한 이해를 논의한 것이 아니라 교회들 자체의 삶과 활동에서 발생했다. 이 때문에 교회에 대한 다양한 이해가 대두되었고, 여러 영향력 있는 신학자들이 교회가 위치하고 있는 세계 속에서 그에 대응하여 조금씩 상이한 교회에 대한 이해를 주창했다.

지금까지 살펴본 역사적 흐름을 통해 볼 때 교회라는 개념은 근본적으로 교회가 존재하는 각 시대의 상황과 긴밀하게 연관된다는 것이다. 즉, 시대마다 특정한 역사적 상황에서 도출된 교회 형태가 있고, 이는 교회 인식에 새로운 빛을 던져준다. 한스 큉은 "교회의 본질은 교회 자체

에큐머니컬 운동 ecumenism

기독교를 하나로 통합하려는 정신 및 그 사상. 이 사상은 역사적으로는 1054년 동·서방 교회 분열 이후 싹트기 시작했다. 20세기에 들어와 특히 현저해져 교회연합운동, 즉 에큐메니컬 운동으로 발전하여 로마가톨릭은 물론 개신교에서도 활발하게 추진되고 있다. 이 운동은 보통 로마가톨릭에서는 교회통합운동이라 하고, 개신교에서는 교회일치운동으로 표현한다. 이 운동이 일어나게 된 배경은 세계 전도에 교파가 끼치는 폐해, 세속화의 진전과 잇단 개신교의 분열, 공산주의 세력의 준동 등으로 인하여 모든 교회, 즉 교파의 통합이 절실한 상황이었기 때문이다. 1910년 에든버러 세계선교회의를 시발점으로 세계 전도, 신앙과 실천, 신앙과 직제와 관련된 국제적·초교파적 운동이 통합되었다. 1948년에는 암스테르담에서 세계교회협의회(WCC: World Council of Churches)가 결성되었으며, 뒤이어 에반스턴 뉴델리 총회가 개최되어 오늘에 이르렀다.

에서 나오는 것이 아니라 교회의 확고한 근원에서 나오는 것이므로 불변하는 요소"라고 말한다.

그러나 교회의 자기 이해의 역사는 이렇게 불변의 요소를 품고 있음에도 불구하고 수많은 변화를 거듭하는 인간의 역사 속에서 나타났다. 때문에 교회의 본질은 상황과 역사 가운데 변화하면서도 본질상 변하지 않는 근원적이며 영속적인 양면성이 있음을 이해해야 한다. 이런 점에서 로마가톨릭 신학자 노이만(J. Neuman)은 "교회는 이 세상에서 특정한 소임을 수행해야 할 인간들의 공동체로서 자신을 인식하고 있기에 필연적으로 하나의 제도이자 시간 안에 있으며, 따라서 역사적 변화에 종속되어 있다"고 말했다. 이와 같은 증거들은 교회의 본질에 대한 이해가 역사적 변화에 민감하게 반응함을 보여준다.

그렇다면 이러한 증거들을 통해 내릴 수 있는 결론은 무엇인가?

교회는 그 스스로 불변하는 성격을 가졌다 해도 교회에 대한 사람들의 이해는 종종 상황에 의해 좌우된다. 그러므로 시대적 상황이 악화되면 교회에 대한 이해도 악화될 여지가 있다. 이런 점에서 '교회는 항상 개혁되어야 한다'는 논리가 성립되는 것이다. 모든 시기의 교회들이 각자 성경에 입각한(물론 로마가톨릭의 교황지상주의 같은 경우에는 인간적 교만에 더욱 입각해 있지만) 교회 이해를 형성했다고 자부하지만, 항상 그에 반동하는 교회에 대한 이해가 또다시 제기되기 마련이다. 이는 역사가 계속되는 한 또 다른 교회에 대한 이해가 계속 나타날 것과 그 반동의 진행이 이어질 것임을 보여준다. 이런 면에서 교회에 대한 이해도 종말의 때에 궁극적으로 완성되는 것임을 인정해야 한다. 역사 속에서 반동의 논리는 절대로 진리의 전체성을 가질 수 없기 때문이다. 따라서 교회가 가지는 교리(*dogma*)도 이런 와중에 나타난 것이므로 가변적으로 이해되어야 할 필연성을 가지게 된다.

이 변화의 과정 속에서 역사에 나타난 교회 이해는 형식을 강조하는 제도적·수직적 이해, 또는 내용을 강조하는 유기적·수평적 이해 둘 중 하나만 강조하는 편향성을 가졌다. 그러므로 성경적이고 바른 교회에 대한 이해를 하기 위해서는 수직적인 것과 수평적인 양 측면을 어떻게 조화시킬 것인가에 관심을 가져야 한다. 양 측면 모두 교회를 이해하는 필수적인 측면이기 때문이다.

그렇다면 이제 편향적인 입장을 극복하고 성경적이고 균형 잡힌 교회를 세우기 위한 올바른 이해는 무엇인지 살펴보도록 하자.

교회란 무엇인가?

신자들의 공동체

역사 속에 드러나는 교회에 대한 정의는 크게 두 가지의 범주로 구분할 수 있다. 교회를 관념적(초월적) 존재로 인식하느냐, 아니면 경험적(실재적) 존재로 인식하느냐는 것이다.

교회를 '선택받은 자들의 모임(*coetus electorum*)'이라고 정의하는 표현이 있다. 「스코틀랜드 신앙고백」은 "우리들이 한 하나님이신 성부, 성자, 성령을 믿는 것 같이 우리는 처음부터 계속적으로 한 교회가 있었고, 또 현재에도 한 교회가 있으며, 또 세상 끝까지도 한 교회가 있을 것을 믿나니 그것은 곧 하나님이 선택하신 사람들로 된 한 동무 혹은 군중이다"라고 표현한다. 이처럼 선택받은 자들의 모임으로서의 교회에 대한 정의는 아우구스티누스에게서 나타나며 위클리프도 습관적으로 사용했다.

또 교회는 완전히 거룩하고 절대로 타락하지 않은 자들의 모임으로 정의되기도 한다. 이는 극단적 금욕주의를 강조하는 3세기 초의 노바티아누스파나 4세기 초의 도나투스파, 12세기 초의 알비파, 16세기에 나타난 재세례파 등과 같은 분파주의운동 계열 속에서 잘 드러난다. 그리고 슐라이어마허와 같은 신학자는 "그리스도의 교회는 중생한 개개인들이 질서정연한 상호 영향과 연대 활동을 위해 함께 모이면서 형성된 것"이라고 정의한다.

그러나 사실상 이상의 정의들은 모두 비실재적이고 관념론적인 정의다. 왜냐하면 선택받은 자들의 모임이라고 교회를 정의할 때 궁극적인 선택은 종말에 가서야 비로소 나타날 것이므로 경험적이고 가시적인 교회는 이 지상에서 형성할 수 없기 때문이다. 선택받은 자 중 지금은 경건하지 못해 교회의 일원이 되지 않은 자도 있고, 아직 태어나지 않아 교회의 일원이 되지 못한 자도 있을 것이다. 따라서 선택의 기준으로만 교회를 정의하게 되면 결국 이데아(Idea)적이고 관념론적인 교회를 형성하게 된다. 그리고 완전하고 거룩한 자들의 모임이 교회라고 정의할 때도 비실재적 교회를 지칭하는 오류를 낳을 수 있다. 아담의 타락 이후 오늘날까지 완전한 자들은 이 세상에 단 한 사람도 존재하지 않기 때문이다. 또 중생한 자들의 모임을 교회라고 정의할 때도 문제가 생기는데, 중생은 외면적 현상이 아닌 내재적인 면으로 이해되기 때문이다. 그러므로 교회에 대한 이러한 정의는 역사적이라기보다 초역사적인 교회 본질에 대한 이해로서 비경험적인 관념으로의 교회만을 주장하는 오류를 가지게 된다.

한편 역사 속에서는 교회에 대한 정의를 경험적이고 실재적인 차원에서만 논하여 '교회란 세례를 받아 동일한 신앙고백을 하고 동일한 성례에 참여하는 모든 신실한 자들의 모임'이라고 칭하는 또 하나의 큰 범주가 있었다. 즉 소명의 외부적 표현이라고 할 수 있는 세례를 통한 신앙고백이 있는 자들의 모임이 교회라는 것이다. 그러나 여기서 나타나는 문제점은 비록 세례를 받고 신앙고백을 한다고 해도 그들 중에는 여전히 불경건한 자들이 있을 수 있다는 사실이다.

칼뱅은 이런 점에서 "그 표식을 드러내고 다니는 자들 중에 누가 진정으로 경건한 자이며 누가 구원의 최종 단계에 이를 것인가는 하나님만이 아신다"라고 말한다. 곧 외부적 소명이라고 할 수 있는 세례를 받았다고 해서 참된 교인이라고 평가할 순 없다는 것이다. 다시 말해 외부적 세계로만 교회를 정의하려고 하는 것은 참된 교회로서의 초월적(무형적) 측면을 무시하는 오류를 범하게 된다는 말이다. 그렇다면 이 양자(초월적 측면과 경험적 측면, 비실재적 측면과 실재적 측면, 무형적 측면과 유형적 측면)에 대한 약점을 어떻게 극복하고 성경적인 교회에 대한 정의를 내릴 수 있을까?

네덜란드의 개혁신학자인 헤르만 바빙크*는 신약성경에서 경험적 교회와 초월적 교회(the empirical and the ideal church)를 구분하는 것은 전혀 낯선 것이라고 주장한다. 즉, 성경에서 교회가 표현될 때 그것은 단지 관념적이거나 지상적인 것만이 아니라 양 측면을 동시에 강조하는 것이어야 한다는 말이다.

그런 의미에서 교회란 믿는 자들의 모임, 즉 '신자들의 공동체(coetus fidelium)'라고 정의하는 것이 타당하다. 믿는 자들의 모임이라고 할 때 믿음은 구원의 근거로서 인간의 통상 인식을 초월하기 때문이다. 그러나 믿음은 반드시 그 가시적인 면이 드러나는 생명적이고 현실적인 실재이기도 하다. 그러므로 신자들의 공동체인 교회는 초월적 국면과 내재적 국면을 동시에 가지고 살았던 자들과, 현재 그렇게 사는 자들과, 앞으로 나타날 믿음의 사람들을 총망라

헤르만 바빙크 Herman Bavinck

성경적 기독교철학과 교육의 토대를 쌓은 신학자. 19세기 말과 20세기 초 창궐하는 성경 파괴의 자유주의 신학 사상과 현대주의 철학에 대항하여 유럽과 미국의 기독교회를 거뜬히 지켜낸 3대 개혁주의 신학자-아브라함 카이퍼, 벤자민 B. 워필드, 헤르만 바빙크- 가운데 한 명이다. 특히 헤르만 바빙크는 개혁주의 신학 사상에 입각한 기독교철학과 교육을 정립하는 데 크게 기여한 신학자다. 바빙크는 "계시는 완결이자 영속이다"라고 함으로써 기록되어져야 할 계시는 완결되었으나 역사하시는 성령의 계시는 영속적으로 지속된다고 주장한다. 또 구원관에 있어서 믿는 자들은 모두 "실제로 거룩하게 되어 부활에 이른다"고 하는 실제적 성화론을 말하고, 이는 미래적인 것이 아니고 과거적인 것이라고 말한다. 그리고 종말론에 관하여는 상세한 성경적 근거를 내세워 무천년설을 주장한다. 바빙크 신학의 특성은 철저히 성경 계시에 의존해 있고, 계시를 통한 신령한 성령 역사의 계속성에 있다.

할 수 있는 성경적인 교회에 대한 이해인 것이다. 실제로 「아우크스부르크 신앙고백」 8장에서는 "교회는 성도들과 참으로 믿음을 가진 자들의 모임"이라고 밝히고 있는데, 종교개혁자들의 교회에 대한 이러한 정의는 후기 개혁교회 신학자들이 채용한 교회에 대한 정의가 되었다.

양면성을 가진 공동체

신자들의 공동체인 교회는 다음과 같은 양면적 성격을 가진 것으로 이해할 수 있다.

첫째, 현재와 동시에 미래라는 시간적인 면에서 양면적이다. 성경은 교회가 과거적인 면과 미래적인 면이라는 양면성이 있음을 밝히고 있다. 시간적으로 과거와 현재는 모두 미래라는 시간에 대응되는 과거적인 측면이 있다. 따라서 과거적인 면으로서 만왕의 왕이신 그리스도가 재림하기 전까지의 지상에 현존하는 교회는 전투적 교회(a militant church)로 지칭된다. 전투적 교회라는 명칭은 아직도 교회가 싸워야 할 전투가 남아 있음을 의미한다. 즉, 완성된 실재가 아니라 완성을 향해 끊임없이 전진해야 할 실재라는 것이다. 그러므로 시간적으로 과거적 측면에 속하는 지상의 교회는 하나님에 대해 적의를 품고 대항하는 흑암의 세력에 대해 공격과 수비를 통해 싸워나가야 할 존재로 인식되는 것이다.

미래적인 면에서 교회는 승리적 교회(the triumphant church)로 지칭된다. 이는 궁극적으로 지상이 아닌 천상에서 완성될 교회를 의미한다. 로마서 8장 35~37절의 말씀을 볼 때 어떤 의미에서는 지상의 교회도 승리적 교회라

로마서 8:35~37 누가 우리를 그리스도의 사랑에서 끊으리요 환난이나 곤고나 박해나 기근이나 적신이나 위험이나 칼이랴 기록된 바 우리가 종일 주를 위하여 죽임을 당하게 되며 도살 당할 양 같이 여김을 받았나이다 함과 같으니라 그러나 이 모든 일에 우리를 사랑하시는 이로 말미암아 우리가 넉넉히 이기느니라

고 지칭할 수 있다. 그러나 여기서 말하는 미래적 측면의 승리적 교회는 특별한 의미에서의 승리를 말한다. 현재의 전투와 수난과 사망에서 해방되고 궁극적인 영광에 거하게 된다는 의미로서의 완전한 승리이기 때문이다.

정리해 보면 성경적인 교회는 본회퍼*의 주장처럼 "교회는 단지 이상적으로 존재하지 않고 현실적으로 역사 안에 현재한다"고 말할 수 있다. 다시 말해 과거적 측면만 가지지도 않고 금욕주의자나 신비주의자들처럼 미래적 측면만 가지지도 않는다. 개혁교회는 시간적으로 미래의 완성이라는 측면을 통해서 지상의 과거적 측면을 직시한다. 동시에 과거의 불완전성이라는 측면 앞에서 천상에서 완성될 미래적 측면을 대망하는 시간적 양면성을 가지는 공동체다. 이런 점에서 개혁교회와 그 구성원인 신자들은 완성을 향해 나아가는 전투 속에서 운명주의(fatalism)를 피할 수 있고, 궁극적 완성을 대망하는 가운데 허무주의(nihilism)의 오류를 피할 수 있다.

둘째, 보이는 것임과 동시에 보이지 않는다는 점에서 양

본회퍼 Dietrich Bonhoeffer

독일의 목사이자 신학자. 나치즘이 점차로 대두하는 정세 중에서 세계교회운동을 위해서 활약했는데, 1933년 히틀러가 제국 재상의 자리에 앉아서 절대적 권력을 장악하게 되자, 일찍이 그 악마적 성격을 간파하고 결국 나치 정권의 교회 간섭과 그에 대항하는 교회저항운동의 진전 중에서 '독일교회투쟁'의 일원으로서 활약했다. 1935년에는 고백교회가 창설한 핀켄바르데 비합법목사연구소의 책임자로서 젊은 목사 양성에 임했는데, 그것도 결국 폐쇄되었다. 그 후 한때 미국으로 건너갔는데, 제2차 세계대전 개시 직전에 귀국했으나 점차로 직접적인 정치적 저항운동에 접근해서 1943년에 게슈타포에 의해서 체포되었으며, 2년간의 옥중생활 후 1945년 4월에 나치스 붕괴 작전에 옥사했다. 본회퍼는 현대의 순교자로서의 생애를 보냈을 뿐만 아니라 그가 제기한 신학적 문제는 전후 세계 교회에 큰 자극과 문제가 되었다.

면적이다. 성경은 이 땅의 교회가 보이지 않는 무형적 측면과 보이는 유형적 측면을 동시에 가지는 것으로 이해하고 있다. 종교개혁은 일반적으로 로마교회의 형식주의와 형식적인 교회관에 대한 반동으로 일어났다. 그러므로 어떤 면에서 종교개혁의 신학을 계승한 개혁교회는 지상 교회의 무형적 측면만 더욱 강조하는 것처럼 보일 수도 있다. 그러나 개혁교회는 결코 두 개의 교회를 분리시킨 적이 없다. 무형 교회와 유형 교회는 모두 한 교회를 다른 측면에서 이해한 것으로 이 둘의 구별은 루터가 최초로 시도했다. 이를 다른 개혁자들도 인정하여 예수 그리스도의 한 교회에 두 국면이 있는 것으로 적용했던 것이다.

그러면 지상 교회가 무형적 국면을 가진다는 것과 유형적 국면을 가진다는 것은 무슨 뜻인가? 지상 교회가 무형성, 즉 비가시적이라는 것은 교회가 본질적으로 신자의 공동체라는 사실 때문이다. 믿음은 그 본질이 영적이며 육안으로는 식별할 수 없는 실재이다. 따라서 누가 믿음을 소유했는가에 대한 여부는 결코 사람이 결정할 수 있는 것이 아니다. 이런 의미에서 신자와 그리스도의 연합은 '신비적 연합(unio mystica)'으로 이해되며, 동시에 교회의 본질은 궁극적으로 이 무형성에 바탕을 둔 '성도의 교통'으로 이해된다.

실제로 「네덜란드 신앙고백」은 "우리는 한 공동적 또는 보편적 교회를 믿고 고백하나니, 이 교회는 예수 그리스도 안에 있는 자신들의 구원을 기대하면서 그의 피로 씻고 성령에 의하여 성화되고 인쳐진 참된 기독자들의 모임"이라고 진술하고 있다.

그러나 한편으로 지상 교회는 신앙고백과 삶의 행위, 성례의 참여 및 외형적 조직에 의해 눈으로 식별되는 (visible) 유형성을 가진다. 이것은 같은 하나님과 같은 그리스도를 고백하는 자들을 교회의 지체로 알아볼 수 있도록 하신 하나님의 적합한 조치다. 이 유형적 측면과 무형적 측면의 상호관계를 살펴본다면 반드시 유형적 측면이 무형적 측면과 일치하는 것은 아니며, 서로 종속되는 관계도 아님을 알 수 있다. 왜냐하면 유형적 측면에 속한 자들이 예수를 구주로 믿고 신앙을 고백하는 자들로 구성되어 있다면 무형적 측면에 속한 자들은 하나님만이 아시는 성도들로 구성되어 있기 때문이다. 즉, 어떤 자들은 참된 신자임에도 불구하고 유형적 측면의 교회에 속하지 않을 수 있고, 반면에 외부적으로 신앙은 고백했으나 그것이 입술만의 고백으로 참된 신자가 아닐 수도 있다. 그래서 아우구스티누스는 "교회 밖에는 많은 양이 있고, 안에는 많은 이리가 있다"라고 말했다.

또한 성경은 무형 교회가 가지는 성도의 교통이라는 본질을 유형 교회에도 동시에 적용시킨다. 두 개의 교회가 아니라 하나의 교회이기 때문에 동일한 성도의 교통이 있다는 것이다.

결론적으로 성경적 입장에서는 교회를 무형적(비가시적) 국면의 교회와 유형적(가시적) 국면의 교회로 분리하는 것이 아니라 동일한 성도의 교통에 바탕을 둔 양면성을 가진 공동체로 인식한다. 이런 점에서 성례에 참여하는 자만을 참 신자로 인식하여 유형적 교회의 측면만을 강조했던 중세 로마가톨릭의 오류를 피할 수 있다. 동시에 그리스도와의 신비적 연합만 강조함으로써 무형적 측면의 교회에만 치중하는 신비주의자들의 오류도 피할 수 있는 것이 개혁주의적 교회 본질론의 강점이라고 할 수 있다.

셋째, 유기체이면서 동시에 조직체라는 점에서 양면적이다. 성경은 유형적 측면의 교회가 유기체와 제도라는 양면성을 가진 존재임을 밝히고 있다. 역사 가운데 로마가톨릭교회에서는 수세기 동안 교회의 유기체적인 국면을 무시하고 제도적 측면만으로 교회를 이해하려는 현상이 지배적이었다. 반면에 회중 교회는 유형적 교회의 제도적 국면을 무시하고 유기체적 국면만을 강조하는 입장이었다.

하지만 이렇게 제도적 측면과 유기체적 측면을 서로 대립시키는 데에는 문제가 있다. 어떤 학자들은 제도적 측면은 유형 교회와 동일한 개념이고 유기체적 측면은 무형 교회와 동일한 개념이라고 주장한다. 그러나 이것은 커다란 잘못이다. 유기체나 조직체는 모두 유형적 성격을 가지고 있기 때문이다. 실제적으로 교회는 직임과 말씀, 성례의 집행, 교회 정치의 일정한 형식에서 유형화된다. 그러나 설혹 이러한 것들이 없고 신자들의 교통적 생활과 신앙고백만 있다 할지라고 이것은 유형 교회의 특징이 된다. 이러한 의미에서 유기체적 측면과 조직체적 측면은 유형 교회의 양면이 된다.

그런데 이 두 측면 사이에는 아주 중요한 차이점이 존재한다. 유기체적 측면으로서의 교회는 성령의 유대로 연합된 '신자들의 집단(*coetus fidelium*)'이지만 조직체적 측면으로서의 교회는 '신자들의 어머니(*mater fidelium*)로서 구원의 방편이 되며 믿는 자들을 그리스도의 장성한 분량에까지 자라도록 하는 제도(institution)라는 사실이다.

그러므로 유기체로서의 교회는 은사적(charismatic)으로 존재하며, 그 은사를 가지고 서로 섬기면서 그리스도의 사역에 이용된다. 또한 조직체로서의 교회는 하나님이 세우신 수단과 직임을 통하여 질서를 유지하면서 존재한다. 양자는 모두 그 위치에 있어서 동일하기 때문에 마찬가지로 교회 본질에 속한다. 그러나 목적과 수단이라는 측면에서 조직체로서의 교회는 수단이 되어 유기체로서의 교회를 목적으로 움직이게 되므로 수단이 목적에 종속되는 면도 있다.

이렇게 지상에서 나타나는 유형 교회는 은사적일 뿐만 아니라 제도적이고, 신자들의 모임일 뿐만 아니라 신자들의 어머니이며, 유기체일 뿐만 아니라 제도이며, 목적임과 동시에 수단이다.

그런데 20세기 중반 이후 공동체를 강조하는 현대 신학자들은 유기적 측면과 제도적 측면이라는 양면성을 인정하지 않고 인격적 공동체만을 주장하거나(E. Brunner), 희망하는 공동체를 주장하여(J. Moltmann) 제도적 측면의 교회를 무시하는 경향이 있다. 그러나 성경을 자세히 살펴보면 결코 양극단에 치우치지 않고 상호보완적인 양면성을 견지하는 것을 알 수 있다.

그리스도 안에 있는 하나님 나라 백성의 공동체다

스튜어트(James S. Stewart)라는 신학자는 교회를 이해할 때 '그리스도 안에(in Christ)'라는 신학은 기독교 신학의 정수이며, 핵심적 차원으로 받아들여야 한다고 주장한다. 성경에서 교회에 대한 중요한 내용을 담고 있는 바울 서신은 '그리스도 안에'라는 표현을 116회나 사용하고 있다. 이 '그리스도 안에'라는 표현은 '그리스도의 몸'이라는 사상과 밀접하게 연관되어 나타난다. 이런 의미에서 교회는 본질상 그리스도의 몸, 즉 '만물 안에서 만물을 충만케 하시는 자의 몸'(「웨스트민스터 신앙고백서」 25장 1조)이며, 교회의 구성원들은 그리스도의 몸의 지체가 된다(로마서 12:5, 고린도전서 12:27, 에베소서 1:22~23; 4:15~16). 그리스도 안에 있으면서 그리스도를 머리로 한 몸의 지체들이 모인 것이 바로 교회다.

그리스도의 몸이라는 표현은 그리스도와 그의 교회 사이에 존재하는 특별하고도 밀접한 관계를 지칭한다. 교회는 예수 그리스도가 그의 성령을 통해 교회 안에 거하시고, 또한 성령으로 말미암아 채우시는 교제로서 그리스도의 몸이다. 여기에 성령론적 시각이 표현되어 있다. 곧 올바른 교회는 그리스도 안에 있으면서 구속사적인 성격을 가지고, 성령에 의해 한 지체가 될 때에야 비로소 가능하다는 의미다.

그러므로 신자가 사도신경을 통해 '거룩한 공회'를 믿는다고 할 때 그리스도 안에서 성령을 통해 하나 된 우주의 보편적 교회를 믿는다는 고백이 된다. 그리스도는 만물의 으뜸, 근본, 먼저 나신 자(골로새서 1:18)로 표현되는데, 이것은 그리스도의 충만성과 충족성을 증거한다. 따라서 그리스도 밖에 존재하는 것은 아무것도 없으므로 교회로 하여금 승인되게 하고, 교회의 통일성과 다양성을 유지케 하는 것은 '그리스도 안에'가 중요하다.

로마서 12:5 이와 같이 우리 많은 사람이 그리스도 안에서 한 몸이 되어 서로 지체가 되었느니라
고린도전서 12:27 너희는 그리스도의 몸이요 지체의 각 부분이라
에베소서 1:22~23 또 만물을 그의 발 아래에 복종하게 하시고 그를 만물 위에 교회의 머리로 삼으셨느니라 교회는 그의 몸이니 만물 안에서 만물을 충만하게 하시는 이의 충만함이니라
에베소서 4:15~16 오직 사랑 안에서 참된 것을 하여 범사에 그에게까지 자랄지라 그는 머리니 곧 그리스도라 그에게서 온 몸이 각 마디를 통하여 도움을 받음으로 연결되고 결합되어 각 지체의 분량대로 역사하여 그 몸을 자라게 하며 사랑 안에서 스스로 세우느니라

골로새서 1:18 그는 몸인 교회의 머리시라 그가 근본이요 죽은 자들 가운데서 먼저 나신 이시니 이는 친히 만물의 으뜸이 되려 하심이요

이처럼 그리스도에 근거한 공동체로서의 교회는 사실 '하나님의 백성'이라는 표현의 그리스도 중심적 표현이다. 그러므로 교회는 하나님과 그의 백성들과의 관계로 다르게 표현될 수 있다. 즉, 하나님과 관계를 맺고 있고, 그 속에서 하나님의 임재를 체험하는 하나님 백성들의 모임이 바로 교회인 것이다. 이런 의미에서 교회에 대한 성경적 이해는 삼위일체에 대한 이해를 전제로 삼는다.

역사 속에서 많은 교파들이 삼위일체 중 한 분만을 선호하여 교회를 그리스도 중심으로 이해하거나, 때로는 성령을 중심으로 이해하기도 했다. 그러나 성경적인 올바른 교회 이해는 교회를 하나님의 백성이며, 그리스도 안에 있는 그의 몸이며, 성령과의 영적 친교로 이해한다. 교회를 삼위일체적으로 이해하는 것이다.

교회는 어떤 특징을 가지고 있는가?

교회가 가지는 세 가지 성질

기독교 교회의 성질을 살필 때는 로마가톨릭교회가 주장하는 교회의 성질과 비교하여 살펴보는 것이 이해하기 쉽고 그 의미도 크다. 기독교는 교회가 가지는 성질을 근본적으로 통일성(혹은 단일성)과 거룩성(혹은 성결성), 그리고 보편성의 세 가지로 이해한다. 그러나 로마가톨릭교회는 이 세 가지 외에 교황이 사도적 권위를 계승했다고 주장하면서 사도성을 덧붙이고, 로마가톨릭교회가 오류가 없기 때문에 무오성을 가진다고 주장한다. 그러나 개신교는 교회가 사도적 가르침을 계승한 것이지 사도의 권위를 유전해서 이어받는 것이 아니라고 이해한다. 또한 교회는 항상 개혁되어야 하는 곳으로 이해하기 때문에 사도성과 무오성을 교회의 성질로 받아들이지도 않는다.

통일성에 있어서 기독교는 교회가 그리스도를 머리로 하나의 지체가 되었다는 영적인 측면에서 통일되었다고 본다. 또한 동일한 신앙고백과 공동예배를 드리며 동일한 성례에 참여한다는 측면에서 조직적으로도 통일되었다고 이해한다. 이에 반해 로마가톨릭은 사제들의 조직적인 통일성을 특히 강조하면서 외면적 조직체가 통일되었다고 이해한다.

거룩성에 있어서도 기독교는 그리스도께서 이루어주신 의를 근거로 성령께서 날마다 새롭게 하는 은혜를 주시고, 거듭난 사람들이 거룩한 산 제물로 항상 하나님 앞에 드려진다는 의미에서 거룩하다고 본다. 그러나 로마가톨릭은 예배와 교회가 행하는 의식과 권징이 거룩하기 때문에 도덕적으로 거룩해진다고 주장한다.

보편성에 있어서 기독교는 기본적으로 교회의 본질에 대한 이해를 통해서 모든 시대와 전 세계에 흩어진 주님의 교회와 그 안에 연결되어 있는 지체들인 성도들이 보편성을 가진다고 본다. 반면에 로마가톨릭교회는 역시 보이는 조직에 이 보편성을 적용한다.

정리하면 로마가톨릭교회는 유형적인 조직으로서의 교회에 교회의 성질을 적용하는 반면, 기독교는 본질적으로 무형적인 교회에 교회의 성질이 있다고 해석한다.

교회의 특성

위에서 언급한 교회의 성질과 더불어 교회의 특성은 다음과 같다.

첫째, 끊임없이 전진하는 성격을 가지고 있다. 하나님이 처음에 진보적인 계시를 허락하셨고, 이후의 교회는 성경을 이해하고 진리를 더욱 풍부하게 찾아내야 할 성격을 가지기 때문이다.

둘째, 하나님께서 핍박과 이단들에게서 보호하심으로 하나님의 백성으로서의 모임인 교회가 복음 전파를 계속하도록 불멸하는 특성을 가지게 된다.

셋째, 하나님 자신이 직접 설립하셨고, 중생한 자들만이 그 회원이기 때문에 초월적 특성을 가진다.

넷째, 교회는 그리스도를 머리로 하여 그의 통치하심을 받고, 그의 몸으로서 모든 지체들이 조화롭게 교통함으로 진리의 계시를 수호하고 전달하는 자로 이 땅에 존재하는 특성을 지닌다.

참된 교회의 기준

기독교 역사는 이단이라는 내부적인 적에게 교회 설립 초기부터 공격을 받아왔다. 그래서 이단과 구별되는 참된 교회가 되기 위해서 적어도 다음의 세 가지 기준이나 표지를 바르게 시행할 필요가 있고, 그렇게 할 때 건강한 교회가 될 수 있다.

첫째, 진정한 말씀의 전파가 있어야 한다. 이는 가장 중요한 요소로 이후에 나오는 기준들은 이 기준에 포함된다고 볼 수 있다. 요한복음 8장 47절에서 예수님은 "하나님께 속한 자는 하나님의 말씀을 듣나니 너희가 듣지 아니함은 하나님께 속하지 아니하였음이로다"고 말씀하셨다.

둘째, 성례가 정당하게 거행되어야 한다. 정당하게 거행한다는 의미는 하나님의 말씀에 가장 적합하게 하는 것을 의미한다. 그러므로 교회 내에서 행하는 모든 성례는 하나님의 말씀과 분리되어서는 안 되고, 합법적인 사역자들에 의해 거행되어야 한다.

셋째, 권징, 즉 신실한 징계가 교회 내에 살아 있어야 한다. 건강한 교회가 되기 위해서는 교리의 순수성을 유지하고 성례의 거룩성을 보호할 필요가 있다. 많은 뜻있는 그리스도인들은 오늘날 교회가 부패하고 세속화 되는 가장 큰 이유가 권징의 상실 때문이라며 개탄하고 있다.

교회의 정치 형태

모든 교회는 그리스도를 머리로 하고 그 안에 있는 모든 성도들이 한 몸이 되었다는 사실을 인정한다. 그러나 교회의 정치 형태는 다양하게 이루어진다. 기독교 역사에 나타난 중요한 몇 가지 정치형태들을 살펴보면 다음과 같다.

첫째, 대의(代議)를 특징으로 하는 장로교 정치제도다. 성도들이 치리 장로를 투표로 선택하여 목사와 함께 같은 권위와 지위를 가지고 대의정치(代議政治)를 하는 것이다. 그래서 당회가 구성되고 더 넓은 범위의 노회와 대회, 그리고 최고회의인 총회에 목사와 장로가 같은 수로 파송되어 정치를 하게 된다.

둘째, 감독 정치다. 이는 감독의 직분을 맡은 교직자가 있고, 그 아래 다른 교직자들이 서열에 따라 교회를 다스리는 정치제도다. 영국 성공회가 이 체제를 유지하고 있고, 로마가톨릭교회 역시 이 제도를 강화하여 활용하고 있다.

셋째, 각 교회와 회중은 상호 독립적으로 완전한 교회임을 인정하는 회중제도가 있다. 이 제도는 교회의 모든 통치권이 교회의 구성원인 회중들에게 있으며, 교직자들은 단지 설교하고 행정적인 사역을 감당하는 사역자로만 인정하는 정치제도다.

넷째, 교직자는 말씀 전파와 교훈자에 불과하고, 교회를 다스리고 권징하며 파문하는 것은 국가의 임무로 보는 에라스투스파(Erastian) 정치제도가 있다. 이 경우 교회는 국가에 귀속된 하나의 단체로 이해한다.

다섯째, 조직적인 교회의 형태를 무시하고 하나님과의 직접적인 교제에만 치중하는 무교회주의도 교회 정치의 한 형태라고 할 수 있다.

교회가 가진 권세

하나님의 교회는 교리권, 치리권, 사역권이라는 세 종류의 권세를 가지고 있다. 교리권은 하나님의 말씀을 이단들의 도전으로부터 지키고 복음 전파의 사역을 효과적으로 감당하는 권세를 의미한다. 치리권은 교회의 질서 유지와 순결함을 유지하기 위해 권징을 수행하는 권세를 의미한다. 사역권은 긍휼권이라고도 하는데 병약하고 연약한 상황 속에 있는 자들을 향한 섬김의 권한을 말한다. 이런 모든 권세의 원천은 교회의 머리이며 만왕의 왕이신 그리스도를 통해서 부여되었다. 교회의 모든 권세는 성령에 의해 수행하므로 신령한 성격을 가진다.

교회가 반드시 해야 할 일

이 땅에 있는 교회가 그리스도가 재림하실 때까지 반드시 행해야 할 임무는 크게 세 가지다. 하나님께 드리는 예배와 덕을 세우는 일, 그리고 끊임없이 그리스도의 복음을 전하는 일이 그것이다.

첫째, 예배는 하나님께서 사람을 위해 하신 일들을 사람이 응답하는 행위다. 따라서 예배는 하나님의 영광을 향한 신앙과 순종의 역동적인 행위고, 여기에 찬송과 감사의 구체적인 행위가 뒤따른다.

둘째, 덕을 세우는 것은 그리스도께서 이미 이루신 의로움의 기초 위에서 진행된다. 이는 교회가 성경을 가르치고, 규율을 세우고, 권징을 행함으로 예배와 상호교제와 봉사를 통해 덕을 이루는 것을 의미한다.

셋째, 복음 전파의 임무는 하나님과 예수 그리스도께서 직접 명령하신 임무로서 가장 긴급한 교회의 사역이다. 따라서 복음의 내용인 사람의 삶과 죽음에 대해서, 교회의 존재 이유에 대해서, 그리고 그리스도의 재림과 마지막에 될 일들에 관해서 전 세계의 모든 사람들에게 전해야 한다.

교회를 통해서 은혜 받는 길

하나님께서 사람들의 영혼에 은혜, 즉 초자연적 감화를 주시기 위해 세 가지 방편을 정해 주셨다. 일반적으로는 말씀과 성례 두 가지로 이해하지만 「웨스트민스터 신앙고백서」는 여기에 기도를 하나 더 추가했다. 하지만 하나님이 특별한 은혜를 베푸시는 공식적인 길은 바로 말씀과 성례다. 그러므로 이 두 가지 방편에 대한 이해가 무엇보다 중요하다. 로마가톨릭교회는 거룩한 물건이나 형상도 은혜를 받을 수 있는 길이라 여겼고, 궁극적으로는 보이는 교회 자체가 가장 우월한 은혜의 방편이라고 주장했다. 루터파는 말씀에 크게 치중하여 성례는 말씀을 떠나서는 아무 의미가 없다고 생각했다. 또 신비주의는 특별한 은혜의 방편에 얽매이지 않고 성령을 통해 직접 인간의 마음속에 은혜가 임할 수 있다고 봄으로써 말씀과 성례를 격하시켰다. 이런 입장들은 모두 은혜의 방편에 대한 균형을 상실한 주장들이다. 하지만 개혁신학은 하나님의 특별은혜가 은혜의 방편들이 작용하는 곳에서만 임한다고 보았다. 또

은혜의 방편 자체가 은혜를 주는 것이 아니라 성령께서 그 방편들을 사용하여 은혜를 주신다고 생각했다. 나아가 성례는 하나님의 말씀을 항상 수반한다고 주장함으로써 말씀 없이도 은혜가 임한다는 신비주의를 배격했다.

은혜를 받을 수 있는 길인 하나님의 말씀은 기록된 성경을 통해 성도들이 양육되고 교회가 확장되기 때문에 가장 중요한 은혜의 방편이다. 즉, 기록된 하나님의 말씀이 올바른 해석을 통해 전파될 때 성령의 역사하심이 수반되어 은혜가 임하는 것이다.

또 다른 은혜의 방편인 성례는 세례와 성찬이라는 두 가지 가시적인 종류로 나누어진다. 그런데 로마가톨릭교회는 여기에 믿음을 강화 시키는 예식인 견진성사, 고해성사, 종부성사(장례식), 신품성사(신부의 임직식), 혼배성사(결혼식) 등 다섯 가지를 더 추가하여 모두 일곱 가지의 성례를 주장한다. 그러나 그리스도께서 인정하신 성례는 세례와 성찬밖에 없으므로 개신교는 두 가지 성례만 시행한다. 성례의 창시자는 하나님이며, 그리스도가 두 성례의 중심 내용이고 신앙을 통해서만이 은혜를 받을 수 있다. 그래서 개신교는 성도들에게 말씀은 절대적으로 필요하지만 성례는 그렇지 않다고 본다. 말씀은 신앙을 일으키고 강화하는 능력을 가지고 있지만 성례는 신앙을 강화하는 데만 유용하다고 생각하기 때문이다.

구원에 절대적으로 필요한 것은 아니지만 그리스도께서 명령하신 것이기 때문에 의무적으로 시행하는 성례인 세례와 성찬을 좀 더 살펴보면 다음과 같다.

첫째, 세례는 물을 가지고 성부와 성자와 성령의 이름으로 씻는 성례다. 세례를 통해 그리스도에게 연합됨과 하나님이 베푸신 은혜 언약의 모든 유익에 참여하고 주님의 사람이 되기로 약속하는 확인이자 외적 표시라고 정의할 수 있다. 세례를 베풀 때 물을 사용하는 것은 씻어서 죄로부터 깨끗케 되었음을 상징하기 위해서다. 세례를 베푸는 형식도 교파마다 다른데 침례교의 경우에는 온몸을 물속에 담그는 침례 예식을 고집한다. 그러나 개혁신학에 입각한 교파는 세례가 영적 씻음과 정결을 상징하는 것이기 때문에 뿌리는 것이든 온 몸이 잠기는 것이든 형식은 문제가 되지 않는다고 본다.

세례를 받을 수 있는 대상도 각 교파마다 의견을 달리한다. 침례교는 하나님의 말씀을 의식하고 공적인 신앙고백이 가능한 어른들에게만 베풀어야 한다고 주장한다. 반면에 개혁신학에 입각한 교파는 주님의 사람이 되기로 믿음으로 서약하는 모든 청장년들과 믿음의 가정에서 태어난 유아들에게도 세례를 베푼다. 유아세례는 중생의 약속을 포함하는 하나님의 포괄적인 약속에 근거한다. 어린이 안에 있는 신앙의 씨앗을 강화하고 어른이 되어 그 의의를 이해할 때 신앙을 강화하는 도구가 되도록 시행하는 것이다. 특별히 유아세례는 부모의 신앙을 보고 그들이 믿음으로 양육할 것을 동시에 서약하면서 시행하기 때문에 신자의 자녀들에게만 시행된다.

둘째, 성례의 또 다른 예식인 성찬은 그리스도께서 정하신 대로 떡과 포도주를 주고받는 것으로 그의 죽으심을 나타내는 것이다. 그의 살과 피를 기념하는 떡과 포도주를 믿음으로 합당하게 받는 자들은 그리스도의 몸과 피에 참

예하어 은혜를 얻게 된다. 성찬에서 떡을 떼는 것은 그리스도께서 우리를 위하여 자기의 몸을 대신 주신 것을 상징하고 성도들이 한 몸이 되어 서로 교통하는 것을 표현한다. 잔을 준비하여 포도주를 주고받는 것은 그의 보혈 흘리심을 나타내는 행동으로서 역시 성도와 그리스도의 교통함을 상징한다.

이런 의미의 성찬에 대해 로마가톨릭교회는 "이는 내 몸이니라"는 예수님의 말씀을 근거로 성찬 예식 때에 떡과 포도주가 실제로 그리스도의 살과 피로 변한다는 '화체설'을 주장했다. 또 루터파는 떡과 포도주는 그대로 존재하지만 그리스도의 전 인격 즉 살과 피가 각 요소들 속에, 밑에, 함께 임재한다는 '공재설'을 주장했다. 그리고 츠빙글리는 성찬은 주님을 기념하고 감사하는 것으로 떡과 포도주는 단순한 상징(표징)이라는 '기념설'을 주장하여 성찬에서 모든 신비적인 요소를 제거했다.

이에 반해 칼뱅은 성찬의 깊은 의미를 강조하면서 성찬은 그리스도의 육체적·장소적 임재가 아니라 영적 임재라고 보았다. 그는 성찬을 통하여 성령으로 말미암아 그리스도와 전인격적인 교제를 할 수 있다는 '영적임재설'을 주장했다. 칼뱅의 주장에 따르면 믿음으로 성례에 참여하게 될 때 그리스도와의 연합을 재확인할 수 있고, 성도들 사이의 사랑을 확인할 수 있으며, 궁극적으로 신앙을 성숙시킬 수 있다.

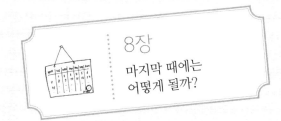

8장

마지막 때에는
어떻게 될까?

　역사를 살펴보면 거의 매 세기가 끝나는 시점에는 항상 세상의 종말을 예견하는 운동들이 일어났던 것을 볼 수 있다. 특히 기독교 내에서는 그리스도의 재림의 때가 언제인지 구체적으로 그 날을 예언하고 혹세무민했다가 그 예언들이 빗나가면서 당혹해하는 이단들도 있었다. 이런 소동은 모두 하나님의 계시인 성경이 가르치는 종말에 대한 몰이해와 왜곡된 해석 때문에 빚어진 어려움이다. 성경은 마지막에 일어나는 사건을 다음 두 가지로 나누어 설명하고 있다. 하나는 이 땅에 사는 개개인들의 호흡이 멎은 이후 맞이하게 될 마지막 때, 즉 육체적 죽음으로 인한 개인적 종말(신학적으로는 내세관이라고 부른다)이고, 다른 하나는 우주 전체가 맞이하게 될 일반적 종말이다. 이 장에서는 그 내용들을 살펴보도록 하자.

사람이 죽으면
어떻게 될까?

육체적 죽음

　사람의 육체가 죽었다는 것은 영혼과 몸이 분리되어 이 땅에서 생명이 끝났다는 것을 의미한다. 성경은 한 번 죽는 것은 모든 사람에게 정해진 것(히브리서 9:27)이라고 말씀한다. 하지만 성경에서는 육체가 흙으로 돌아가는 죽음 이외에 두 가지 종류의 죽음을 더 언급하고 있다. 한 가지는 영혼이 하나님으로부터 분리되는 영적 죽음이다(로마서 7:24, 에베소서 2:1). 또 하나는 최종 심판 때에 영혼과 육체가 다시 연합한 후 악인이 하나님으로부터 추방되어 최종적 고난을 당하는 것으로 둘째 사망으로 표현되는 영원한 죽음이다(요한계시록 20:14; 21:8).

　예수 그리스도를 믿는 신자들에게 죽음은 결코 형벌이 아니다. 신자의 죽음은 하나님이 정하신 훈련과 사랑에 기초한 징계며, 영적 성숙의 정점이기 때문이다(시편 116:15). 즉, 그리스도께서 완성하신 구원 사역으로 인해 영적인 복을 받을 수 있도록 변화되는 것이 죽음이다. 그러므로 그리스도인의 죽음은 개인의 삶의 완성이며, 동시에 완성된

히브리서 9:27 한번 죽는 것은 사람에게 정해진 것이요 그 후에는 심판이 있으리니

로마서 7:24 오호라 나는 곤고한 사람이로다 이 사망의 몸에서 누가 나를 건져내랴

에베소서 2:1 그는 허물과 죄로 죽었던 너희를 살리셨도다

요한계시록 20:14 사망과 음부도 불못에 던져지니 이것은 둘째 사망 곧 불못이라

요한계시록 21:8 그러나 두려워하는 자들과 믿지 아니하는 자들과 흉악한 자들과 살인자들과 음행하는 자들과 점술가들과 우상 숭배자들과 거짓말하는 모든 자들은 불과 유황으로 타는 못에 던져지리니 이것이 둘째 사망이라

시편 116:15 그의 경건한 자들의 죽음은 여호와께서 보시기에 귀중한 것이로다

삶을 살 수 있는 영역인 천국으로 그 삶이 이동되는 것이다. 이 때문에 사람이 죽을 때 이미 그 운명이 결정되기 때문에 죽은 자를 위한 기도나 헌금은 필요 없다.

죽는 순간 영혼이 천국으로 인도된다는 사실을 믿는 그리스도인은 비로소 그 때가 완전한 삶을 시작할 수 있는 출발점임을 안다. 때문에 죽음에 대한 공포를 갖거나 슬퍼하기보다 항상 영원한 집을 사모하고 죽음을 맞이하기 위해 준비하는 자세로 살아간다(고린도전서 15:55, 고린도후서 5:1, 8).

그리스도를 믿지 않는 사람의 영혼이 죽지 않는다는 점에서는 그리스도인의 영혼과 같은 상황이다. 하지만 불신자의 영혼은 단순히 영속할 따름이고 신자의 영혼은 복된 영속성을 지닌다는 점에서 차이가 있다. 유물론자들은 인간이 원자로 결합된 존재이기 때문에 죽는다는 것은 곧 원자의 분해에 지나지 않는다고 보고 영혼의 영속성을 거부한다. 그러나 성경은 여러 곳에서 영혼이 육체와 분리되는 죽음 이후에도 영원히 존재한다는 사실을 밝히고 있다.

구약성경은 사람이 죽으면 이 세상에서 다른 세상으로 가는 것으로 묘사하고(창세기 5:24), 죽은 사람이 내려가서 의식을 가지고 거주하는 '스올'(한글성경에서는 '음부')이 있음을 말하고 있다(창세기 37:35, 이사야 14:9~11). 또 죽은 자가 부활한다는 교훈이 있고(이사야 26:19), 죽음 이후에 하나님과 만나 교통하는 것을 알려주는 말씀이 있다(욥기 19:26).

신약성경은 죽음 이후에 영혼이 남아 있다고 말하며(마태복음 10:28, 고린도후서 5:1), 그리스도인은 죽음 후에 아버

고린도전서 15:55 사망아 너의 승리가 어디 있느냐 사망아 네가 쏘는 것이 어디 있느냐
고린도후서 5:1 만일 땅에 있는 우리의 장막 집이 무너지면 하나님께서 지으신 집 곧 손으로 지은 것이 아니요 하늘에 있는 영원한 집이 우리에게 있는 줄 아느니라
고린도후서 5:8 우리가 담대하여 원하는 바는 차라리 몸을 떠나 주와 함께 있는 그것이라

창세기 5:24 에녹이 하나님과 동행하더니 하나님이 그를 데려가시므로 세상에 있지 아니하였더라
창세기 37:35 그의 모든 자녀가 위로하되 그가 그 위로를 받지 아니하여 이르되 내가 슬퍼하며 스올로 내려가 아들에게로 가리라 하고 그의 아버지가 그를 위하여 울었더라
이사야 14:9~11 아래의 스올이 너로 말미암아 소동하여 네가 오는 것을 영접하되 그것이 세상의 모든 영웅을 너로 말미암아 움직이게 하며 열방의 모든 왕을 그들의 왕좌에서 일어서게 하므로 그들은 다 네게 말하여 이르기를 너도 우리 같이 연약하게 되었느냐 너도 우리 같이 되었느냐 하리로다 네 영화가 스올에 떨어졌음이여 네 비파 소리까지로다 구더기가 네 아래에 깔림이여 지렁이가 너를 덮었도다
이사야 26:19 주의 죽은 자들은 살아나고 그들의 시체들은 일어나리이다 티끌에 누운 자들아 너희는 깨어 노래하라 주의 이슬은 빛난 이슬이니 땅이 죽은 자들을 내놓으리로다
욥기 19:26 내 가죽이 벗김을 당한 뒤에도 내가 육체 밖에서 하나님을 보리라

마태복음 10:28 몸은 죽여도 영혼

지 나라에서 해와 같이 빛나는 복된 생활을 하는 것으로 묘사한다(마태복음 13:43).

이처럼 영혼의 영생에 관해서 충분한 이해를 가지게 되면 자연스럽게 연결되는 것이 '영생하는 영혼은 어디에, 어떻게 존재하는가?'라는 질문이다. 이에 대한 다양한 견해들을 정리하면 다음과 같다.

죽음 이후의 영혼

먼저 죽음 이후 개인의 영혼에 대한 개혁교회의 이해는 다음과 같다. 사람이 죽은 후 최후 심판을 받기 위해 부활하기 전까지의 영혼 상태를 중간 기간의 상태라고 말한다. 로마가톨릭은 이 중간 기간에 영혼이 머무는 곳이 존재한다고 주장하지만 개혁신앙을 고백하는 기독교는 중간 기간이라 할지라도 천국과 지옥 외에 영혼이 거하는 장소를 따로 인정하지 않는다. 그러므로 각 사람의 목적지는 죽는 때에 변경될 수 없으며, 선악에 따라 결정된다. 의로운 사람들은 즉각적으로 완전한 성화를 이루고 그리스도 앞에서 부활하는 시간까지 존재하며(누가복음 23:43), 악인은 지옥에서 고통의 영생을 하게 되는 것이다(누가복음 16:19~31).

유의할 것은 중간 기간이 구속의 최종 완성 상태와는 조금 다르다는 점이다. 그리스도의 재림 시 이루어지는 최종 부활의 때가 아직 이르지 않았기에 신체적으로 완전히 변화된 상황이 아니며, 구속이 최종적으로 실현된 상황도 아니기 때문이다. 결국 분명한 것은 의인과 악인의 영혼이 중간 기간에도 여전히 활동적이며 의식을 가지고 있다는

은 능히 죽이지 못하는 자들을 두려워하지 말고 오직 몸과 영혼을 능히 지옥에 멸하실 수 있는 이를 두려워하라

고린도후서 5:1 만일 땅에 있는 우리의 장막 집이 무너지면 하나님께서 지으신 집 곧 손으로 지은 것이 아니요 하늘에 있는 영원한 집이 우리에게 있는 줄 아느니라

마태복음 13:43 그 때에 의인들은 자기 아버지 나라에서 해와 같이 빛나리라 귀 있는 자는 들으라

누가복음 23:43 예수께서 이르시되 내가 진실로 네게 이르노니 오늘 네가 나와 함께 낙원에 있으리라 하시니라

누가복음 16:25 아브라함이 이르되 얘 너는 살았을 때에 좋은 것을 받았고 나사로는 고난을 받았으니 이것을 기억하라 이제 그는 여기서 위로를 받고 너는 괴로움을 받느니라

사실이다.

또 한 가지 창세기 37장 35절과 이사야 14장 9~11절에서 죽은 자들이 의식을 가지고 거하는 곳으로 나오는 '음부(스올)'를 중간 장소로 해석하는 것은 잘못이다. 그렇다고 여호와의 증인에서 주장하는 것처럼 망각의 지대도 아니다. 음부는 성경에 나오는 대로 "악한 자들을 위한 형벌의 장소"며(신명기 32:22, 잠언 15:11), 때로는 무덤을 의미할 뿐만 아니라(창세기 44:29, 31, 열왕기상 2:6, 9, 전도서 9:10), 몸을 떠나 있는 죽음의 상태를 나타내기도 한다(이사야 38:10).

두 번째로 로마가톨릭의 견해는 개혁교회의 관점과는 매우 다르다. 성경은 이렇게 중간 기간에 영혼이 들어가는 중간 장소가 없다는 사실을 확연히 증명함에도 불구하고 로마가톨릭은 영혼이 거하는 중간 장소가 있다고 주장한다. 이 중간 장소는 사람의 신앙에 따라 여러 가지로 나뉜다. 물론 그리스도인으로서 완전한 상태에 이른 신자들은 즉각 천국에 들어간다. 그러나 세례 받지 못한 어른과 세례 받은 후 죽음에 이르는 죄를 지은 신자들, 세례의 은혜를 잃어버리고 교회와 원수 된 상태에서 죽은 어른들은 즉각 지옥에 간다고 본다.

그 다음에 부분적으로 성화된 그리스도인들은 '연옥'이라는 곳으로 가게 된다고 한다. 또 그리스도를 모르고 죽은 구약의 성도들은 선조(先祖) 림보*로 일컬어지는 아브라함의 품에, 세례 받지 않고 죽은 유아(幼兒)의 영혼들은 유아 림보에 들어간다고 주장한다.

여기서 연옥은 교회와 좋은 관계를 가지고 죽었지만 완

전에 이르지 못하고 죽은 자들이 가는 곳인데, 신자들의 영혼을 정화시키고 준비하는 곳으로 이해한다. 따라서 연옥에 들어간 영혼들은 본질적인 불을 통해 적극적인 고통을 당하게 된다. 그런데 지상에 남은 가족들의 기도를 통해서나 미사와 면죄부*의 구입 등을 통해 그 고통이 경감될 수 있다고 주장한다. 결국 미사를 드리는 사제의 권한이 강화될 수밖에 없음을 알 수 있다. 게다가 교황은 교리적으로 연옥에 대한 권한을 실제적으로 행사할 수 있도록 되어 있다.

또 선조 림보는 지옥의 주변에 위치하여 구약시대 성도였던 영혼들이 주님의 부활을 기대하며 복된 상태도 아니

선조 림보 *limbus patrum*

고성소(古聖所) 또는 림보(*Limbus*)는 로마가톨릭교회의 신학에서 예수를 미처 알지 못하고 원죄 상태를 유지한 채 죽은 사람들의 사후 상태에 대한 신학적 유추에 근거를 둔 개념이다. 고성소는 가톨릭교회나 다른 기독교 종파의 공식적인 교리는 아니다. 중세 신학자들은 지하에 있는 사후 세계를 지옥, 연옥, 선조 림보, 유아 림보 등 크게 네 곳으로 나뉘어 있다고 생각했다. 조상들의 고성소라고도 하는 선조 림보는 예수 그리스도의 부활 이전에 하나님의 사랑을 받고 죽었으나, 그리스도를 미처 알지 못하고 그를 통하여 구원받지 못한 사람들의 영혼이 잠시 머물렀던 곳을 이르는 용어다. 고성소라는 용어는 알렉산드리아의 클레멘스가 처음으로 주장했다.

면죄부 免罪符 indulgence

가톨릭교회가 신자에게 고해성사 이후에도 남아 있는 벌의 일부 혹은 전체를 사면해 주었음을 증명하는 문서. 중세 말 금전적인 목적으로 면죄부가 남용되면서 비난받았으며, 이는 종교개혁에도 영향을 끼쳤다. 가톨릭에서는 고해성사에서 죄를 참회하면 사제의 기도를 통해 그 죄를 용서받는다고 가르치면서도 죄의 벌은 남게 되므로 그것을 기도나 선업(善業)으로써 갚을 것을 권했다. 1517년 성베드로대성당을 건립할 때는 루터가 면죄부 발행에 반대하여 그 폐단을 지적하는 등 「95개조 의견서」를 내붙이고 공개 토론을 주장한 것이 종교개혁의 실마리가 되었다. 그 후 트리엔트 회의(Council of Trient)에서는 면죄부의 남용을 규제하였으며, 차차 면죄부가 사라졌다.

고 고통도 당하지 않는 상태에서 있는 곳이라고 한다. 그리고 그리스도께서 십자가 위에서 죽으신 후에 이곳으로 내려가 그들에게 복음을 전파하시므로 그들을 해방시켜 천국으로 인도해 올라가셨다고 주장한다.

유아 림보는 이교도의 자손이나 기독교의 자손이나 세례 받지 못한 어린아이들의 영혼이 들어가는 곳으로서 천국에는 들어가지 못했지만 지옥의 무서운 불길이 미치지 못하는 곳에 위치한다고 주장한다. 이곳에 들어간 어린 영혼들은 적극적인 형벌이나 감각적인 고통을 받지 않는다. 다만 천국에서 누리는 행복으로부터 제외되어 자기들이 가진 자연적 재능을 사용하여 하나님을 알고 사랑하면서 충분한 기쁨을 누릴 수 있다고 주장한다.

로마가톨릭에서 주장하는 영혼의 중간 장소는 전혀 성경적인 근거없이 다분히 사람의 생각 속에서 만들어진 주장이다. 이러한 난점과 한계로 인해 그들의 주장은 수용하기 어려운 왜곡된 진리임을 알 수 있다.

이렇듯 사람이 죽은 후 영혼이 들어가는 곳이 어디인지에 대해 바르게 이해하는 것은 대단히 중요하다. 게다가 많은 이단들의 공격이 있음을 생각하면 죽음 후의 영혼이 어떤 상태에 있는지를 분명하고 확실하게 정리해야 한다.

마지막으로 기독교 역사 중 죽음 이후의 영혼에 대한 대표적인 잘못된 주장 네 가지를 살펴보자.

첫째, 멸절 이론이다. 이 이론은 죄인의 영혼은 영원히 의식을 상실하여 실질적으로 존재하지 않는 것과 같은 상태라고 주장하는 이론이다.

둘째, 조건적 영생 이론이다. 영생은 그리스도 안에 있는 자에게만 주시는 하나님의 은혜이기 때문에 그리스도를 믿지 않는 영혼들은 반드시 죽거나 의식을 전부 상실한다고 본다. 결국 하나님만 영원하다라고 전제하면서 각 사람들의 영생은 없다고 주장하는 이론이다.

셋째, 제2시련 이론이다. 이 이론은 영혼이 중간기에 거처하는 장소가 있다는 주장과 깊이 연관되어 있다. 즉, 구원을 받지 못하고 죽은 사람들은 죽음 이후의 또 다른 세상에서 구원 받을 수 있는 또 다른 기회를 가진다는 것이다. 이런 주장은 아무도 예수 그리스도를 믿을 수 있는 기회를 가지지 않고는 멸망할 수 없다는 것을 전제로 한다. 결국 유아기에 죽은 모든 어린아이들과 그리스도의 복음을 듣지 못한 사람들에게 이 기회가 제공되며, 기독교 국가에 살면서도 구원에 대한 깊은 인식을 가질 수 없었던 자들에게도 제공된다. 이 주장은 모든 사람이 구원에 이르는 만인구원설에 바탕을 둔 것이다.

넷째, 영혼 수면 이론이다. 이 이론은 사람의 생명은 죽을 때에 떠나기 때문에 부활할 때까지 다시 살지 못하는 것으로 이해한다. 성경에 죽음을 '자는 것'(고린도전서 15:51)으로 말하는 구절이 있고 죽은 자의 의식을 '무의식'이라고 표현하는 구절(전도서 9:10)이 있기 때문에 상당히 설득력 있는 이론으로 받아들일 수 있다.

그러나 성경은 죽음 후의 인간 영혼이 잠잔다고 말하지 않고 단지 죽은 사람을 비유적으로 잠잔다고 표현한다. 즉, 죽음 후의 영혼은 분명한 의식을 가진 존재로서 예수 그리스도와 교제하는 삶을 사는 존재인 것이다. 성경은 부자와 나사로의 비유(누가복음 16:19~31), 또 사도 바울의

고린도전서 15:51 보라 내가 너희에게 비밀을 말하노니 우리가 다 잠 잘 것이 아니요 마지막 나팔에 순식간에 홀연히 다 변화되리니
전도서 9:10 네 손이 일을 얻는 대로 힘을 다하여 할지어다 네가 장차 들어갈 스올에는 일도 없고 계획도 없고 지식도 없고 지혜도 없음이니라

"주와 함께 거하는 욕망을 가지고 있다"는 고백(고린도후서 5:6~9, 빌립보서 1:23) 등의 증거를 통해서 죽음 후의 영혼이 의식적인 활동을 한다는 것에 대해서 확고한 지지를 보내고 있다.

종말에는 어떤 일이 일어날까?

일반적인 종말은 승천하신 그리스도께서 재림하시는 시기와 관련해서 온 우주에 일어날 큰 사건들을 말한다. 그리고 재림 후에 있게 될 최후 심판과 최후의 상태 등을 통해 인류가 어떤 종말을 맞이하게 될 것인지에 대해서 다룬다. 정리하면 다음과 같다.

반드시 오실 예수 그리스도

예수 그리스도의 재림이 언제인지에 대한 문제는 신학자들뿐만 아니라 세계사적으로도 모든 사람들의 관심사였다. 한국만 해도 1992년 10월 28일 예수 그리스도께서 공중에서 재림한다고 주장했던 다미선교회 열풍은 엄청난 사회적 물의를 일으켰다. 그리스도의 재림은 사실이다. 그러나 그 날과 그 때는 아무도 모르고 오직 하나님만 아신다(마태복음 24:36).

예수님은 승천하시기 직전에 "인자가 구름을 타고 오는 것을 보리라"(마태복음 24:30)고 스스로 증언하셨고, 천사들도 "하늘로 올라가심을 본 그대로"(사도행전 1:11) 그리

고린도후서 5:6~9 그러므로 우리가 항상 담대하여 몸으로 있을 때에는 주와 따로 있는 줄을 아노니 이는 우리가 믿음으로 행하고 보는 것으로 행하지 아니함이로라 우리가 담대하여 원하는 바는 차라리 몸을 떠나 주와 함께 있는 그것이라 그런즉 우리는 몸으로 있든지 떠나든지 주를 기쁘시게 하는 자가 되기를 힘쓰노라

빌립보서 1:23 내가 그 둘 사이에 끼었으니 차라리 세상을 떠나서 그리스도와 함께 있는 것이 훨씬 더 좋은 일이라 그렇게 하고 싶으나

마태복음 24:36 그러니 그 날과 그 때는 아무도 모르나니 하늘의 천사들도, 아들도 모르고 오직 아버지만 아시느니라

마태복음 24:30 그 때에 인자의 징조가 하늘에서 보이겠고 그 때에 땅의 모든 족속들이 통곡하며 그들이 인자가 구름을 타고 능력과 큰 영광으로 오는 것을 보리라

사도행전 1:11 이르되 갈릴리 사람들아 어찌하여 서서 하늘을 쳐다보느냐 너희 가운데서 하늘로 올려지신 이 예수는 하늘로 가심을 본 그대로 오시리라 하였느니라

252

스도께서 재림할 것이라고 증거하고 있다. 그리스도의 재림은 기독교 신앙에서 십자가 구속신앙과 더불어 중심에 위치하는 중요한 부분이다. 신약성경은 25절마다 한 번 꼴인 318번이나 재림에 관해 언급하고 있다. 그러므로 이 지상에 있는 교회와 성도들의 궁극적인 소망이자 성경 해석의 열쇠 역할을 하는 것이 그리스도의 재림이다.

그렇다면 이런 중요성을 지니는 그리스도의 재림은 어떤 모습일까?

간단하게 언급하면 천사의 증거대로 "하늘로 올라가신 모습 그대로 다시 오실 것"이다. 여기서 알 수 있는 것은 지구상의 모든 사람들이 그들의 눈으로 직접 볼 수 있도록 육체적으로 오실 재림이라는 사실이다. 그리고 마태복음 25장 1~12절에 있는 기름을 준비한 지혜로운 다섯 처녀와 그렇지 못한 다섯 처녀의 비유대로 갑자기 기대하지 않은 때에 있을 사건이다. 그리스도는 악한 자들을 심판하며, 택한 백성들의 구원을 완성하기 위해 재림하실 것이며 (마태복음 25:31~34), 영광과 위엄 가운데 만왕의 왕으로 오실 것이다.

성경은 그리스도의 재림 전에 다음과 같은 몇 가지 중대한 사건들이 일어나게 될 것이라고 증거한다.

첫째, 그리스도의 복음이 전 세계에 전파되어 모든 민족이 복음을 듣게 되며, 그들 가운데 하나님이 선택한 백성들 전부가 그리스도의 복음 안으로 들어오게 된다. 예수님은 마가복음 13장 10절에서 "또 복음이 먼저 만국에 전파되어야 할 것이니라"고 선언하셨고, 마태복음 24장 14절에서 "이 천국 복음이 모든 민족에게 증언되기 위하여 온

마태복음 25:31~34 인자가 자기 영광으로 모든 천사와 함께 올 때에 자기 영광의 보좌에 앉으리니 모든 민족을 그 앞에 모으고 각각 구분하기를 목자가 양과 염소를 구분하는 것 같이 하여 양은 그 오른편에 염소는 왼편에 두리라 그 때에 임금이 그 오른편에 있는 자들에게 이르시되 내 아버지께 복 받을 자들이여 나아와 창세로부터 너희를 위하여 예비된 나라를 상속받으라

둘째, "온 이스라엘이 구원을 받으리라"(로마서 11:26)는 말씀에 근거해서 이스라엘 전 민족이 회심하는 사건이 일어나게 될 것이다. 그러나 이 말씀은 전체 국가가 회개하는 것을 의미하기보다는 이스라엘 백성 가운데 선택받은 자들 전부가 회개하고 하나님 앞으로 돌아올 것이라는 의미다. 실제로 구약성경과 신약성경은 여러 곳에서 이스라엘의 회심이 재림 전에 있을 것임을 밝히고 있다(스가랴 12:10, 마가복음 13:11~13, 고린도후서 3:15~16).

셋째, 종말이 가까워질 때 대규모의 배교와 환난 사건이 나타나 기독교인들의 인내를 시험할 것이라고 성경은 말씀하고 있다(마태복음 24:9~12, 21~24, 마가복음 13:9~22, 누가복음 21:22~24, 데살로니가후서 2:3, 디모데전서 4:1, 디모데후서 3:1~5).

넷째, 정치와 교회를 장악하는 거짓그리스도가 나타나 하나님과 그리스도를 대항하고 불법적인 행위를 하다가 그리스도의 재림 때에 결정적으로 패배하게 될 것이다. 데살로니가후서 2장 8절은 "그 때에 불법한 자가 나타나리니 주 예수께서 그 입의 기운으로 그를 죽이시고 강림하여 나타나심으로 폐하시리라"고 밝힌다.

다섯째, 전 세계에 전쟁, 흉년, 지진이 일어나고 거짓선지자가 나타나 큰 징조와 기사를 베풀어 그리스도인들을 유혹한다. 천체에는 무서운 징조들이 나타나는 기적적인 일들이 일어나게 될 것이다(마태복음 24:29~30, 마가복음 13:24~25).

이런 대사건들이 있은 후에 그리스도가 재림하게 되는

데, 그의 재림은 궁극적으로 죽은 성도를 육체적으로 부활시켜 상을 주시며, 믿지 않는 자들을 벌하시기 위함이다.

그리스도가 다시 오시는 때

성경에서는 몇 가지 중대하고 엄청난 사건이 일어난 후에 그리스도의 재림이 있을 것이라고 밝히고 있다. 요한계시록 20장을 보면 성도들이 그리스도와 더불어 이 땅에서 천 년 동안 왕 노릇하는 '천년왕국'에 대한 말씀이 나타난다. 천년왕국의 기간과 특성을 어떻게 해석하느냐에 따라 재림의 때에 관한 세 가지 혹은 네 가지 학설들이 주장되고 있다. 재림의 때를 좀 더 명확하게 이해하기 위해서는 이 학설들에 대해 살펴보는 것이 중요하다.

첫째, 무천년설 혹은 무천년기 재림론이다.

이 이론을 주장하는 사람들은 초대교회의 교부들과 종교개혁자들, 그리고 네덜란드의 개혁신학자들이다. 무천년설은 요한계시록 20장에 나오는 '천 년 동안'을 신약의 교회시대로 이해하여 실제적인 천년기는 없고 영적인 천년왕국만이 있다고 주장한다. 그러므로 천 년은 완전한 기간으로서 기독교인과 비기독교인이 그리스도께서 최종적으로 심판하실 때까지 함께 사는 기간으로 해석하는 것이다. 무천년설은 마태복음 13장에 나오는 '알곡과 가라지 비유'를 성경적 기반으로 삼는다.

이 이론의 약점은 요한계시록 20장 1~7절 사이에 6번이나 나타나는 천 년을 영적으로만 해석하는 것이다. 또 마태복음 13장의 가라지 비유가 종말의 상황만 언급하는 편협성이 있는데, 이것을 확대 해석하는 경향이 있다. 뿐만

리스도가 여기 있다 보라 저기 있다 하여도 믿지 말라 거짓 그리스도들과 거짓 선지자들이 일어나서 이적과 기사를 행하여 할 수만 있으면 택하신 자들을 미혹하려 하리라

누가복음 21:22~24 이 날들은 기록된 모든 것을 이루는 징벌의 날이니라 그 날에는 아이 밴 자들과 젖먹이는 자들에게 화가 있으리니 이는 땅에 큰 환난과 이 백성에게 진노가 있겠음이로다 그들이 칼날에 죽임을 당하며 모든 이방에 사로잡혀 가겠고 예루살렘은 이방인의 때가 차기까지 이방인들에게 밟히리라

데살로니가후서 2:3 누가 어떻게 하여도 너희가 미혹되지 말라 먼저 배교하는 일이 있고 저 불법의 사람 곧 멸망의 아들이 나타나기 전에는 그 날이 이르지 아니하리니

디모데전서 4:1 그러나 성령이 밝히 말씀하시기를 후일에 어떤 사람들이 믿음에서 떠나 미혹하는 영과 귀신의 가르침을 따르리라 하셨으니

디모데후서 3:1~5 너는 이것을 알라 말세에 고통하는 때가 이르러 사람들이 자기를 사랑하며 돈을 사랑하며 자랑하며 교만하며 비방하며 부모를 거역하며 감사하지 아니하며 거룩하지 아니하며 무정하며 원통함을 풀지 아니하며 모함하며 절제하지 못하며 사나우며 선한 것을 좋아하지 아니하며 배신하며 조급하며 자만하며 쾌락을 사랑하기를 하나님 사랑하는 것보다 더하며 경건의 모양은 있으나 경건의 능력은 부인하니 이같은 자들에게서 네가 돌아서라

마태복음 24:29~30 그 날 환난 후에 즉시 해가 어두워지며 달이 빛을 내지 아니하며 별들이 하늘에서 떨어지며 하늘의 권능들이 흔들리리라 그 때에 인자의 징조가 하늘에서 보이겠고 그 때에 땅의 모든 족속들이 통곡하며 그들이 인자가 구름을 타고 능력과 큰 영광으로 오는 것을 보리라

아니라 성경에 언급된 마지막 때에 있을 예언들을 설명하지 못하는 어려움도 있다.

둘째, 후천년설 혹은 천년기후재림론이다.

이 이론은 이사야 11장 9절의 "내 거룩한 산 모든 곳에서 해 됨도 없고 상함도 없을 것이니 이는 물이 바다를 덮음 같이 여호와를 아는 지식이 세상에 충만할 것임이니라"는 말씀에 기초하여 그리스도의 재림이 천년왕국 후에 있을 것이라고 주장한다. 과학의 발달과 물질문명의 진보는 유토피아 곧 지상의 천년왕국을 만들고, 복음의 활발한 전파를 통해 기독교 황금시대가 올 것이라는 낙관론이 핵심이다. 그러나 오늘날의 현실은 과학문명의 발달이 오히려 심각한 폐해를 가져왔고, 복음의 전파는 활발하나 곳곳에서 복음을 거부하는 현상이 심각하게 일어나고 있다.

셋째, 전천년설 혹은 천년기전재림론이다. 이 이론은 역사적 전천년설과 세대주의적 전천년설이라는 두 가지 다른 입장이 존재하고 있다.

양자 모두 그리스도의 재림과 세계의 종말 사이에 천년기라 일컫는 세계의 평화와 의로움이 지배하는 시기가 있다고 본다. 그리고 이 때 그리스도께서 지상에 오셔서 왕으로 다스리신다고 이해하고 있다. 그러나 재림과 관련한 큰 사건의 순서가 각각 다르다고 보는 것이 차이점이다.

세대주의적 전천년설은 인류의 역사를 7세대로 나누고 그 마지막 시기가 천년왕국시대라고 본다. 이들의 주장은 크게 이중 재림과 3차 부활로 요약할 수 있다.

이중 재림은 그리스도께서 7년 대환난 전에 비밀리에 공중에 재림하시고, 7년 대환난 후 모든 사람이 보는 가운데 지상에 재림하신다는 것이다. 그리스도의 공중 재림 시 살아 있는 성도들이 공중으로 끌려 올라가는 휴거를 당해서 7년 동안 공중에서 어린양이신 예수님의 혼인 잔치에 참석한다. 땅에 남아 있는 자들은 7년 대환난을 겪는데, 이때 환난을 통과하는 성도들도 있다. 7년이 지난 후 성도들과 더불어 지상에 재림하여 최후의 심판을 행하신다. 이중 재림으로 인해 부활도 세 번에 걸쳐 일어난다. 그리스도의 공중 재림, 곧 7년 대환난 전에 의인의 1차 부활이 있고, 대환난 후에 환난을 통과하면서 죽은 성도들의 2차 부활이 있으며, 대환난 후 이어지는 천년왕국 이후에 악인들의 3차 부활이 있다.

이상의 내용을 종합하면 종말은 다음과 같은 순서로 이어진다.

그리스도의 공중 재림　성도의 부활과 휴거 (어린양 혼인 잔치와 복음의 재전파)　7년 대환난 적그리스도의 출현　그리스도의 지상 재림 대환난 때 죽은 성도들의 부활　적그리스도의 멸망　천년왕국시대　사단의 해방　악인의 부활　최후 심판　새 하늘과 새 땅

그러나 7년 휴거와 이중 재림, 3차례의 부활은 비성경적이기 때문에 이 이론은 수용하기가 어렵다.

세대주의 전천년설에 반하여 역사적 전천년설은 그리

스도께서 재림하실 때 그리스도 안에서 죽은 성도들이 부활하고, 살아 있는 지상의 성도들도 변화하여 그리스도를 영접하고 천년동안 지상에서 왕으로 다스리게 된다고 본다. 그리고 그리스도는 대환난 후에 단 한 번 재림하는 것으로 이해한다. 그러므로 이 이론의 종말 순서는 다음과 같이 정리할 수 있다.

대환난   그리스도의 재림(성도의 부활과 휴거)
적그리스도의 심판   천년왕국   악인의 부활과
최후 심판이 있는 세계 종말   새 하늘과 새 땅

요한계시록 20:1-6 또 내가 보매 천사가 무저갱의 열쇠와 큰 쇠사슬을 그의 손에 가지고 하늘로부터 내려와서 용을 잡으니 곧 옛 뱀이요 마귀요 사탄이라 잡아서 천 년 동안 결박하여 무저갱에 던져 넣어 잠그고 그 위에 인봉하여 천 년이 차도록 다시는 만국을 미혹하지 못하게 하였는데 그 후에는 반드시 잠깐 놓이리라 또 내가 보좌들을 보니 거기에 앉은 자들이 있어 심판하는 권세를 받았더라 또 내가 보니 예수를 증언함과 하나님의 말씀 때문에 목 베임을 당한 자들의 영혼들과 또 짐승과 그의 우상에게 경배하지 아니하고 그들의 이마와 손에 그의 표를 받지 아니한 자들이 살아서 그리스도와 더불어 천 년 동안 왕 노릇하니 (그 나머지 죽은 자들은 그 천 년이 차기까지 살지 못하더라) 이는 첫째 부활이라 이 첫째 부활에 참여하는 자들은 복이 있고 거룩하도다 둘째 사망이 그들을 다스리는 권세가 없고 도리어 그들이 하나님과 그리스도의 제사장이 되어 천 년 동안 그리스도와 더불어 왕 노릇 하리라

이 이론은 세대주의적 이론과는 다르게 문자적 해석과 상징적 해석을 적절히 조화하고 있고, 요한계시록 20장 1~6절의 바른 해석에 근거하여 주장하는 이론이다. 그래서 개혁신학 안에서 주로 인정하는 이론이기도 하다.

그러나 요한계시록이 예언서임을 감안할 때 '천 년'의 시기와 기간을 과연 문자적으로 볼 것인지, 아니면 상징적으로 해석할 것인지에 대한 논의는 쉬운 문제가 아니다. 그렇기 때문에 위에서 정리한 세 가지 이론 중에 무엇이 진리인지 결정하는 것 역시 쉽지 않다. 그러나 분명한 것은 재림의 때에 대해서는 "그러나 그 날과 그 때는 아무도 모르나니 하늘의 천사들도, 아들도 모르고 오직 아버지만 아시느니라"(마태복음 24:36)는 사실과 그럼에도 불구하고 사도신경의 신앙고백대로 그리스도의 재림은 분명히 있

을 것이라는 확실함이다.

부활

마지막에 될 일들 가운데 또 한 가지 중요한 사실은 부활이다. 기독교를 부활의 종교라고 일컫는 이유는 그리스도의 부활에 대한 언급뿐만 아니라 악인과 의인을 통틀어 모든 사람들이 부활하고(요한복음 5:29), 특히 그리스도를 믿기 때문에 그 안에 있는 자들이 장차 영광스러운 부활을 경험할 것이 확실하기 때문이다(요한복음 11:25, 고린도전서 15:12~16). 사람의 부활은 땅에 묻힌 신체의 부활로서 지상에 살고 있던 신체와는 다른 변형된 신체로 나타나게 되는 것이 특징이다. 부활한 몸을 알아볼 수는 있지만 이전처럼 한계를 가진 몸이 아니라 신령하고 영광스러운 몸으로 변화한다. 이 부활신앙이 궁극적으로 기독교를 기독교답게 만드는 것이라고 할 수 있는데, 이런 점에서 요한복음 11장 25~26절의 다음과 같은 그리스도의 말씀은 기독교인이 가져야 할 부활의 신앙을 격려한다.

예수께서 가라사대 나는 부활이요 생명이니 나를 믿는 자는 죽어도 살겠고 무릇 살아서 나를 믿는 자는 영원히 죽지 아니하리니 이것을 네가 믿느냐

최후 심판

요한계시록 20장 4절의 "또 내가 보좌들을 보니 거기에 앉은 자들이 있어 심판하는 권세를 받았더라"라는 말씀에서 보듯 모든 사람들의 부활이 있은 후에 있게 될 마지막

요한복음 5:29 선한 일을 행한 자는 생명의 부활로, 악한 일을 행한 자는 심판의 부활로 나오리라
요한복음 11:25 예수께서 이르시되 나는 부활이요 생명이니 나를 믿는 자는 죽어도 살겠고
고린도전서 15:12~16 그리스도께서 죽은 자 가운데서 다시 살아나셨다 전파되었거늘 너희 중에서 어떤 사람들은 어찌하여 죽은 자 가운데서 부활이 없다 하느냐 만일 죽은 자의 부활이 없으면 그리스도 다시 살아나지 못하셨으리라 그리스도께서 만일 다시 살아나지 못하셨으면 우리가 전파하는 것도 헛것이요 또 너희 믿음도 헛것이며 또 우리가 하나님의 거짓 증인으로 발견되리니 우리가 하나님이 그리스도를 다시 살리셨다고 증언하였음이라 만일 죽은 자가 다시 살아나는 일이 없으면 하나님이 그리스도를 다시 살리지 아니하셨으리라 만일 죽은 자가 다시 살아나는 일이 없으면 그리스도 다시 살아나신 일이 없었을 터이요

일은 그들을 향한 최후 심판이다. 최후 심판은 하나님이 그리스도 안에서 이성적이고 도덕적인 모든 피조물들, 곧 인간들이 행한 일에 대해 살피시고 그들의 영원한 운명을 최종적으로 결정하시는 것이다.

마태복음 25장에는 이 심판의 광경을 양과 염소를 나누는 것으로 비유적으로 묘사하고 있고, 사도 바울은 "우리가 다 반드시 그리스도의 심판대 앞에 나타나게 될 것"(고린도후서 5:10)을 분명히 증언한다. 그러므로 세상 끝에 있을 최후 심판은 하나님의 공의가 전적으로 드러나는 외면적이고 유형적인 심판으로 그리스도께서 심판주가 되신다(마태복음 25:31). 심판의 협력자는 천사들이며(마태복음 13:41~42), 또 성도들은 요한계시록 20장 4절에 "또 내가 보좌들을 보니 거기에 앉은 자들이 있어 심판하는 권세를 받았더라"고 기록된 대로 그리스도와 함께 앉아 심판하게 될 것이다.

심판을 내리는 원칙은 하나님의 계시하신 뜻이며, 하나님이 계시하신 내용을 많이 알고 그 혜택을 많이 받아 누린 자와 적게 누린 자의 책임은 다를 것이다. 그리고 심판의 근거는 이방인은 자연법에 따를 것이고, 유대인들은 구약의 율법에 의해서, 신약의 그리스도인들은 복음의 요구에 따라서 심판 받게 될 것이다. 그리스도인은 각기 상급이 다를 것이고, 악인 역시 형벌의 등급이 다를 것이다.

최후 상태

최후 심판을 받은 악인과 의인은 각각 최후 상태가 다르다. 악인은 '지옥'이라 불리는 장소에서 영원한 형벌을

마태복음 25:31 인자가 자기 영광으로 모든 천사와 함께 올 때에 자기 영광의 보좌에 앉으리니
마태복음 13:41~42 인자가 그 천사들을 보내리니 그들이 그 나라에서 모든 넘어지게 하는 것과 또 불법을 행하는 자들을 거두어 내어 풀무 불에 던져 넣으리니 거기서 울며 이를 갈게 되리라

당한다. 반면 의인은 새롭게 창조된 새 하늘과 새 땅에서 완전히 거룩하고 평화로운 삶을 살게 될 것이다. 의인들이 거하게 될 장소에 관해서 루터교와 같은 경우에는 현재의 세계가 완전히 없어질 것이라고 보지만 칼뱅의 개혁신학에 입각해 있는 일부 신학자들은 새 하늘과 새 땅이 무로부터의 새 창조라기보다는 "세상이 새롭게 되어"(마태복음 19:28)라는 말씀과 "만유를 회복하실 때"(사도행전 2:21) 등과 같은 말씀을 기초로 현세계의 갱신을 부정하지 않는다. 결국 의인은 성경적으로 새 예루살렘을 포함한 영원한 천국에서 영생을 상급으로 받고 거할 것이다.

마태복음 19:28 예수께서 이르시되 내가 진실로 너희에게 이르노니 세상이 새롭게 되어 인자가 자기 영광의 보좌에 앉을 때에 나를 따르는 너희도 열두 보좌에 앉아 이스라엘 열두 지파를 심판하리라
사도행전 2:21 누구든지 주의 이름을 부르는 자는 구원을 받으리라 하였느니라

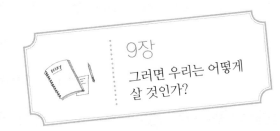

9장

그러면 우리는 어떻게
살 것인가?

　개인적으로나 공동체적으로 어려움을 겪으면서 많은 사람이 신앙을 가지게 되고, 그럴 때 교회도 양적으로 성장한다는 보고를 접한다. 이러한 현상만을 가지고 종교를 갖거나 기독교인이 된다는 것을 물에 빠진 사람의 지푸라기라도 잡는 심정, 인생 낙오자들이 찾는 것 정도로 이해하는 사람들도 있다. 물론 이런 생각이 전혀 틀린 것은 아니다. 자신의 힘으로 어떻게 할 수 없는 상황이 발생해서 신앙을 가지게 된 사람들의 이야기를 많이 들을 수 있는 것도 사실이고, 지금도 그런 일들은 계속 일어나고 있다. 그래서 사람들의 이와 같은 심리를 적절히 이용해서 다양한 이름을 내건 온갖 이단 사이비들까지 판을 치고 있는 것도 사실이다.

　그러나 조금만 더 깊이, 그리고 찬찬히 살펴보면 신앙을 가진 모든 사람들이 현실의 낭패감 때문에 신앙을 가졌거나 막다른 골목에서 어떻게 할 수 없어서 신앙을 가지게 된 것은 아니라는 사실을 쉽게 알 수 있다. 사람은 본성적으로 종교적이기 때문에 신앙을 가지게 되고 신앙인이 된다. 즉 만물의 존재와 나의 존재 근원, 죽음 이후의 삶에 대한 자연스러운 의문은 종교에 대한 관심을 가질 수밖에 없도록 인도하는 것이다.

따라서 종교와 완전히 결별할 수 없는 것이 인간의 현실이라면 상식적이고 균형 감각을 상실하지 않는 종교와 연결되고 그 신앙을 가지는 것이 상당히 중요하다. 여기에 더해 인간의 삶을 전적으로 이해하고 단순히 이 세상뿐만 아니라 죽음 이후의 세상까지 포괄하고 있는 기독교 신앙을 갖고 살아간다는 것은 큰 복이다.

그러면 어떻게 기독교 신앙을 가질 수 있는가?

기독교에서는 사람이 신앙을 가지는 것을 가리켜 구원이라고 한다. 구원이란 자신이 죄인임을 인정하고 하나님께로 돌아오는 것을 의미한다. 자신이 죄인임을 인정하는 것이 썩 마음에 내키는 것은 아니지만 그럼에도 불구하고 먼저 그 사실을 인정하고 돌이키는 것이 필요하다. 자기 멋대로 살아온 것, 세속적인 탐욕의 논리로 자신의 안일을 위해 이웃과 자연을 이용한 것, 궁극적으로는 살아 계신 하나님을 인정하지 않은 것에서 방향을 전환하는 것이 일차적으로 필요하다. 기독교에서는 이런 방향 전환을 일컬어 회개라고 말한다.

회개한 사람들이라야 비로소 예수 그리스도를 자기 삶의 주인으로 고백할 수 있다. 지금까지는 자신이 인생의 주인이 되어 마음대로 살았지만 이제는 삶의 주권을 십자가에 못 박혀 죽으시고 부활하셔서 영광의 왕으로 계신 예수 그리스도께 맡기는 것이다. 주권을 맡긴다는 것은 지금까지 내가 가지고 있던 가치관을 포기하는 것을 의미하고, 세상을 바라보는 시각이 바뀌는 것을 의미한다. 즉, 나의 전인격을 걸고 그리스도를 향해 '나의 주 나의 하나님'이라는 고백을 시작할 때 새로운 삶이 시작되는 것이다.

새로운 삶을 시작하기 위해 기존의 가치관을 포기하는 것은 분명한 모험이다. 어차피 사람은 모험으로 사는 인생이 아닌가? 그리스도를 삶의 주인으로 고백할 때 표현할 수 없는 새로운 기쁨과 평안을 맛보고 진실한 삶을 살 수 있었다는 사람들의 간증은 남의 이야기가 아니다. 귀한 잔치에 초대 받았을 때의 기쁨은 초대장을 쥔 것만으로 끝나지 않는다. 잔치에 참석해서 준비된 음식을 먹고 교제를 나눌 때 진정한 기쁨을 얻을 수 있다. 마찬가지로 신앙을 가진다는 것은 하늘나라의 잔치에 참여하는 것이다. 초대를 받고 주저할 수도 있지만 회개와 믿음으로 응답해서 구원의 기쁨을 누릴 수도 있다.

참된 구원을 향한 초청은 지금이 기회일 수 있다. 오는 것(탄생)은 순서가 있지만 가는 것(죽음)은 순서가 없다는 말에 동의한다면 '나중에 믿으면 되겠지'라는 생각은 접어두는 것이 좋다. 또한 구원의 초청에 응답한 이후 공개적으로 그리스도인이 된 것을 선포하고 세례를 받았다고 해서 100퍼센트 완전한 신앙을 가진 것은 결코 아니다. 기독교 신앙은 훈련을 통해서 더욱 성숙하고 자라가야 하는 특성을 가지고 있다. 그러므로 더 큰 믿음과 더 풍성한 사랑, 더욱 깊이 있는 경건과 윤리성을 유지하기 위해 훈련받는 것이 필요하다. 이 훈련은 공적인 교회를 통해, 그 안에서 훈련된 사역자들을 통해 더욱 효과적으로 이루어질 수 있다. 그리고 훈련을 통해 모든 그리스도인들은 하나님의 뜻에 더 많이 순종할 수 있고 하나님 나라를 위해 섬기고 헌신하는 일에 더욱 정교한 도구가 될 수 있다.

이런 점에서 성경은 다음과 같이 권한다.

갓난 아기들 같이 순전하고 신령한 젖을 사모하라 이는 그로 말미암아 너희로 구원에 이르도록 자라게 하려 함이라

(베드로전서 2:2)

| 찾아보기 |

ㄱ

가견성 202, 208
가시적 교회(ecclesia visible) 209~211, 214
가지론(可知論) 83~84
가톨릭교회(catholic church) 77, 114, 175, 195, 197, 200, 203, 205~210, 212, 215, 229, 232, 233, 236, 238, 239, 241, 249
간접전가론 132
「갈리아 신앙고백」 212~213
감독 정치 236
감독관(episcopate) 197
감리교파(Methodism) 216
감정적 신학 39
견인 109, 171, 181
견진성사, 고해성사, 종부성사, 신품성사 239
결핍론 133
경건주의 216~217
계몽주의 215~216
계시 15, 20, 22, 25, 46~47, 50, 62, 65,~70, 75, 84, 87~88, 113, 148, 176, 186, 234~244, 260
고범죄 135
고전주의 215
공유적 성품 94

공재설 241
공포설 52~53
교리권 236~237
교회의 성질 232~234
교회의 특성 234
교회의 표지 197~198
구원의 순서(Ordo Salutis) 170~172, 176
국가교회시대 190
권징 96, 211, 213, 233, 235~237
귀신론 122
그룹 113
금욕주의 222
기독교 교리 9, 10, 15, 16, 23, 26, 75, 76, 79, 96, 140, 176
기호숭배 이론 58

ㄴ

낭만주의 39, 215, 217
내적 부르심 173
「네덜란드 신앙고백」 212, 213, 227
네스토리우스(Nestorius) 147
노바티아누스파(Novatianism) 197, 198, 222
노이만(J. Neuman) 220
누미노제(Numinose) 30
니르바나(Nirbana) 30
니사의 그레고리우스(Gregorius Nyssenus) 123
니케아 회의 22, 76, 77, 144

ㄷ

단일신론적 이단 97
데모크리토스(Democritos) 43

데무트(demut) 128
데오스(Theos) 91
데이비드 흄(David Hume) 29
도나투스파(Donatists) 197~199, 222
도덕적 성품 95
도덕적 의식(양심)설 54
도덕적 증명이론 86
도르트레히트 회의(Synod of Dort) 109, 213
동일철학 37
디아스포라(diaspora) 190

ㄹ
라이프니츠(Leibniz) 37, 130, 133
락탄티우스(Lactantius) 46
러벅(John Lubbock) 59
렐레게레(relegere) 46
렐리가레(religare) 46
로마노 구아르디니(Romano Guardini) 218
로마의 클레멘스(Clemens Romanus) 196
루돌프 오토(Rudolf Otto) 40
루소(Rousseau) 39
루아(ruah) 101
루이스 벌코프(Louis Berkhof) 46, 47, 113

ㅁ
마나이즘 이론 57
막스 뮐러(Max Müller) 49
만인구원설 251
면죄부 208, 249
멸절 이론 250
모라비아형제단 216
목적론적 증명이론 86

몬타누스파(Montanism) 197
무교회주의 236
무천년기 재림론 255
무년천설 224, 255
무식죄 135
무한에 대한 감각설 52
무한하심 93
무형 교회 194, 205, 211, 212, 227, 228, 229
미사 249

ㅂ
반복적 회심 176
반펠라기우스주의(Semi-Pelagianism) 134
발도파(Waldenses) 203
범신론 37, 56, 217
보전 115, 170
보통 은혜 169
보편속죄이론 160
본죄(本罪, Actual Sin) 134~136, 140, 146
본체론적 증명이론 84
본회퍼 226
불가견성 202, 208
불가시죄 136
불가지론(不可知論) 83, 84
불변하심 93
비가시적 교회(ecclesia invisible) 204,
        209~211, 214, 215
비공유적 성품 92

ㅅ
사벨리우스파(Sabellianism) 144
사역권 236, 237

사회생활 발생설 55

삼분설 122

삼신론적 이단 98

삼위일체 교리 22, 77, 97~99, 122

상상설 53

상징설 240, 241

생래적 기원설 55

선조 림보 249

선택(election)의 예정 107

선택받은 자들의 모임(*coetus electorum*)
　　221, 222

섭리(providence) 36, 100, 104, 115, 190

성도의 교통(*communio sanctorum*) 196,
　　200, 209, 214, 227, 228

성령세례 102, 103, 167

성령훼방죄 136

성례 179, 202, 203, 206~210, 213, 223, 228,
　　229, 233, 235, 238~241

성찬 202, 239~241

성체성사 202

성화 158, 171, 178~180, 182, 214, 227, 247,
　　248,

세대주의적 전천년설 256

세례 25, 97, 102, 103, 128, 134, 168, 198,
　　212, 223, 239, 240, 248, 250, 267

셸링(Schelling) 34, 37

소망설 53

소명 170~173, 223

소치니파(Socinianism) 144

속죄 사역 156~161

쉬나고게 189, 192

슐라이어마허(Schleiermacher) 39, 40, 54,

217, 222

스랍 113

「스코틀랜드 신앙고백」 212, 213, 222

스튜어트(James S. Stewart) 230

스펜서(Hebert Spencer) 59

스피노자(Spinoza) 37, 215

승리적 교회(the triumphant church) 225,
　　226

신비적 연합(*unio mystica*) 169, 170, 178,
　　227, 229

신앙 4, 5, 8, 9, 15~21, 23~28, 36~39, 42, 45,
　　49, 57~61, 67, 68, 77, 98, 128, 140,
　　143, 149, 159, 166, 167, 170, 171,
　　174~177, 180, 181, 194, 195, 203,
　　207~209, 211, 213, 228, 237~241,
　　247, 248, 253, 265~267

신자들의 모임(*congregatio fidelium*) 208,
　　214, 230

신자들의 어머니(*mater fidelium*) 198, 203,
　　208, 229, 230

신자들의 집단(*coetus fidelium*) 229

신품성사 202, 239

실재론 85, 132

○

아니마(*anima*) 59, 60

아도나이(Adonai) 90, 91

아르미니우스주의(Arminianism) 160

아르미니우스파 109, 169, 171

아리우스(Arius) 77, 144

아우구스티누스(Augustinus) 46, 109, 123,
　　127, 168, 195, 198~200, 202, 204,

222, 228,

「아우크스부르크 신앙고백」 212, 213, 225

아퀴나스(Thomas Aquinas) 202

알렉산드리아의 필론(Philon) 110, 125

알로기파(Alogi) 143

알브레히트 리츨(Albrecht Ritschl) 217

알비파(Albigenses) 203, 204, 222

애니미즘(animism) 59~61

얀 후스(Jan Hus) 204, 205

얀선주의(Jansenism) 216

얌니아 회의 71

양자됨 172, 178

양태론적 이단 98

어거스터스 스트롱(Augustus Hopkins Strong) 112

에다 야훼 190

에다(edhah) 187~189

에드먼드 버크(Edmund Burke) 29

에라스투스파(Erastian) 236

에비온파(Ebionites) 143

에우티키아누스파(Eutichians) 145

에클레시아 189, 191, 192, 194

엘(El) 90

엘로힘(Elohim) 90, 91

엘리욘(Eliyon) 90, 91

엘샤다이(El-Shaddai) 90

엥겔스(Engels) 45

여호와(야훼; Jehovah) 90~94, 97, 118, 141, 148, 186, 187, 190, 256

역사적 전천년설 256, 257

연약죄 135

연옥 248, 249

영력설(靈力說) 57

영육 이원론 133

영적임재설 241

영지주의(Gnosis) 144

영혼 선재론 125

영혼 수면 이론 251

영혼유전론 124

영혼 창조론 126, 127

영화 182

예정(predestination) 104, 107~109, 168, 169, 171, 204, 205, 210, 211

예정조화설 37

오리게네스 123, 125

오염 24, 131, 134, 135, 178

오직 하나님의 말씀(Sola Scriptura) 16, 207

완전론 180

외적 부르심 173

우주론적 증명이론 85

운명주의(fatalism) 226

원시교회 189, 190

원죄(原罪, Original Sin) 134~136, 140, 146, 168, 249

「웨스트민스터 신앙고백」 96, 212, 214, 231, 238

위클리프(John Wycliff) 204, 205, 222

유기(reprobation)의 예정 107~109

유기적 완전영감설 70

유니테리언파(Unitarians) 144

유니테리언(Unitarians) 97

유신진화론(有神進化論) 121

유아 림보 248~250

유아세례 212, 240

272

유일하심 94

유출(流出)론 112

유형 교회 205, 211, 212, 227, 228, 229, 230

은혜의 방편 238, 239

이그나티우스(Ignatius) 196, 197

이분설 123

이신득의(以信得義) 교리 39

이신득의(Sola Fide, Sola Gratia) 207, 208

이원(二元)론 111, 112, 144, 202, 204

인간 이기설 51

일반계시 68, 69, 87

일위이성(一位二性) 교리 147

일자(一者)와의 합일 39

ㅈ

자연숭배(natural worship) 이론 56, 57

자연신론(Deism) 215

자연주의(Naturalism) 69, 203, 216

자유의지 106, 109, 110, 136, 137, 168, 169

작정(divine decrees) 104~109, 115, 164~165

장로교 정치제도 235

재림 22, 142, 153, 154, 182, 225, 237, 238, 244, 247, 252~258

재세례파(ana-baptist) 212, 222

전적 무능 135

전천년설 256, 257

전투적 교회(a militant church) 225

절대귀의 감정설 54

절대지 37

정경(canon) 71, 73

정령숭배 59, 60

제2시련 이론 251

「제2 스위스 신앙고백」 212, 214

제2의 축복(second blessing) 102, 103

제임스 오어(James Orr) 112

제한적인 속죄 교리 160

조건적 영생 이론 250

종말 22, 199, 211, 221, 222, 244, 252, 254~258

죄책 131, 134~136, 177

주물숭배 이론 59

주의주의(voluntarism) 41, 42

주지주의(intellectualism) 36, 38~41

중보 사역 154

중생 45, 102, 103, 108, 170~174, 176, 178, 180, 181, 215, 222, 223, 226, 234, 240

지성적 성품 94

지식죄 135

자존하심 92

진화론(evolutionism) 111, 112, 120, 121

ㅊ

착각론 133

참된 보편적 교회(true catholic church) 197

창조(creation) 7, 44, 50, 62, 72, 84, 100, 102, 104, 108~113, 119~121, 124~129, 148, 179, 189, 202

천년기전재림론 256

천년기후재림론 256

첼렘(tchelem) 128

추리 결과설 54

치리권 236, 237

침례 240

칭의 170, 171, 177, 178, 188

ㅋ

카타리파(Cathari) 204

카르타고 회의 73

카를 홀(Karl Holl) 192

카할 야훼 190

카할(Kahal) 187~189

칸트(Kant) 31, 41, 130

칼 마르크스(Marx) 45

칼뱅(John Calvin) 16, 19, 46, 47, 109, 127, 129, 151, 168, 169, 171, 204, 207~212, 223, 241, 261

칼케돈 회의(The Council of Calcedon) 22, 77, 143

코드링턴(Codrington) 57

콘스탄티노플 회의 22, 77

콘첼만(Hans Conzelmann) 192

큐리오스(Kurios) 91, 142

클레멘스(Titus Flavius Clemens) 123, 125

키케로(Cicero) 46

키프리아누스(Cyprianus) 195, 198, 200, 209

ㅌ

타락전예정설 109

타락후예정설 109

터부 이론 61

테르툴리아누스(Tertullianus) 125

토테미즘(totemism) 58

통치하심 115, 116, 234

특별은혜 166~169, 238

특별계시 26, 68, 69, 70, 71, 87, 114, 166

특별섭리 115

ㅍ

파테르(Pater) 91

페이티소(feitiço) 59

펠라기우스파(Arminius) 168, 169

포이어바흐(Feuerbach) 44

폴 틸리히(Paul Tillich) 30, 32~35

프뉴마(pneuma) 101

플레스너(Helmut Plessner) 42

플로티노스(Plotinus) 39

피타고라스(Pythagoras) 38

필연적 대립론 133

ㅎ

하나님의 도성(Civitas Dei) 199

하르낙(Adolf van Harnak) 201

한스 큉(Hans Küng) 184, 219

합리주의 215, 216

행복론 110

행위언약론 132

허무주의(nihilism) 226

헤겔(Hegel) 31, 37, 40, 41, 44

헤르만 바빙크(Herman Bavinck) 109, 224

협력 115

혼배성사 239

화체설 241

회심 103, 170, 171, 174, 175, 176, 193, 254

회중제도 236

후천년설 256

히에로니무스(Hieronymus) 127, 168

소그룹을 위한
교리 공부

1장

종교와 기독교는 어떻게 시작되었나?

❶ 종교학자들은 종교를 '누미노제(Numinose) 유형과 니르바나(Nirbana) 유형
으로 나누고 사람에겐 본질적으로 두 가지 요소가 다 있다고 말합니다. 각 유
형을 간단히 설명하고, 대표적인 종교들(유교, 불교, 이슬람, 힌두교 등)은 어
떤 유형에 속하는지 이야기 해 보십시오.

☐ 누미노제 유형

☐ 니르바나 유형

❷ 철학자와 신학자는 모두 종교가 '초월적인 존재' 또는 '궁극적 실재'라 불리는
신과 관계되었다고 말합니다. 하지만 신 중심적인가 인간 중심적인가에 대
해서는 견해를 달리합니다. 신 중심과 인간 중심은 어떤 의미이며, 각 주장에
따라 어떤 가치관의 차이가 생길까요?

❸ 일반 종교학에서 말하는 종교의 정의 5가지를 간략하게 정리해 보십시오. 각 정의 중 주변사람들은 어떤 의견에 주로 동의하는지, 그 이유는 무엇인지 이야기 해 보십시오.

☐ 종교는 인간이 가지는 지식의 한 종류다

☐ 종교는 초월적인 것에 대한 감정이다

☐ 종교는 인간이 가진 의지의 표현이다

☐ 종교는 인간을 행복하게 하는 것이다

☐ 종교는 허구에 불과하다

❹ 일반 종교학에서는 종교가 인간의 심리와 숭배의식에서 시작되었다고 말합니다. 각 주장은 어떤 기원에 근거하고 있는지, 그 근거는 합당한지를 서로 이야기해 보십시오.

☐ 인간심리에서 시작되었다는 입장

☐ 숭배의식에서 시작되었다는 입장

❺ 기독교에서 말하는 종교의 기원이 일반 종교학과 분명히 다른 점은 무엇이며, 왜 다를 수밖에 없는지를 토론해 보십시오.

2장
기독교는 무엇을 믿는가?

성숙한 그리스도인이라면 항상 '신학이 있는 신앙, 신앙이 있는 신학'을 지향해야 합니다. '바른 신학, 바른 신앙, 바른 생활'은 함께 연결되어 있습니다. 하지만 신학(교리)은 성도들에게 딱딱하고 따분하게 느껴집니다. 이런 경향을 띤 현대 교회의 성도들에게 교리가 신앙 성장에 반드시 필요하다는 사실을 어떻게 설명하시겠습니까?

'계시'는 하나님께서 자신의 뜻을 우리에게 나타내신 것이기에 기독교회가 가장 중요하게 여기는 교리입니다. 계시는 방법에 따라 자연계시와 초자연계시가 있고, 목적에 따라 일반계시와 특별계시가 있습니다. 각각의 계시에 대해 간단하게 설명해 보십시오.

☐ 자연계시와 초자연계시

☐ 일반계시와 특별계시

죄인의 구원을 위해 주어진 특별계시가 보다 정확하게 전달되기 위해 기록으로 남겨진 것이 '성경'입니다. 하지만 성경은 사람이 기록한 것이기 때문에 오류가 있다는 주장에 대해 '유기적 완전영감설'은 어떻게 답하고 있습니까?

특별계시인 성경은 신구약 66권으로 이루어져 있습니다. 구약과 신약 성경을 어떻게 분류하는지 간단하게 설명해 보십시오.

☐ 구약의 분류

☐ 신약의 분류

특별계시인 성경을 달리 해석하는 이단 때문에 일치된 성경 해석과 체계적인 가르침을 위해 교리가 만들어졌습니다. 교리가 필요한 이유 네 가지를 설명해 보십시오.

(1)

(2)

(3)

(4)

3장
하나님은 누구신가?

❶ 이성이 발달하면서 점차 '인간이 이성을 통해서 하나님을 알 수 있고, 증명할 수 있다'는 다양한 이론과 주장들이 생겼습니다. 대표적인 이론들의 주장과 맹점을 함께 이야기 해 보십시오.

☐ 본체론적 증명이론

☐ 우주론적 증명이론

☐ 목적론적 증명이론

☐ 도덕적 증명이론

❷ "믿음은 바라는 것들의 실상이요 보이지 않는 것들의 증거"(히브리서 11:1)입니다. 이성으로 증명할 수 있는 하나님을 요구하는 사람들에게 증명할 수 없는 하나님을 믿는 믿음을 어떻게 소개하겠습니까?

❸ 이름은 인격과 동일한 의미를 가집니다. 때문에 하나님의 이름은 하나님이 어떤 분이며, 어떤 일을 행하시는지를 나타냅니다. 구약과 신약에서 소개하고 있는 하나님의 이름과 의미를 정리해 보십시오.

☐ 구약에서

☐ 신약에서

❹ 하나님이 어떤 분인지는 그 분의 성품을 통해서도 알 수 있습니다. 하나님만이 가지고 계신 고유한 성품(속성)은 어떤 것이 있습니까?

❺ 교리 중 가장 설명하기도 이해하기도 어려운 것이 삼위일체 교리입니다. 그래서 삼위일체 교리는 이해가 아닌 고백이며, 신비의 영역에 속합니다. 자신이 이해하고 있는 삼위일체 교리에 대해 고백해 보십시오.

❻ 삼위일체 하나님께서 하시는 중요한 사역은 크게 네 가지로 정리할 수 있습니다. 각 사역에 대해서 간략하게 설명해 보십시오.

☐ 작정

☐ 예정

☐ 섭리

☐ 창조

4장
인간은 누구인가?

❶ 인간의 기원을 진화로 보는가, 창조로 보는가는 일치할 수 없는 평행선과 같습니다. 인원을 진화론과 창조론 두 팀으로 나누어 각각의 견해를 가지고 토론해 보신 후 각자의 느낌을 나누어 보십시오.

❷ 인간이 무엇으로 이루어졌는가는 이분설과 삼분설 두 가지가 있습니다. 각 주장의 내용과 특징은 무엇인지 간략하게 이야기 해 보십시오.

　□ 삼분설(영과 혼과 육)

　□ 이분설(영혼과 육)

❸ 인간의 육체뿐 아니라 영혼의 기원에 대해서도 많은 이견이 있습니다. 그 중에서 가장 중심을 이루는 3가지 주장은 무엇입니까?

　□ 미리 있었다(선재설)

☐ 유전되었다(유전설)

☐ 창조되었다(창조설)

성경은 인간이 하나님의 형상으로 창조되었다고 분명히 밝히고 있습니다. 이는 기독교가 인간을 어떻게 이해하고 있는지를 보여줍니다. 하나님의 형상이 의미하는 바가 무엇인지, 그리고 인간을 어떻게 이해하고 있는지 이야기해 보십시오.

「웨스트민스터 소교리문답」 14문은 '죄는 무엇입니까?'라는 질문에 대해 '하나님의 율법 중에 어떤 것을 순종함에 조금이라도 부족한 것이나 그것을 범하는 것입니다'라고 답합니다. 교리문답을 기초로 일반 사회가 생각하는 죄의 정의와 교리에서 말하는 죄의 정의는 어떻게 다를까요?

성경에 나타나는 죄는 크게 원죄와 본죄로 구분됩니다. 각각의 정의를 간략하게 요약 설명해 보십시오.

하나님은 인간에게 자유의지를 주심으로 선한 의지로 하나님께 순종하기를 원하셨습니다. 그럼에도 인간은 악을 택했고, 타락했습니다. 하나님이 우리에게 자유의지를 주신 이유를 자신이 이해한대로 설명해 보십시오.

소그룹을 위한 교리 공부

5장
예수 그리스도는 누구신가?

❶ 성경에서 소개하고 있는 예수님의 다양한 이름과 그 의미를 정리해 보세요.

❷ 예수님은 '신성'과 '인성'을 동시에 가지신 분입니다. 성경은 이 부분을 어떻게 설명하고 있습니까? (빌립보서 2:6~8)

❸ 그리스도 예수께서 신성과 인성의 두 위격(位格)을 가지신 것은 우리를 구원하기 위함입니다. 「대교리문답」 38문은 "중보자는 왜 반드시 하나님이셔야 했습니까?"라 묻고, 39문은 "중보자는 왜 반드시 사람이셔야 했습니까?"라고 묻습니다. 대교리문답의 답을 찾아보고 왜 두 위격을 가지셔야 했는지 자신의 말로 설명해 보십시오.

284

❹ 그리스도이신 예수님은 우리의 중보자로서 세 가지 신분(身分)을 가지셨습니다. 세 신분의 의미를 간략히 정리해 보십시오.

☐ 창조 전에 이미 계신 분

☐ 스스로 낮아지신 분

☐ 궁극적으로 영광스럽게 되신 분

❺ 그리스도는 세 가지의 직분을 통해서 구원을 위한 중보자의 사역을 감당하십니다. 예수님께서 가지신 세 가지 직분(職分)의 의미를 간략하게 정리해 보십시오.

☐ 선지자

☐ 왕

☐ 제사장

❻ 그리스도이신 예수님은 세 가지 신분과 세 가지 직분을 통해 우리를 구원하시는 속죄사역을 감당하셨습니다. 각자 예수님을 어떻게 영접하게 되었으며, 구원의 은혜를 확신케 되었는지 서로의 간증을 나눠 보십시오.

6장
구원이란 무엇인가?

① 성령께서는 창조세계를 유지하도록 모든 사람들에게 보통은혜를 베푸시며, 선택된 그의 백성들에게는 특별은혜를 베푸십니다. 특별히 성령님을 통해 우리의 죄가 그리스도에게 전달되고, 그리스도의 의가 우리에게 전달되게 하시는 '신비적 연합'이 일어납니다. 이러한 신비적 연합이 가진 중요성은 무엇입니까?

② 성경은 인간의 구원이 시간적 순서가 아닌 논리적 순서로 설명하고 있습니다. 구원의 순서를 성경은 어떻게 말씀하고 있습니까? (로마서 8:30)

❸ 성경에 나타난 구원의 순서를 보다 구체적으로 세분화 하면 9가지로 나눌 수 있습니다. 각각의 구원의 순서를 간략하게 설명해 보십시오.

☐ 소명(하나님의 초청)

☐ 중생(영적 변화)

☐ 회심(하나님께로 돌이킴)

☐ 신앙(그리스도를 받아들이고 신뢰함)

☐ 칭의(죄인에서 의인으로서의 선언)

☐ 양자됨(하나님의 자녀가 됨)

☐ 성화(하나님을 닮아감)

☐ 견인(끝까지 붙잡으시는 은혜)

☐ 영화(구원의 최종 완성)

7장
교회란 무엇인가?

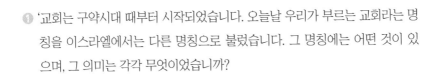

❶ '교회는 구약시대 때부터 시작되었습니다. 오늘날 우리가 부르는 교회라는 명
칭을 이스라엘에서는 다른 명칭으로 불렀습니다. 그 명칭에는 어떤 것이 있
으며, 그 의미는 각각 무엇이었습니까?

    ☐ 구약의 명칭

    ☐ 신약의 명칭

    ☐ 기타 명칭

❷ 명칭의 의미를 생각해 볼 때 성경이 말하는 교회는 어떤 곳입니까? 아래에 기
록된 명칭들을 보고 교회의 의미들을 각각 정리해 보십시오.

    ☐ 가견적 교회와 불가견적 교회

    ☐ 유형 교회(유기체적 교회와 조직체적 교회)와 무형 교회

□ 지상 교회와 천상 교회

　□ 전투적 교회와 승리적 교회

❸ 교회가 가지고 있는 성질(속성) 세 가지는 무엇입니까? 개혁교회와 로마가톨릭의 입장을 비교하여 정리해 보십시오.

　□ 통일성

　□ 거룩성

　□ 보편성

❹ 참된 교회에는 반드시 수행해야 할 일들이 있습니다. 참된 교회의 표지(혹은 표식) 세 가지를 살피고 각각의 내용을 정리해 보십시오.

❺ 교회가 반드시 감당해야 할 세 가지 임무는 '예배, 건덕(健德), 복음 증거'입니다. 각각의 임무를 간략하게 정리해 보십시오.

　□ 예배

　□ 건덕

　□ 복음 증거

❻ 개혁교회는 신자가 은혜를 받는 통로로 '말씀, 기도, 성례'를 가르칩니다. 이 중 하나님이 특별한 은혜를 베푸시는 공식적인 통로는 말씀과 성례입니다. 말씀이 보이지 않는 하나님의 은혜의 통로라면 성례는 눈에 보이는 은혜의 통로입니다. 로마가톨릭은 눈에 보이는 은혜의 통로를 7가지로 규정하고 있지만 개혁교회는 세례와 성찬 두 가지만 인정합니다. 세례와 성찬에 대한 개혁교회의 이해는 무엇이며, 성례가 주는 유익은 무엇인지 정리한 후 이야기를 나누어 보십시오.

8장
마지막 때에는 어떻게 될까?

❶ 사람은 누구에게나 마지막 종말의 때가 있습니다. 특별히 성경이 말하는 종
  말의 두 가지 의미는 무엇입니까?

  ☐ 개인적 종말(일반적으로 내세관이라고 함)

  ☐ 일반적 종말(그리스도의 재림과 관련된 신학)

❷ 성경은 사람의 죽음과 죽음 이후의 최후 상태를 어떻게 설명하고 있습니까?
  (히브리서 9:27)

❸ 사람이 죽은 후 거처하는 곳에 대한 로마가톨릭의 여러 가지 설명과 이에 대
  한 성경적인 입장은 무엇입니까?

❹ 그리스도의 재림 전에 있을 사건을 순서대로 설명해 보세요.

❺ 천년왕국에 대한 신학적 견해를 세 가지로 설명해 봅시다. 그리고 각 견해들이 신자의 삶에 어떤 영향을 끼치게 될지 이야기해 봅시다.

☐ 무천년설(무천년기재림론)

☐ 후천년설(천년기후재림론)

☐ 전천년설(천년기전재림론)

소그룹을 위한 교리 공부

9장
그러면 우리는 어떻게 살 것인가?

❶ '신앙은 '자신의 삶을 향한 자기 계획을 포기하고, 그리스도께 그 삶의 전부를
양도하는 것'이라고 믿음의 선배들은 증언합니다. 본성적으로 종교적인 존재
로 지음 받은 사람의 본성을 감안할 때 신앙을 위해서 포기해야 할 것과 지향
해야 할 것이 있다면 무엇인지 정리해 보십시오.

☐ 포기해야 할 것

☐ 지향해야 할 것

흔들리지 않는 단단한 믿음을 위한
한 권으로 배우는 기독교 교리

지은이 이상화

펴낸이 한정미
펴낸곳 카리스

초판 1쇄 인쇄 2018년 03월 08일
초판 1쇄 발행 2018년 03월 18일

출판등록 2010년 10월 29일 제406-2010-000097호
주소 경기도 파주시 책향기로 319, 103-102 (교하월드메르디앙타운하우스)
전화 031-8070-9754
팩스 0502-020-9754
전자우편 karisbook@naver.com
총판 비전북 031-907-3927

값 13,800원
ISBN 979-11-86694-03-9 03230

ⓒ 이상화, 2018

The Humble

ADVICE

Of the

ASSEMBLY

OF

DIVINES,

Now by Authority of *Parliament*
sitting at WESTMINSTER,

Concerning
A Confession of Faith :

With the QUOTATIONS and TEXTS of
SCRIPTURE annexed.

Presented by them lately to both Houses of Parliament.

Printed at LONDON;
AND
Re-printed at EDINBURGH by *Evan Tyler*, Printer to
the Kings most Excellent Majestie. 1647.

INSTITVTIO CHRI-

stianæ religionis, in libros qua-
tuor nunc primùm digesta, certísque distincta capitibus, ad aptissimam
methodum : aucta etiam tam magna accessione vt propemodum opus
nouum haberi possit.

IOHANNE CALVINO AVTHORE.

Oliua Roberti Stephani.

GENEVAE.
M. D. LIX.